La Disparition d'Anastasia Cayne

Gregory Galloway

La Disparition d'Anastasia Cayne

Traduit de l'anglais (américain)
par Nathalie Peronny

wiz Suspense
Albin Michel

Gregory Galloway vit dans le New Jersey. *La Disparition d'Anastasia Cayne* est son premier roman.
www.assimpleassnow.com

Titre original :
AS SIMPLE AS SNOW
(Première publication : G. P. Putnam's Sons, Penguin Group Inc., New York, 2005)

That, mermaid-like, unto the floor she slid,
One half appeared, the other half was hid.

« Que, telle une sirène, elle s'esquive et glisse,
Découvrant la moitié de son corps, cachant l'autre. »

Christopher Marlowe, *Héro et Léandre* (1593)
(Traduction de Claude Dandréa, coll. « Orphée »,
La Différence, 1989)

au revoir à tous

Anna Cayne avait emménagé ici au mois d'août, l'été juste avant notre entrée au lycée, mais en février elle avait déjà, un à un, tué tous les habitants de cette ville. Une tâche qu'elle n'avait certes pas accomplie seule – j'avais apporté ma contribution pour certains d'entre eux, mon meilleur ami y compris – mais qui n'en demandait pas moins un effort considérable, même pour une petite ville comme la nôtre.

Ces vies et ces morts étaient consignées dans quatorze cahiers grand format à couverture noire. Son œuvre une fois achevée représentait plus de mille cinq cents nécrologies, s'étalant sur un peu moins de deux mille huit cents pages. Les faits décrits étaient réels, parfaitement véridiques, mais les morts étaient de la fiction pure, sorties tout droit de son cerveau, à hauteur de huit par jour en moyenne. « Je ne prédis pas l'avenir, disait-elle. Mais fatalement, la réalité finit par me donner raison. »

Elle savait, ou avait elle-même découvert, toutes sortes de choses sur ces gens – des détails intimes, confidentiels, couchés noir sur blanc dans ses cahiers et qu'ignoraient même ceux qui avaient toujours vécu ici. Le plus drôle, c'est qu'à ma connaissance, au cours de ces mois où les cadavres s'empilèrent dans l'imagination d'Anna Cayne, on ne déplora pas un seul décès dans toute la ville ; sans doute la plus longue période de vaches maigres que les pompes funèbres locales aient jamais connue.

Les nécrologies d'Anna étaient strictement privées ; ses amis et une poignée d'autres personnes étaient au courant de leur existence mais, à part moi, je ne crois pas que quiconque ait jamais été autorisé à les lire. Elle avait dû s'y mettre dès son arrivée ici, le jour même où je l'avais vue assise sur la pelouse devant chez elle en train de griffonner dans son cahier, pendant que nous autres restions plantés sur le trottoir avec ses parents à observer la procession de leurs effets personnels depuis le camion de déménagement jaune jusqu'à l'intérieur de leur nouvelle maison. Et c'est après avoir mis le point final à la dernière page, presque sept mois plus tard, qu'elle a disparu.

Peut-être.

Elle n'a laissé derrière elle que des points d'interrogation, des indices, des doutes. Si peu, et pourtant de quoi vous rendre dingue à force de chercher à en comprendre le sens. Mais il faut bien essayer.

...

Il y a certains détails que je me dois de modifier (noms, événements), et puis il y a des faits qui se sont déroulés auxquels je n'ai ni assisté ni participé et qui me resteront à jamais inconnus. Il y a des choses que j'ai essayé de comprendre, et d'autres auxquelles je me suis efforcé de ne pas toucher – j'ai dû m'appuyer essentiellement sur mes souvenirs et sur ce que je pouvais trouver.

Il y a bien eu quelques articles de journaux relatant une partie de l'affaire, quelques reportages télé, sans parler du compte rendu d'enquête (qu'on ne m'a jamais autorisé à lire), mais rien de très concluant. Tous s'attachent aux détails superficiels et passent à côté de l'essentiel. Tous ont leur propre conception du monde à revendre. Ils se contentent surtout de répéter ce qu'on leur a dit, et rares sont ceux à avoir parlé à la personne qui en savait le plus : moi.

Voilà ce que je sais ou ce que je crois savoir. Je suis tombé amoureux d'une fille, et cette fille est partie, puis a tenté de revenir, ou du moins l'ai-je cru, et je me suis lancé à sa recherche. Ç'aurait dû être simple, mais au final ça n'aurait pas pu être plus compliqué – peut-être était-ce tout l'intérêt de la chose, d'ailleurs. Mais si même l'amour le plus pur vous laisse sur le carreau, quel intérêt ? J'ai à nouveau tout ressassé dans ma tête en me répétant que oui, je trouverais le moyen de la rejoindre, où qu'elle soit, ou en tout cas de comprendre comment me débrouiller avec tout ce qu'elle avait laissé derrière elle.

« Tu as la vie devant toi, me disait ma mère, ne la perds pas à vivre dans le passé. » C'est un excellent conseil, je le sais. Mais le passé n'en fait qu'à sa tête. Il peut vous suivre à la trace, animé d'une existence propre, en projetant une ombre immense.

ma petite amie bizarre

Elle était née en plein orage. J'ignore si c'est vrai, mais c'est ce que quelqu'un a écrit sur elle un jour, et ça me paraît crédible. Comme un tourbillon, elle est entrée dans ma vie puis en est ressortie, chamboulant absolument tout sur son passage, tel un point d'interrogation insondable disparaissant dans un abîme encore plus obscur. Anna Cayne, tel était son nom. « Normalement, c'est censé être "Coyne", m'avait-elle confié dès notre (me semble-t-il) deuxième conversation, mais il existe certaines théories expliquant la disparition du "o" au profit du "a". D'après l'une d'elles, il y a très longtemps, voire des siècles, une partie de mes ancêtres trempaient dans des activités criminelles – assassinat, kidnapping, ce genre de choses – et les membres respectables de la famille auraient modifié l'orthographe de leur patronyme pour se distancier des voyous. Une autre version affirme que ce sont les criminels qui ont opté pour "Cayne", histoire de changer de vie sans qu'on les retrouve. » Je lui avais répondu que des rumeurs semblables couraient dans ma famille, étant donné que mon nom possédait lui aussi une déclinaison en *a* et en *o* :

« S'ils cherchaient à se couper d'une partie des leurs, avais-je ajouté, pourquoi ne modifier qu'une simple voyelle ?

– Mystère, en effet », avait répondu Anna, sans doute un peu déçue de constater que son histoire n'était pas si exceptionnelle que cela.

Ses parents et elle venaient d'emménager dans notre ville, ce qui était déjà une petite exception en soi car les choses se faisaient rarement dans ce sens-là ; la plupart des gens quittaient la ville pour aller s'installer en banlieue. Mais les Cayne, non. Ils étaient donc là sur le trottoir, à observer le ballet des déménageurs en train de vider les cartons du camion pour les entasser dans leur nouvelle demeure, une maison blanche comprenant un étage et trois chambres à coucher sur Twixt Road, juste avant le croisement avec Town Street, qui courait parallèlement au fleuve. Et les voisins étaient là eux aussi, sortis un à un de chez eux pour se planter le long du trottoir, attirés par le camion jaune comme par un gros aimant. Ils arrivaient par petits groupes, se présentaient aux nouveaux arrivants et restaient à leurs côtés comme autant de spectateurs venus assister à une parade, à un match de foot ou à un grand événement historique valant la présence d'une foule si fascinée et captive.

Mon pote Carl Hathorne et moi étions arrivés à vélo pour nous joindre à l'attroupement. Nous nous fichions pas mal du camion et de ce qui en sortait ; nous nous fichions pas mal des nouveaux et de la tête qu'ils avaient. Nous avions surtout entendu dire que les Cayne avaient un enfant, une fille unique de notre âge. C'est elle que nous étions venus voir.

La déception avait été grande ; la fille en question ne correspondait pas vraiment à nos attentes, et encore moins à ce qu'on aurait pu espérer. Elle était sortie de la maison avec un casque audio plaqué sur ses courtes mèches blondes, le cordon enfoncé dans la poche de sa veste noire – le genre de blousons qu'on enfilait pour faire le plein d'essence et qui était, à n'en pas douter, en une journée caniculaire et humide comme celle-ci, le seul blouson porté dans toute la ville. Sous sa veste, elle arborait une chemise noire et à manches longues, comme je devais le découvrir plus tard. Jamais de manches courtes pour elle. Sa tenue était complétée d'un jean et d'une paire de grosses bottes à lacets – noirs également. Elle avait l'air sombre et d'épais traits d'eye-liner cerclaient ses yeux. Elle est partie s'asseoir dans l'herbe, avec un cahier à reliure noire dans lequel elle s'est mise à gribouiller. Je n'ai pas tellement fait attention à elle ce jour-là. Mais quand j'ai commencé à la connaître, je me suis souvent demandé si elle ressemblait déjà à cela la veille du jour où nous l'avions vue pour la première fois, si elle ne s'habillait pas avec des fringues normales, n'arborait pas une expression, une apparence plus avenantes... À l'exception de deux occasions notables, je ne lui ai jamais connu d'autre incarnation ; toujours dans son attirail gothique, noire, blonde et boudeuse.

« Bonjour le monstre ! avait marmonné Carl. Viens, on rentre. »

Je vivais à un peu plus de deux kilomètres de chez les Cayne, dans une maison très semblable à la leur, sur Valley View Road. Un drôle de nom pour une rue qui ne donne sur aucune vallée. En fait, nous habitions au pied d'une colline d'où l'on voyait seulement d'autres collines, dans toutes les directions.

Il y avait une petite trotte à pied pour se rendre chez les

Cayne en suivant la route principale. Mais il y avait moyen de faire plus court en passant d'abord par le jardin de Mrs Owen, puis par la parcelle abandonnée où la maison des Boothe avait brûlé il y a deux ans. Vous n'aviez alors plus qu'à couper par chez les Borden une fois sur Talus Road. J'ai si souvent emprunté ce trajet.

Tout cela aurait bientôt son importance.

Elle s'appelait Anna, en réalité, mais insistait pour qu'on l'appelle Anastasia. Un point commun entre nous. Je n'aimais pas qu'on m'appelle par un diminutif. Non par vanité ; j'avais reçu le nom de baptême du frère de ma mère, décédé très jeune – à treize ans tout juste –, et, comme lui, on m'avait toujours appelé par mon prénom en entier. Je n'avais jamais tellement aimé ce prénom, du reste, et je ne me l'étais jamais approprié, un peu comme si j'avais hérité d'un prénom de seconde main de la part de quelqu'un ayant à peine eu le temps de le porter. Mais que pouvais-je y faire ? Seules les célébrités changent de nom ; à moins que quelqu'un ne vous donne un surnom, ce que personne n'aurait été prêt à faire pour moi. Sinon, à défaut, il faut faire comme Anna et décider de vous rebaptiser vous-même.

« J'adore ton nom, m'avait-elle déclaré. C'est presque un double dactyle parfait.

– Un quoi ?

– Comme *higgledy-piggledy*[1]. Un double dactyle parfait,

1. En anglais un peu vieillot : « pêle-mêle », « en pagaille ». (*Toutes les notes sont de la traductrice.*)

quoi. Deux mots de trois syllabes dont seule la première est accentuée. Ton prénom et ton nom de famille contiennent exactement le même nombre de syllabes et presque les mêmes sonorités – ils se reflètent l'un l'autre, comme des parallèles, des parallaxes ou je ne sais quoi.

– Super. »

J'étais déjà prêt à clore cette conversation. Si elle n'avait pas prononcé le mot *higgledy-piggledy*, je lui aurais sans doute parlé de mon oncle, des circonstances étranges de sa mort et aussi du fait qu'elle avait peut-être mis le doigt sur quelque chose et qu'un lien spécial nous rattachait, lui et moi. Peut-être cet oncle était-il mon parallèle, bien que nous n'ayons qu'un prénom en commun. Bref, nous aurions pu discuter de tout cela, mais je n'avais aucune envie de poursuivre une conversation impliquant l'expression *higgledy-piggledy*, surtout si c'était pour m'y comparer.

« Tu devrais être attentif à ce genre de détails, m'a dit Anna. C'est ton nom, pour la vie. Et il a un sens. Cette histoire de reflet vaut la peine qu'on s'y intéresse. À moins de le voir comme une répétition ? Il y a dualité, en tout cas. Un premier élément suivi d'un second qui lui ressemble. Peut-être as-tu un jumeau dont tu ignores l'existence ? Peut-être y a-t-il un fantôme qui te suit partout ? Ou peut-être cela a-t-il à voir avec des lignes parallèles ? Elles se rencontrent à l'infini, tu sais. C'est intéressant... Mais peut-être tout cela n'a-t-il rien à voir avec toi. Je ne te connais pas encore assez pour le savoir.

– OK... Et ton nom à toi ? Qu'est-ce qu'il signifie ?

– Ça, c'est à toi de le découvrir. »

Elle était franchement bizarre. Ses copains, c'était pire. Ils se déplaçaient sans bruit dans les couloirs du lycée avec leurs fringues d'enterrement, leurs bouches peintes en noir, leur eye-liner et leurs cheveux couleur corbeau. On comptait en tout sept disciples de Marilyn Manson, au bahut (« Un pour chaque jour de la semaine, disait Carl, comme si un seul ne suffisait pas »), dont trois dans notre seule classe de seconde. Il y en avait deux en première, deux autres en terminale et aucun en troisième[1]. Avec un peu de chance, cela voulait dire que leur espèce était en voie d'extinction.

Ils ressemblaient à de gros pouces ecchymosés et nous apparaissaient surtout comme une bande de vantards prétentieux ; ils étaient rarement chacun dans leur coin, plutôt le genre convention funéraire ambulante. Sauf elle. Je la voyais assise seule en classe, à la cafétéria, ou dans le couloir entre deux cours. C'est d'ailleurs ce qui m'a le plus rebuté, au début. Je me disais qu'elle devait être encore plus snob et arrogante que les autres. Et puis ça a fini par devenir l'un des détails qui me plaisait le plus chez elle. Parfois les choses marchent comme cela, et parfois dans le sens contraire, j'imagine.

Notre lycée, ce brave bon établissement d'Hamilton High, était un long bloc rectangulaire à deux étages perché au sommet d'une butte et orienté est-ouest, avec une entrée à chaque bout. Quant à savoir qui lui avait donné son nom, plusieurs théories s'affrontent. Pour la plupart des gens, il s'agit d'Alexandre Hamilton, l'adultère (comme le surnommait Anna), abattu par Aaron Burr lors d'un duel sur les rives de

---

1. Aux États-Unis, certains lycées incluent la classe de troisième.

l'Hudson pour avoir insulté sa réputation. Notre ville avait certes abrité d'autres Hamilton par le passé, même si aucun d'entre eux ne semblait s'être distingué au point d'avoir un édifice baptisé en son honneur, mais plusieurs personnes affirmaient que c'était en réalité à l'un de ces autres Hamilton que le lycée devait son nom. Ma mère faisait partie de ces gens, convaincue que la ville n'aurait jamais nommé un bâtiment public, et encore moins un lycée, d'après un personnage si immoral. « Il figure sur les billets de dix dollars, quand même, avais-je fini par lui rétorquer.

– Les critères de valeur du gouvernement fédéral n'ont rien à voir avec les nôtres », avait-elle répondu. C'était le commentaire le plus politiquement engagé que j'aie jamais entendu de la bouche de ma mère.

Tout le monde se retrouvait dans le couloir le matin avant le début des cours, et chaque clan avait son coin attitré. Les musicos étaient toujours fourrés au sous-sol, les « artistes » devant la classe de Mr Devon, les rois du stade au rez-de-chaussée, près de l'entrée ouest, avec les militants écolos à l'autre bout, et les geeks[1] squattaient le premier étage, côté est, à l'opposé des membres du club de débat (« Je me balade rarement au premier », disait toujours Carl). Lui jouait un peu sur tous les fronts, quant à moi la question était hors sujet. Anna et ses goules s'isolaient toujours au second étage, un nuage ténébreux flottant au-dessus de leurs têtes. Parfois, en arrivant, je levais les yeux et je les apercevais, oiseaux noirs et immobiles perchés là-haut dans le ciel matinal. À la fin de la journée, ils se rendaient ensemble dans les bois avoisi-

1. Geek signifie « débile » en anglais.

nants – où ils se livraient, paraît-il, à toutes sortes d'activités : drogues, sexe et rituels avec sacrifices d'animaux. Ils pratiquaient la magie noire, jetaient des sorts aux habitants de la ville et choisissaient les victimes auxquelles infliger tourments, maux et souffrances. Au lycée, certains évitaient la forêt, mais moi ça ne m'avait jamais impressionné. Avec Carl, nous étions déjà tombés sur des troncs d'arbre gravés de symboles cabalistiques et même sur un cercle à base de croix renversées, mais impossible de savoir si ces trucs avaient été laissés là par les gothiques ou par quelqu'un soucieux d'entretenir la légende. C'était carrément grotesque, mais qui était le plus ridicule, au fond : un groupe d'adolescents réunis pour psalmodier je ne sais quel charabia, ou le reste du lycée pour croire dur comme fer à ces trucs ?

Des tonnes de rumeurs circulaient sur eux. Ils étaient dépressifs, végétaliens. Ils avaient des piercings à plein d'endroits bizarres et des tatouages de runes, de symboles et d'inscriptions en langue étrangère sur tout le corps. C'étaient des sorciers et des adorateurs de Satan. Ils pratiquaient d'étranges rites occultes au cours desquels ils décapitaient des animaux et buvaient leur sang. On disait que les mecs avaient pris les filles du groupe comme épouses, et qu'ils se les échangeaient entre eux. C'étaient des adeptes du sadomasochisme, de la torture et de l'automutilation. Ils faisaient l'amour avec des cadavres. Ils étaient tous homos... À en croire les ragots, c'étaient donc des adorateurs de Satan mormons gothiques végétariens junkies et nécrophiles SM percés tatoués et homosexuels. Vu la taille du lycée, ils devaient forcément savoir ce qui se disait dans leur dos de corbeau, mais ils ne manifestaient jamais la moindre réaction. Ils étaient mystérieux, asociaux et détestés de tous.

J'aurais pu continuer à ignorer Anna Cayne jusqu'à la fin des temps si elle n'avait pas elle-même fait le premier pas. Et si j'avais su qu'elle venait dans ma direction, j'aurais tout fait pour l'éviter. Ce n'était pas vraiment le genre de fille avec qui s'afficher, ni à vous adresser la parole en premier. Elle m'est tombée dessus par surprise, sans crier gare. C'était la fin septembre et j'errais entre les rayonnages de la bibliothèque, tuant la fin de mon heure de déjeuner afin de tester une nouvelle théorie conseillée par un de mes profs. Je venais de sortir d'une étagère *Sur la route*, de Jack Kerouac, et quand je me suis retourné elle était là, devant moi, à m'observer d'un air placide.

« Burroughs est bien meilleur, m'a-t-elle lancé.

– Si tu le dis... »

J'ai fixé le bouquin entre mes mains, puis levé les yeux vers un point par-dessus son épaule. Ce détail aurait dû lui faire comprendre que je m'apprêtais à me rendre au guichet pour emprunter le Kerouac. Elle a fait comme si de rien n'était ; elle est restée plantée au même endroit et m'a souri. Elle n'en avait pas terminé.

« Il a tué sa femme, tu sais ?

– Je sais. »

Je n'en savais strictement rien. Je ne savais même pas si elle parlait de Burroughs ou de Kerouac. J'espérais seulement qu'elle allait me lâcher et me laisser m'enfuir le plus vite possible.

« Ils jouaient à Guillaume Tell. Ils picolaient chez l'un de leurs amis quand Burroughs a sorti un flingue et s'est tourné vers sa femme en disant : “C'est l'heure de ce bon vieux numéro à la Guillaume Tell." Alors elle a posé un verre sur sa tête, et il lui a tiré dessus.

– Ah oui ? »

Elle m'a ensuite raconté la vie de William Burroughs, m'a expliqué qu'il était petit-fils de l'inventeur de la calculatrice et ami de Kerouac, qu'il avait inspiré le personnage d'Old Bull Lee dans *Sur la route* (et sa femme celui de Jane), et que même la mort de cette dernière n'avait pas diminué sa fascination pour les armes à feu, au point qu'il peignait des toiles à la peinture liquide et au fusil de chasse. Elle ne s'arrêtait plus de parler ; elle inventait peut-être tout au fur et à mesure, pour ce que j'en savais, mais je brûlais d'en savoir davantage.

« Il est allé en prison ?

– Ça s'est passé au Mexique », m'a-t-elle répondu comme si cela suffisait à tout expliquer.

Il y eut un silence gêné ; j'aurais voulu qu'elle continue, mais cette fois elle avait bel et bien terminé. Dans la panique, je lui ai lancé : « J'imagine que tu cherchais du Stephen King », et je me suis écarté pour la laisser passer entre les rayonnages. Elle m'a regardé comme un parfait abruti. Je me sentais rougir de honte, je redoutais déjà de la voir tourner les talons et repartir. Dire qu'il y a seulement deux minutes elle me faisait fuir, et qu'à présent je voulais qu'elle reste et se consacre encore un peu à moi.

Elle est restée. « Il n'a écrit que deux bouquins valables », a-t-elle soupiré.

Il n'y a pas eu de pause, cette fois ; seulement un point-virgule. J'ai attendu la suite. Si je ne lui avais pas demandé de me citer les titres des bouquins en question, elle n'aurait jamais daigné me les donner. Elle avait une façon étrange de parler. Ses phrases étaient comme des icebergs, seule la partie émergée de ses pensées semblait franchir le seuil de ses lèvres pendant que le reste était soigneusement enfermé à l'intérieur de sa tête, que je trouvais d'ailleurs de plus en plus charmante à mesure que je l'observais.

« *Carrie* et *Shining*, a-t-elle fini par me répondre.

– J'ai déjà lu *Shining*, ai-je répliqué, tout content de nous trouver un point commun.

– Alors il ne t'en reste plus qu'un, et tu auras fait le tour de Mr King. »

Elle était venue chercher du H. P. Lovecraft, auteur dont je n'avais jamais entendu parler. Il écrivait des récits d'horreur au début du XIXe siècle, m'a-t-elle expliqué. Elle lisait de tout, mais aimait surtout les ouvrages (fiction ou essais) traitant du surnaturel. Elle a continué à déambuler entre les rayonnages, et je l'ai suivie. Comme elle avait fini de parler, je l'ai regardée passer en revue des rangées interminables de bouquins et sélectionner des auteurs et des titres dont je n'aurais jamais soupçonné l'existence, des trucs comme Yukio Mishima, James Baldwin ou *La Vie obstinée*, jusqu'à en avoir les bras chargés. Je suis allé au guichet emprunter le Kerouac pendant qu'elle sortait tranquillement avec sa pile de livres et m'attendait près de la porte. « Je les ramènerai quand j'aurai fini », a-t-elle déclaré. J'ai eu le sentiment que c'était une sorte d'habitude chez elle. Toujours au-dessus des lois. Je devais retourner en cours, mais j'avais envie de la suivre, envie qu'elle me parle encore. Le temps que je trouve autre chose à lui dire, elle avait déjà filé dans le couloir.

pardon de casser l'ambiance, mais...

Voilà une chose que vous devriez savoir sur moi : je suis fade. Fade comme du lait. Pire, comme de l'eau. Ou pire encore, comme un *verre* d'eau – l'eau, elle, peut au moins changer de forme ou d'état, se faire glace ou vapeur, alors que je suis un être fade, rigide, et que tout le monde peut voir le vide à travers moi. Je n'ai aucun signe particulier. Je fais juste tapisserie ambulante. Je regrette presque de ne pas avoir le nez cassé, une oreille en chou-fleur ou une cicatrice au milieu de la figure, bref quelque chose qui marque l'esprit. Si j'avais au moins un petit détail susceptible d'attirer l'attention d'une fille, une seule, elle verrait alors que je suis quelqu'un de bien et que je gagne à être connu. La plupart des filles se contentent de me jeter un coup d'œil sans me voir et passent leur chemin.

À mon arrivée ici, en troisième, j'ai tout fait pour imiter les mecs cool de ma classe. J'allais m'acheter les mêmes vêtements qu'eux, pour essayer de les porter comme eux, mais au final j'avais toujours l'air naze. Il me manquait quelque chose. Les fringues étaient cool, mais moi pas. Il n'y avait rien à faire ; j'étais tel que j'étais, point final. Tous les autres semblaient avoir un avantage sur moi. Les boutonneux à lunettes avaient leur propre look, de même que les gothiques et les sportifs. Ils avaient tous un truc qui les faisait s'intégrer à un groupe. Même les demeurés avaient davantage de style que moi.

« Habille-toi comme tu le sens, me disait Carl. Si tu es bien dans ta peau, les gens seront à l'aise avec toi. »

Facile à dire, pour lui ; il savait ce qu'il faisait. Mais j'ai suivi son conseil et j'ai commencé à porter des jeans ou des treillis avec un simple tee-shirt et un sweat. Anna appelait ça mon look « brampagne » : mi-mec branché, mi-gars de la campagne, comme elle disait. Personnellement, j'aimais assez les fringues d'Abercrombie & Fitch, mais je ne supportais pas de voir leur logo imprimé partout. Ils le flanquaient sur leurs poches, leurs manches, leurs bordures de sweat-shirts et au derrière de leurs pantalons. Comme je n'avais aucune envie de me transformer en pub vivante pour une marque, j'enlevais systématiquement les étiquettes des vêtements que m'achetait ma mère. La plupart du temps, ça partait tout seul ; il suffisait de prendre une paire de ciseaux, de découper la couture sur le revers et de détacher l'étiquette (quand ma mère m'achetait un truc avec le logo imprimé dessus, je le portais sous autre chose ou je ne le portais pas du tout), mais il arrivait parfois que ça laisse des trous dans les manches ou au bas d'un tee-shirt. C'est devenu ma seule touche personnelle, au fond : quelques trous dans mes fringues ici et là. Je portais aussi une paire de Carhartts de temps en temps, et j'étais bien le seul, à l'exception des petits teigneux des fermes alentours. « Ceux du bus », comme on les appelait.

Bryce Druitt prenait le bus, autrefois ; c'était lui aussi un gothique. Le seul gothique du bus, ce qui explique sans doute pourquoi c'était une telle enflure. Il en voulait au monde entier, sans raison apparente. Mais il ne faisait pas vraiment partie des bouseux de la campagne ; il habitait près de Hydesville, à environ un quart d'heure de route. C'était la seule ville en dehors de la nôtre où passait le bus de ramassage scolaire. Le reste des passagers était des fils de fermiers. Bryce était à présent en terminale, ce qui signifiait qu'il ne prenait plus le bus. Il avait sa propre voiture.

Bryce Druitt était un roi du stade, à l'origine. Il faisait du football américain et du cross-country, et c'était l'un des meilleurs joueurs de basket du lycée. En seconde, il était entré dans l'équipe de ligue junior (la seule équipe de tout le lycée, car il n'y avait pas assez de joueurs pour en former une autre) et lui avait permis d'accéder au second tour du championnat régional. Le plus drôle, c'est que notre vieux terrain de basket, construit dans les années quarante, ne correspondait plus aux normes en vigueur et que l'équipe devait jouer chacun de ses matchs sur la chaussée. Puis un nouveau gymnase avait été construit à la fin de la saison. Une hideuse structure métallique coincée entre le bâtiment principal et le terrain de foot. Elle comprenait une salle de musculation minable et une petite galerie en hauteur dont on ne se servait jamais, mais aussi un terrain de basket génial avec gradins rétractables, si bien qu'on aurait pu faire tenir presque toute la ville dans cette maudite boîte de conserve pour des réunions ou des soirées dansantes, sauf que comme personne ne pensait jamais à rien, l'endroit était toujours quasi désert à l'exception des jours de match. Tout le monde attendait la saison prochaine avec impatience ; tout le monde avait hâte de revoir Bryce âgé d'un an de plus et encore meilleur que la saison précédente. C'était un grand gaillard blond qui s'était hissé au panthéon des stars du lycée, et il faisait l'admiration de tous.

Quand l'entraînement de foot a repris, à la fin de l'été, Bryce n'est pas revenu ; le jour de la rentrée, il arborait crâne rasé et look noir des pieds à la tête. Ce n'était pas le premier, mais c'était le seul dont les gens se souciaient.

Bryce Druitt était à des années-lumière de moi – il vivait dans une autre ville, il avait sa propre voiture, il était gothique et en terminale. Nos chemins n'auraient jamais dû se croiser, et j'aurais préféré ne jamais avoir eu à inclure son nom dans cette histoire.

casiers

Pour être honnête, je n'étais pas un grand lecteur avant de faire la connaissance d'Anna. J'allais seulement à la bibliothèque pour y faire des rencontres. C'était le conseil que m'avait donné Mr Devon, notre entraîneur et prof d'arts plastiques. « Il n'y a pas meilleur moyen de rencontrer des filles, m'avait-il expliqué un jour pendant que je rendais mon casque, mon maillot et mes protège-tibias. Ça vous donne un sujet de conversation, et ça permet de briser la glace. Mais il faut un peu préparer son coup à l'avance. Ne pas prendre le premier livre qui te tombe sous la main ou le roman à la mode du moment. L'idée, c'est d'affirmer son originalité. » Mr Devon semblait toujours en train de papoter avec une fille ou une autre dans le couloir, entre les cours, et j'en avais conclu qu'il savait de quoi il parlait. Et puis je n'avais rien à perdre. J'ai réfléchi à la meilleure section de la bibliothèque à quadriller et aux livres à sélectionner. Je ne tenais pas vraiment à me coltiner des essais – trop compliqué – ni à m'égarer dans de la poésie ou ces machins romantiques. Ce qui ne me laissait d'autre choix que la fiction (ou bien les encyclopédies et autres ouvrages de référence, au cas où je chercherais à attirer quelqu'un de vraiment spécial, c'est-à-dire le genre de fille qu'on peut attirer sans avoir besoin d'un livre). J'ai fini par porter mon choix sur des romans que j'avais réellement envie de lire et qui me permettraient d'attirer une certaine catégorie de filles, intéressantes et intelligentes, ou du moins susceptibles de me juger comme tel. Et c'est comme ça que je m'étais retrouvé avec Kerouac. Parce que je savais que très peu de gens dans ma classe avaient seulement entendu parler de lui, et sans doute aussi parce que c'était le genre d'homme que j'espérais être. Il avait eu sa période branchée dans les années cinquante, un peu à la James Dean, et je devais m'imaginer que si des filles me voyaient avec son bouquin à la main, son aura de mec cool déteindrait un peu sur moi. Si je pouvais être un peu plus comme Jack Kerouac, alors je n'aurais peut-être plus besoin de hanter la bibliothèque pour rencontrer des nanas. En tout cas, ça a marché du premier coup. Mr Devon a dû penser que le foot ne ferait jamais un bon plan drague pour moi.

J'étais un poids plume, certes, mais j'étais rapide et j'avais un bon jeu de mains, si bien que Mr Devon m'avait placé au poste d'ailier éloigné. Je ne lançais pas la partie moi-même, mais j'avais quand même droit à un peu d'action et je ne me débrouillais pas trop mal. On perdait tous nos matchs, ce qui prouve qu'il fallait vraiment être un manche pour ne pas faire partie de l'équipe. J'avais dû recevoir une douzaine de passes en tout ; j'avais même réalisé un *touchdown*, mais il avait été refusé car considéré comme hors-jeu. Et puis à l'entraînement, après le cinquième match de la saison, je m'étais cassé l'index de la main gauche. Mais même mon accident s'est révélé dépourvu de glamour et d'intérêt. Je venais de récupérer le ballon à quelques mètres de la mêlée, et je me faisais tacler par trois ou quatre joueurs adverses quand l'un d'eux m'a piétiné la main, et mon index s'est cassé comme une brindille. Je n'ai rien senti, mais mon doigt a aussitôt triplé de volume et viré au bleu tendance violet. L'assistant de l'entraîneur, Mr Ham[1] (une véritable armoire à glace, au point que personne n'osait jamais se moquer de son nom, même dans son dos), m'a raccompagné jusqu'au vestiaire, comme si j'avais une fracture crânienne ou je ne sais quoi. Il m'a même proposé d'appeler mes parents ; je lui ai répondu que je tenais le téléphone de la main droite, ce qui a au moins eu le mérite de lui arracher un petit rire.

Ma mère est venue me chercher pour m'emmener à l'hôpital. Les médecins ont pris une radio de mon doigt et nous ont annoncé un ou deux jours plus tard ce que nous savions déjà : la saison était terminée pour moi tant que mon doigt n'était pas guéri. Mes parents ont voulu que je lâche l'équipe ; je n'ai rien fait pour les en dissuader, Mr Devon n'a rien fait pour m'en dissuader non plus, et ça s'est terminé comme ça. Les choses auraient pu être différentes si j'avais été starter. Je m'imaginais en train de faire de la main droite une passe gagnante et décisive pour le match malgré mon gros bandage à la main gauche. Bien sûr, ça n'est jamais arrivé. « Remplume-toi, étudie le manuel et on verra pour la saison prochaine », m'a déclaré Mr Devon lorsque j'étais revenu vider mon casier au vestiaire.

---

1. Ham signifie « jambon » en anglais.

Le lendemain matin du jour où Anna m'avait accosté à la bibliothèque, je l'ai aperçue devant mon casier. J'aime à penser qu'elle m'attendait exprès, mais peut-être s'était-elle seulement trouvée là par hasard avec ses copains. Ils étaient réunis en meute, comme d'habitude, mais à un endroit différent, pour une fois. Je l'ai aperçue au moment de détacher mon verrou, et je lui ai adressé un petit hochement de tête quand nos regards se sont croisés.

« Tu as fini le Kerouac ? »

J'ai ri. « Pas vraiment.

– Tu ferais bien de te dépêcher, m'a-t-elle rétorqué. On a du pain sur la planche.

– Pourquoi ça ?

– Tu verras. Peut-être. »

J'ai ouvert la porte de mon casier et découvert un message qu'elle avait glissé à l'intérieur. « Cher HP – Il y a tout un monde autour de nous, un monde plus intéressant, plus merveilleux, plus terrifiant, plus mystérieux, plus incroyable que n'importe quel roman jamais écrit. Sois attentif. Tente ta chance. Mets ta vie au défi. *Love*, Craft. »

Pendant les mois qui suivraient, elle m'appellerait systématiquement par toutes sortes de noms différents dans ses lettres et ses messages, et sans jamais signer de son vrai prénom. Parfois les références étaient évidentes, et parfois je n'avais aucune idée de ce qu'elle racontait. Ici, l'énigme semblait on ne peut plus simple : elle avait cherché des bouquins de H. P. Lovecraft à la bibliothèque. Mais j'ai commencé à me poser d'autres questions, peut-être un peu trop, d'ailleurs. Le « HP » du début et le jeu de mots de la signature faisaient-ils tous les deux référence à l'écrivain ? Si oui, cela signifierait que le destinataire et l'expéditeur de la carte postale étaient une seule et même personne ; or je me suis demandé si « HP », loin d'être une allusion à Lovecraft, ne renvoyait pas plutôt aux initiales du mot *higgledy-piggledy*. Ça ne m'amusait pas. Elle était peut-être en train de se payer ma tête ou de m'humilier. Cet instant marquait un tournant crucial ; deux options s'offraient clairement à moi : tourner le dos à l'envahissante présence d'Anna et continuer mon chemin, ou bien m'ouvrir à elle et voir ce monde que je croyais connaître me révéler des choses insoupçonnées. Bien entendu, sur le moment, je n'avais nullement conscience de tout cela. Je me suis contenté de suivre mon instinct. Je n'étais pas sûr de trop apprécier Anna. Elle avait beau être mignonne, sexy et tout, elle était aussi inquiétante et mystérieuse. Je savais que je pouvais risquer gros. Je crois que je le savais déjà à ce moment-là.

J'ai jeté son message.

Le temps de rentrer chez moi, je le regrettais déjà.

1er octobre

Elle avait déposé une carte postale dans mon casier. La photo représentait un vieux Mexicain qui se révéla être Pancho Villa. Au dos était écrit : « Lora – adieu – Si tu entends dire qu'on m'a aligné contre un mur de pierres mexicain et abattu d'une pluie de balles, sache que c'est pour moi une excellente façon de tirer sa révérence. Bien mieux que la vieillesse, la maladie ou une chute dans l'escalier. Être un gringo au Mexique – ah ! la voilà, l'euthanasie ! A. Bierce. » C'était du flirt à la gothique. C'était du Anna Cayne. Cette carte-là, pas question de m'en débarrasser. Je l'ai scotchée au mur de ma chambre ; le premier d'une longue série de trophées. Chacun d'entre eux constituait un mini-puzzle en soi – et, je le sais à présent, une partie d'un autre puzzle plus vaste. C'était un jeu. Je me suis escrimé pendant des heures ce soir-là à tenter d'élaborer une réponse irrésistible. Mais Anna avait un avantage sur moi : elle était plus intelligente. J'ai passé le reste de la nuit à penser à elle.

4 octobre

Je voulais lui proposer un rencard depuis l'épisode de la bibliothèque, tout en me disant que c'était une idée absurde. Qu'en penseraient les autres ? Je me verrais associé aux gothiques, et je serais encore plus isolé qu'avant. Sauf que je l'étais déjà, objectivement. Le vendredi, je l'ai croisée dans le couloir, avant les cours, et je suis allé la voir.

« Ça y est, j'ai fini.

– Fini quoi ?

– Mes bouquins. Le Kerouac et le Stephen King. Tous les deux.

– Tant mieux pour toi. » Elle était froide, distante, elle s'éloignait déjà. J'ai dû lui emboîter le pas.

« Je me disais que tu pourrais peut-être m'en conseiller d'autres...

– Désolé. Va falloir te débrouiller tout seul. » Elle s'est arrêtée pour me regarder bien en face. Ses yeux semblaient s'intéresser à autre chose derrière moi, comme s'ils me traversaient de part en part avant de dériver au loin. « J'ai cours, a-t-elle ajouté. Il faut que j'y aille. »

Terminé, donc. Ou presque. À la fin de la journée, j'étais en train de reprendre mon blouson dans mon casier quand elle s'est approchée. Elle semblait pressée. « Tiens. » Elle m'a tendu deux livres de poche assez fins. *Le Monde de pierre*, de Tadeusz Borowski, et *La Rue des crocodiles*, de Bruno Schulz. « Lis ceux-là.

– Encore des écrivains morts ?

– On n'est jamais déçu par quelqu'un quand il est mort. »

J'ai pris les livres et j'ai commencé à m'éloigner.

« Où est-ce que tu vas, comme ça ? m'a-t-elle lancé.

– J'en sais trop rien. Chez moi, j'imagine.

– Je t'accompagne. » Une fois dehors, elle m'a proposé de longer le fleuve. « Tu es pressé de rentrer ? m'a-t-elle demandé.

– Jamais. »

Les berges de la Furniss River se trouvaient à environ huit cents mètres à l'est du lycée. Le fleuve traversait la ville en direction du sud, opérant une lente coudée vers l'est sur un kilomètre et demi avant de repartir de nouveau plein sud en serpentant. C'était un fleuve relativement modeste, large de trois cent cinquante mètres environ, mais profond et animé par un courant très fort, surtout au printemps et à l'automne. Deux ponts l'enjambaient ; le premier à la sortie sud de la ville, le second à hauteur du centre-ville et relié à Main Street, l'artère principale qui délimitait le quartier commerçant et ne comprenait que cinq intersections et deux restaurants (*The Oaks* et *Burke's*), trois bars, un bureau de poste, une bibliothèque, un marchand de vins et spiritueux, deux magasins de poterie, une librairie d'occasion et un vidéoclub, un mont-de-piété, une boutique de location de canoës-kayaks, une supérette où l'on ne trouvait quasiment jamais ce qu'on cherchait (mieux valait se rabattre sur la station-service Gurney's, à la sortie sud de la ville – là au moins, ils ne manquent jamais de lait et autres produits de première nécessité), et une galerie où les artistes du coin exposaient leurs œuvres.

Un sentier de randonnée en terre battue longeait la rive ouest du fleuve d'un bout à l'autre de la ville, et c'est ce chemin que nous avons emprunté. Ici et là, quelques pêcheurs remballaient leur équipement avant la tombée de la nuit.

« Tu es déjà venu te balader ici la nuit ? m'a demandé Anna.

– Non.

– Tu devrais. C'est si tranquille, si apaisant... On n'entend que le vent et le clapotis de l'eau. Il m'arrive de venir ici quand je suis insomniaque. Je m'assois et j'écoute. Je me suis même déjà endormie sur la rive, et j'ai dû me dépêcher de rentrer chez moi le lendemain matin avant que mes parents remarquent mon absence. Tu devrais venir ici, tard le soir.

– J'aurais trop peur de me noyer, ai-je répliqué.

– Je peux te poser une question ? un peu personnelle ?

– Ça dépend...

– Quand tu es venu me voir tout à l'heure, c'était pour me proposer un rencard ?

– Hein ?

– C'était pour m'inviter à aller au match, ce soir ? »

J'en suis resté bouche bée, incapable d'articuler le moindre mot.

« Oublie ça, a-t-elle poursuivi. Procédons autrement. Ça te dirait de venir au match avec moi, ce soir ?

– Pourquoi ?

– À toi de le découvrir. Mais laisse-moi juste t'expliquer un truc. Je croyais que tu étais sur le point de m'inviter, tout à l'heure, et c'est pour ça que j'ai réagi comme une nulle. Désolée. Je ne m'attendais pas à ça. Quand j'ai compris ce que tu t'apprêtais à faire, j'ai paniqué. Je n'ai pas l'habitude que les gens s'intéressent à moi. Pas comme ça, je veux dire. Alors il a fallu que je me ressaisisse un peu. Que je retrouve mes esprits.

– Et ?

– Et je serais très heureuse que tu m'invites à venir au match avec toi ce soir.

– Ça te dirait de venir au match avec moi, ce soir ?

– Oui. »

Et là-dessus elle s'est penchée vers moi et m'a embrassé sur les lèvres, très vite.

Je suis rentré, j'ai avalé mon dîner en un nombre de bouchées record et je suis aussitôt parti en direction de chez Anna. Sa mère nous a conduits au match. Mrs Cayne ne ressemblait en rien à sa fille. Anna avait un visage rond et un petit nez, tandis que sa mère avait les traits osseux et un nez proéminent et pointu. Ses cheveux frisottés formaient une masse hirsute qui lui retombait au bas des épaules. Elle semblait un peu dérangée, voire dangereuse. En fait, elle ressemblait un peu à la méchante sorcière du *Magicien d'Oz*. Je m'attendais presque à voir des singes surgir dans la voiture, m'attraper et m'emmener quelque part dans une cage.

Elle était assistante juridique, ou secrétaire juridique. Un machin juridique, quoi.

Nous étions en haut des gradins, deuxième rangée en partant du sommet, le carré habituel d'Anna. Aucun de ses copains n'était encore arrivé, il n'y avait que nous deux. Je marchais sur des œufs. Dès lundi, le bahut entier serait au courant. J'avais l'impression que tout le monde nous regardait, mais c'était seulement dans ma tête. Tous avaient les yeux rivés sur le terrain. Personne ne s'intéressait à nous, mais je me sentais bizarre quand même avec mon stupide blouson de sport bleu et or du lycée, et elle était vêtue de noir des pieds à la tête. Mes parents m'avaient acheté ce blouson quand j'avais intégré l'équipe de foot. « Il te le faut, pour pouvoir y coudre ton écusson d'honneur », m'avait expliqué ma mère. Sauf que maintenant, je n'étais pas près d'y ajouter le moindre écusson. Il ne me restait que le blouson. Si au moins j'étais en bas sur le banc de touche, ce blouson aurait un sens et les gens me verraient avec mon attelle à l'index. Je me sentais nerveux. Tout à coup, je ne savais plus quoi dire.

« Tu n'as fait aucun commentaire sur mon doigt, ai-je déclaré.

– Qu'est-ce que tu voulais que je te dise ? “Bien joué, gros nigaud” ?

– La plupart des gens m'ont fait des commentaires.

– La plupart des gens ne font que débiter des banalités. »

Elle avait pris l'habitude de me vanner, dès le début, mais ça me plaisait assez. Une étincelle se mettait à danser dans ses yeux, comme le signe qu'elle faisait cela pour rire et qu'il ne fallait pas trop la prendre au sérieux. L'ombre d'un sourire passait sur ses lèvres, et sa voix n'était pas aussi cassante qu'elle l'aurait sans doute voulu. Ce n'était qu'un jeu, aguicheur et fugace, une façon comme une autre de passer le temps et de tester l'agilité de l'autre.

« J'ignorais si tu étais au courant, voilà tout, ai-je rétorqué.

– Ne t'emballe pas si je te dis que j'étais au courant.

– Crois-moi, je n'ai aucune raison de m'emballer. »

Je lui ai demandé si elle avait déjà assisté à quelques-uns des matchs.

« À tous », a-t-elle répondu. Mais je connaissais déjà la réponse. C'était l'un de nos sujets de conversation, autrefois, sur le banc ; les vampires recroquevillés tout en haut des gradins. Ils n'applaudissaient jamais, regardaient le match sans un mot comme une rangée d'oiseaux menaçants sur un câble électrique.

« Pourquoi ? »

L'étincelle de malice envolée, son regard s'est soudain fait plus sombre, plus dur. « Pour faire parler les bavards. » Elle a secoué la tête. Je venais de me faire gronder. Elle a éclaté de rire.

« Tu as vu *L'Inconnu du Nord-Express* ?

– Non...

– À un moment donné, un personnage nommé Bruno se retrouve à un match de tennis où tout le monde a les yeux rivés sur la balle. Toutes les têtes font droite gauche, droite gauche... mais lui reste parfaitement immobile parce qu'il est en train de regarder fixement l'un des joueurs. On voit donc tous les spectateurs du court occupés à suivre le match sauf Bruno, le seul à rester de marbre.

– Pourquoi lui ?

– Pour le savoir, regarde le film. Viens, allons faire les Bruno. » Elle s'est levée et m'a entraîné par la main jusqu'en bas des marches pour aller s'asseoir au premier rang. Cette fois, tout le monde nous regardait. « Alors, ça fait quel effet d'être le point de mire ?

– Remontons là-haut...

– Relax. Profite du match. »

J'ai tourné la tête pour jeter un coup d'œil derrière moi. Plus personne ne semblait s'intéresser à nous – personne jusqu'à la rangée de sièges où nous étions assis il y a encore quelques instants. Tous les copains d'Anna étaient là, les yeux braqués sur moi.

« Ils n'ont pas l'air content. »

Elle a de nouveau éclaté de rire. « Tu les as déjà vus avoir l'air contents ? Occupe-toi plutôt de moi. C'est un rencard, non ? »

À la mi-temps, je suis allé nous acheter un truc au stand derrière les gradins. « Tu seras là quand je reviendrai ? lui ai-je demandé.

– Je ne te promets rien. »

Je suis parti faire la queue, non sans me demander combien de gens nous avaient vus ensemble. Personne ne m'adressait la parole, plus personne ne semblait faire attention à moi. C'en était presque décevant. J'ai acheté du pop-corn et deux grands sodas. Ce n'était pas une sinécure que de porter tout ça avec mon attelle, et j'étais sûr de renverser quelque chose avant de rejoindre mon siège.

En regagnant l'allée transversale, juste au-dessus de notre section, j'ai aperçu Bryce Druitt, assis à ma place, à côté d'Anna. J'ai eu envie d'attendre et de les observer. Je ne voyais pas ses traits à lui, mais Anna le dévisageait avec tendresse et attention, et cette intimité dans son regard m'a brusquement rendu jaloux. J'ai aussi pris conscience que les autres gothiques m'observaient, planté là dans l'allée, et j'ai fini par descendre jusqu'à ma place.

Bryce s'est levé et m'a croisé sans un mot, mais j'ai entendu quelques-uns des parents assis dans les tribunes s'adresser directement à lui : « On aurait besoin de toi sur le terrain, fiston », « Quel dommage que tu ne joues pas ! » Ce genre-là.

Anna m'a pris un soda des mains, et je me suis rassis. « Bryce veut qu'on les rejoigne, m'a-t-elle expliqué, mais je lui ai dit de se trouver lui-même une petite amie. »

lettres anonymes

Sans être populaire ou branché, je ne pensais pas être considéré comme un loser pour autant. Je crois juste que personne ne s'intéressait à moi. Je n'inspirais ni les pensées ni l'opinion de qui que ce soit. Anna a changé tout ça. Nous sommes devenus une sorte de scandale, défrayant la chronique dans tout le lycée.

Nous avons chacun trouvé une lettre anonyme dans nos casiers le même jour, le jeudi après le match. Et le message était le même : ne vous approchez pas l'un de l'autre. « T'es malade ou quoi ? » disait ma lettre, rédigée à la main sur une page de bloc-notes. L'écriture était relâchée, comme celle d'un enfant ou d'un droitier utilisant sa main gauche. « Tiens-toi éloigné de cette sorcière. Tu ne sais pas dans quel guêpier tu t'es fourré. Qu'est-ce que tu sais d'elle ? Elle va se servir de toi. Crois-en la parole d'une personne qui sait de quoi elle parle. »

« Je te dis ça pour ton bien. Ne t'approche pas de ce plouc. Tu ne peux pas lui faire confiance. C'est un menteur. Il va te faire du mal. » Voilà ce que disait le message adressé à Anna, tapé à la machine sur du papier blanc.

J'avais bien ma petite idée sur l'auteur de ces lettres, mais je voulais d'abord en avoir le cœur net.

« Ne t'inquiète pas pour ça, m'a dit Anna. Je reçois des messages tout le temps. Ignore-les, ils disparaîtront tout seuls. »

Elle ne m'a pas attendu après les cours ce soir-là. Sur le chemin en rentrant chez moi, je l'ai aperçue dans la voiture de Bryce, assise à côté de lui.

Le lendemain, tout le monde ne parlait que de Bryce Druitt. Il avait eu un grave accident la veille au soir avec son Intrigue[1], sur le pont près du centre-ville. On disait qu'il avait fait une embardée et quitté le pont pour atterrir sur la berge, manquant les eaux du fleuve de peu. Il avait été conduit à l'hôpital ; par chance, il n'avait qu'une jambe cassée. Je n'avais jamais eu de sympathie particulière pour lui, mais je ne lui aurais jamais souhaité une chose pareille. Pas à l'époque, en tout cas.

Anna avait beaucoup de mal à garder son flegme habituel. Elle tremblait presque quand je l'ai vue.

« Comment est-ce arrivé ? lui ai-je demandé.

– Aucune idée. Quelqu'un a dit qu'il avait bu, mais j'ignore ce qu'il fabriquait sur ce pont. Il vient rarement en ville le soir.

– Il va s'en sortir. Ils ont bien dit qu'il allait s'en sortir.

– C'est ce qu'ils disent. »

J'ai noté une ecchymose camouflée sous son maquillage, sur sa pommette gauche. « C'est quoi, ça ? »

1. L'Intrigue est une voiture américaine.

Elle a aussitôt caché sa joue. « J'ai reçu un coup.

– De qui ?

– Peu importe. C'est une histoire réglée. Je t'avais dit que je m'en occuperais.

– Tu as dit que ça se réglerait tout seul. C'est Bryce qui t'a frappée ?

– Pourquoi cette question ?

– Je t'ai vue avec lui hier soir, après les cours.

– Non, ce n'est pas Bryce. Il m'a ramenée chez moi. Il était là pour m'aider. Tu ne recevras plus ces lettres.

– Alors, qui t'a fait ça ? ai-je insisté.

– Ne t'inquiète pas.

– Ton mystérieux inconnu a-t-il un bleu à cacher ce matin, lui aussi ?

– Je n'ai frappé personne. Mais le message est passé. T'inquiète, je sais me défendre. »

Elle m'a serré dans ses bras et est partie précipitamment en cours.

bienvenue chez les cayne

C'est drôle comme on croise chaque jour de parfaits inconnus dont on ne saisit qu'une silhouette sans relief, un vague contour, sans retenir le moindre détail. Tous ces gens se fondent en une foule grisâtre : même aspect, mêmes gestes, simples caricatures de ce qu'ils sont en réalité, mais dès que vous les connaissez un peu mieux vous remarquez certaines particularités infimes, vous êtes plus attentif à la complexité de leur personnalité, à leurs habitudes, à leur démarche ou à leur façon de parler, à leurs subtils changements d'apparence et de garde-robe.

C'est exactement ce qui s'est passé avec Anna. Je la considérais jusqu'alors comme un spécimen générique, une goule interchangeable parmi tant d'autres, mais je commençais à relever certains détails chez elle, de petites choses qui la rendaient unique. Je croyais par exemple qu'elle portait la même robe noire et le même pull noir informe tous les jours. Ou qu'elle arborait toujours les mêmes godillots noirs, alors qu'en réalité elle possédait trois paires de Doc Martens, version six, huit et dix trous. (« Pourquoi pas les quatorze ? » n'avais-je pu m'empêcher de lui demander, bien plus tard.)

Elle avait aussi une paire de Doc basses qu'elle ne mettait quasiment jamais.

Je me suis mis à remarquer que ses cheveux venaient parfois rebiquer juste sous son menton, et d'autres jours vers l'arrière. Était-ce naturel, ou bien se levait-elle chaque matin en décidant dans quel sens faire rebiquer ses cheveux ?

Même ses yeux changeaient sans arrêt. Ils pouvaient être radieux, bleu azur, puis s'assombrir et virer quasiment au gris. À d'autres moments, ils scintillaient de lumière et il me semblait alors les voir se transformer devant moi, soudain traversés par de blancs nuages, et se changer en glace l'instant d'après. Elle me regardait moi, ou un point quelconque derrière mon épaule, ses yeux n'oscillant plus de gauche à droite mais parfaitement posés, et le bleu de ses pupilles s'obscurcissait au point de ressembler au fond d'une piscine vidée de son eau. Je me suis mis à étudier les variations de son humeur en fonction de la couleur et de la texture de ses yeux, histoire de voir s'il existait un lien, une sorte de code pour mieux la comprendre. Si code il y avait, je n'ai jamais réussi à le déchiffrer.

Avec le temps, j'ai commencé à noter certains détails étranges, dérangeants. La première fois, cela semblait insignifiant – peut-être les autres fois aussi, du reste : le côté gauche de sa lèvre inférieure était entaillé par une petite coupure. Quand je lui ai demandé d'où cela provenait, elle m'a expliqué qu'elle ne s'en souvenait plus. « J'ai dû me mordre dans mon sommeil », a-t-elle répondu. Quelques jours plus tard, j'ai remarqué une série de bleus autour de la base de son cou, comme si quelqu'un l'avait étranglée. Elle ne se rappelait pas non plus comment ils avaient atterri là. « Peut-être un de mes colliers. » Elle balayait toujours ces questions avec insouciance, en affirmant que c'était sans intérêt, comme son ecchymose au lendemain de l'accident de voiture de Bryce. Aujourd'hui, avec le recul, elles n'en ont que plus d'importance.

Il y a quand même certains détails que je lui demandais d'éclaircir et sur lesquels elle ne pouvait pas se défiler. Elle portait toujours des manches longues, quel que soit le temps. La première fois que je l'ai vue avec des manches courtes, j'ai aperçu une série de petites entailles sur son avant-bras gauche. Il devait y en avoir une vingtaine ou une trentaine, certaines déjà estompées ou cicatrisées, d'autres recouvertes d'une croûte et d'autres encore très récentes, rouges et boursouflées. « J'essaie d'arrêter de fumer, m'a-t-elle répondu. J'ai commencé à m'entailler chaque fois que j'avais envie d'une clope, histoire d'associer la douleur au tabac. Malheureusement, a-t-elle ajouté en baissant les yeux vers son bras, je crois que ça a marché dans le mauvais sens. J'ai plutôt associé le plaisir de fumer au fait de me mutiler. Maintenant, au lieu de me dire que le tabac est mauvais pour moi, je me dis que m'entailler le bras m'apporte autant de plaisir qu'une cigarette. » Elle a lâché un petit rire. « Il faut que j'apprenne à être plus maligne que mon cerveau. »

J'ai aussi découvert qu'elle avait un tatouage. Enfin je crois. Il n'était pas toujours là. Un autre de ses petits jeux, sans doute. Quoi qu'il en soit, elle avait un dessin sur la hanche. Une sorte de roue aux rayons surdimensionnés et terminés par des pointes acérées ; chacun des rayons portait une inscription, mais je n'arrivais jamais à en déchiffrer le sens. « Moi non plus », m'a affirmé Anna.

Je n'en croyais pas un mot.

« Pourquoi t'es-tu fait tatouer, dans ce cas ?

– Symbole familial. Mes parents ont le même, au même endroit. C'est une tradition. »

Je ne la croyais toujours pas. Vraiment pas.

« Et ça symbolise quoi ?

– Notre attachement à la magie noire. » Elle m'a scruté intensément, histoire de voir si je marchais. Puis elle a éclaté de rire.

« Y a-t-il la moindre part de vérité, là-dedans ?

– Mes parents ont ce tatouage. J'ignore ce qu'il représente. Mais je trouve ça assez cool, pas toi ? »

À vrai dire, si.

Lorsque j'ai de nouveau aperçu sa hanche, quelque temps plus tard, le tatouage avait disparu et je me suis franchement mis à douter de ce qu'elle m'avait raconté. Pour être honnête, je n'avais vu son corps que deux fois en pleine lumière ; si ça se trouve, le tatouage avait toujours été là et j'avais mal regardé. Mais c'est tout de même le genre de détails qu'on remarque, non ? Peut-être était-ce un faux tattoo qu'elle prenait un malin plaisir à remettre et à enlever dans l'espoir d'aiguiser ma curiosité. Mais je n'ai jamais rien dit. Je me contentais de guetter la présence ou l'absence de la petite roue hérissée de pointes, avec ses inscriptions cabalistiques.

Une semaine environ après le match, et au terme d'une série d'après-midi à nous balader ensemble à la fin des cours,

Anna m'a invité chez elle. Sa chambre ne ressemblait à rien de ce que je m'étais imaginé. Je devais m'attendre à ce qu'elle vive dans une crypte, un cercueil, un donjon ou une cave, un antre dépouillé, ténébreux et tendu de noir. Pas du tout. On aurait plutôt dit une chambre de mec. Il régnait un désordre total. Partout des piles de livres, biographies d'Ambrose Bierce et d'Houdini, monographies de Jackson Pollock et de Ray Johnson, romans de Kate Chopin, de David Hartwell, de Robert Bloch, et même un vieux précis d'anatomie qui traînait dans un coin. Il y avait aussi des recueils de poésie – Shelley, Hart Crane, Frank O'Hara, Frank Stanford, Federico García Lorca, Sylvia Plath – et une étagère d'essais aux titres qui ne m'évoquaient rien du tout, comme *Psychologie de la rumeur*, *Alan Turing ou l'énigme de l'intelligence*, *Signaux secrets* et quelques trucs d'Albert Camus. J'avais déjà vu quelques-uns de ces bouquins dans la chambre de mon frère, après son entrée à la fac. « Tu as quel genre de notes, en cours ? » ai-je balbutié. Elle a ri. « Je suis abonnée aux D. » Là-dessus au moins, je faisais mieux qu'elle. J'avais reçu les félicitations à chaque semestre.

J'ai remarqué une édition de poche du bouquin de Lovecraft qu'elle avait emprunté le jour de notre rencontre à la bibliothèque. Il était posé sur son lit, ouvert. « Pourquoi le prendre si tu l'avais déjà chez toi ? »

Elle a observé le livre et a piqué un léger fard. « Je ne sais jamais où j'en suis avec mes bouquins. Il faudra que je m'organise un peu mieux. Tu veux m'aider ? »

J'ai jeté un coup d'œil circulaire et conclu que son cas était désespéré.

Il y avait des disques partout, et même des vinyles. Tim

Buckley. Nick Drake. Gram Parsons. Buddy Holly. Patsy Cline. Bix Beiderbecke. Chet Baker. Robert Johnson. Mozart. (Je ne sais plus s'il s'agissait vraiment de ceux-là, lorsque je suis venu la première fois, mais je les ai tous vus un jour ou l'autre dans sa chambre pendant la période qu'on a passée ensemble.) Il devait y avoir une bonne vingtaine ou une trentaine de disques empilés par terre, et plus d'une cinquantaine éparpillés un peu partout comme des cartes à jouer. Le seul truc que je connaissais était un album de Nirvana, tout le reste m'était totalement obscur : country, jazz ou musique classique. Les murs étaient couverts d'affiches et de cartes postales, la plupart représentant des gens dont je n'avais jamais entendu parler comme Isadora Duncan, Robert Schumann, ou cet homme mystérieux, assez séduisant, le visage couturé, du nom de Louis Kahn, et des personnalités dont je connaissais les noms mais pas les visages comme Anne Sexton ou Amelia Earhart, mais quoi qu'il en soit ils étaient tous là, leurs trombines mortes placardées sur les murs et leurs yeux immobiles rivés sur moi. Houdini posait enchaîné sur une grande photo au-dessus de son ordinateur, Natalie Wood souriait depuis la porte de la penderie et James Dean se tenait debout sur un étang gelé juste au-dessus de son lit, observant son reflet dans la glace.

« Tu n'as personne de vivant ? » lui ai-je demandé. Elle a fermé la porte de sa chambre, révélant l'image d'un barbu aux cheveux longs qui me fixait d'un air sombre. Il ressemblait à Charles Manson, mais on pouvait lire « Dennis Wilson » au-dessus de sa tête et « Pacific Ocean Blue » tout en bas. « Pourquoi l'avoir mis derrière la porte ?

– C'est un vieux poster de mon père. Je l'aime bien... Il est mignon. »

Tout semblait provenir d'un autre temps. Elle aimait les vieilleries. Non pas qu'elle crût en la réincarnation ou ce genre de trucs, mais Anna avait parfois l'impression d'être née à la mauvaise époque. Elle ne se sentait pas très en phase avec le monde, seulement avec des choses du passé. C'est en tout cas ce qu'elle m'a expliqué plus tard.

Son lit était un vrai lit de fille, avec housse de couette à fleurs et vieil ours en peluche posé sur son oreiller. « C'était celui de ma mère. Prends-le, il est tout doux. »

Trop stupéfait pour réagir, j'ai obéi avant de jeter un nouveau coup d'œil autour de moi. Il y avait un autre livre sur son lit. *Arshile Gorky : peintures et dessins*. J'ai reposé la peluche. Une grande chemise était insérée à l'intérieur du livre, et je l'ai ouvert directement à cette page-là. Le tableau reproduit sur la gauche représentait une série de taches noires reliées par des lignes noires sur un fond gris.

Anna me l'a aussitôt pris des mains. « Dans ce tableau, Gorky raconte la perte de ses livres et de ses autres toiles dans un incendie, m'a-t-elle expliqué avant de reposer le bouquin sur le lit.

– Gorky. Drôle de nom.

– C'était un faux. Il l'a inventé.

– Il n'est pas vivant, je parie.

– Décédé. »

Je me suis agenouillé pour farfouiller dans ses disques. « Tu les as tous achetés toi-même ?

– Mon père bossait dans un magasin de disques, à la fac. Il doit avoir un bon millier d'albums. »

Elle semblait amusée de me voir explorer sa chambre et fureter dans la collection d'objets qu'elle avait négligemment assemblée.

Nous avons entendu la porte d'entrée s'ouvrir. « Ça, c'est mon père. Il faut que je te prévienne d'un truc. Il n'a pas un poil sur le caillou. » Une seconde plus tard, son père apparaissait sur le seuil de sa chambre.

Elle avait raison, il n'avait pas un poil sur le caillou. Mais il n'était pas seulement chauve, il était totalement imberbe. Il n'avait ni cils, ni sourcils, ni moustaches, rien. Il était lisse comme un œuf, et à peu près taillé dans le même format. Plutôt petit, pas plus d'un mètre soixante-cinq, il semblait bien sage et docile avec ses petites lunettes noires à monture chic, sa chemise blanche et son costume bleu austère. Mais les apparences étaient trompeuses. Quand sa grosse main charnue s'est tendue vers moi, j'ai senti la force de sa poigne. Il m'a serré la main avec fermeté, avec solidité, en accentuant la pression au fur et à mesure. Sans doute fallait-il y voir un geste paternel, une façon de me dire de bien me comporter avec sa fille. J'ai tenté d'y répondre par une poignée de main à la « Vous pouvez me faire confiance » ou « N'ayez aucune inquiétude », mais je suis sûr qu'il a compris « On serait déjà au lit si vous n'aviez pas débarqué. » Il m'a toisé d'un regard sévère, avec ses yeux sans cils légèrement déformés par les verres de ses lunettes. J'ai compris le message : il pouvait ne faire qu'une bouchée de moi. Anna m'a expliqué plus tard qu'il faisait du sport tous les jours. Pas le genre musculation, plutôt course à pied, boxe et grimper à la corde. Il devait avoir une dizaine d'années de moins que mon père, mais il semblait à l'apogée de sa forme et en plein épanouissement physique, tandis que mon paternel, lui, traversait les terrains de golf en voiturette et se ramollissait comme un marshmallow.

Il a un peu discuté avec nous, puis est sorti de la chambre en déclarant : « Et laisse cette porte ouverte, Anastasia, au moins quand tu as des invités. » Il l'a d'ailleurs ouverte en grand, renvoyant dans l'ombre la longue crinière de Dennis Wilson.

Mr Cayne travaillait au service emprunts et créances de la banque. « Avant ça, il était huissier, m'a confié Anna. Alors pas d'embrouille, ni avec lui ni avec moi. » Elle m'a expliqué qu'il avait un jour été envoyé saisir une voiture, et qu'il venait de démarrer le moteur quand le propriétaire avait ouvert la portière pour empoigner le volant. Mr Cayne lui avait saisi le poignet et ordonné de lâcher prise. Voyant que l'homme refusait, Mr Cayne avait commencé à serrer. « Il lui a cassé le poignet et lui a déboîté le bras.

– Et il te l'a raconté ?

– Non, je l'ai découvert moi-même. Juste un conseil : sois toujours réglo avec moi. » Elle s'est allongée sur son lit. Je me suis avancé vers elle, mais je suis resté debout.

Une vieille Bible traînait sur la table de nuit ; c'était bien la dernière chose que je m'attendais à trouver dans sa chambre. « Tu lis ça, toi ? lui ai-je demandé, non sans étonnement.

– Regarde un peu autour de toi, m'a-t-elle rétorqué. Je lis de tout. Ne va pas chercher d'interprétation tordue. »

J'ai ouvert la Bible à l'Ecclésiaste, là où était coincé le marque-page. Un passage était souligné : « Et j'ai appliqué mon cœur à connaître la sagesse, à connaître l'inconstance et la folie ; j'ai compris que cela aussi était la poursuite du vent. Car avec beaucoup de sagesse on a beaucoup de chagrin, et celui qui augmente sa connaissance augmente sa douleur. »

Elle m'a regardé lire, puis m'a repris sa Bible des mains et l'a jetée sur son lit. « C'est une vieille édition. Ce n'est pas moi qui ai souligné cette phrase. »

Elle m'a expliqué qu'elle était enfant unique, comme moi. OK, j'avoue, la seconde moitié de cette phrase n'est pas tout à fait exacte, techniquement. J'ai un frère et une sœur, respectivement âgés de dix et douze ans de plus que moi, et absents de ma vie depuis des lustres. D'où le fait que je sois quasiment fils unique. Tous les deux ont quitté la maison à dix-huit ans, et ma sœur n'est jamais revenue. Mon frère, Paul, est parti étudier à Princeton. Il rentrait régulièrement à la maison pour les vacances, mais il s'est marié depuis ; il vit aujourd'hui à Baton Rouge, en Louisiane, avec sa femme et leurs trois enfants adoptifs, et nous les voyons très rarement. « Qui voudrait aller dans un bled appelé Baton Rouge ? » a répliqué mon père lors des quelques occasions où ma mère lui a proposé d'y aller. Elle avait elle-même fait le voyage à deux reprises, mais la dernière fois son vol avait été annulé et, incapable de prendre une décision, elle s'était contentée de rester poireauter à l'aéroport. Quand mon frère avait appelé pour vérifier l'heure de son vol, mon père était parti la chercher en voiture pour la ramener à la maison. Depuis, elle n'a plus jamais exprimé le désir de retourner à Baton Rouge.

Ma sœur Joan est partie en Californie trois semaines après la cérémonie de remise de diplômes au lycée, et nous n'avons plus jamais eu de ses nouvelles. Elle avait beaucoup de points communs avec mon père ; elle aussi aimait s'isoler dans des endroits reculés, et aujourd'hui elle s'est pour ainsi dire volatilisée.

Il y a eu un autre enfant entre mon frère et moi, une fille de sept ans mon aînée, mais elle est morte. Elle n'a vécu que neuf jours. Elle s'appelait Denise et elle est enterrée dans le cimetière au sud de la ville. Mon frère m'a dit qu'ils – la famille au grand complet – avaient pour habitude de s'y rendre une ou deux fois par an, mais je n'y suis allé qu'une fois, et c'était il y a des siècles. Je me demande à quoi ressemblaient mes parents, avant.

Un jour, quand j'étais gamin, j'ai cassé accidentellement un truc appartenant à mon frère, une maquette d'avion ou je ne sais quoi, et il a hurlé en disant que je ne serais jamais né si Denise était encore là. J'ignore si c'est vrai ou non, mais essayez un peu de vous enlever une phrase pareille de la tête. Parfois je me dis qu'il aurait mieux valu qu'elle vive et que je ne vienne jamais au monde.

parents, idiots et incompétents

Mon père est expert-comptable. C'est un homme à chiffres, pas à êtres humains. Et c'est peu de le dire. Il doit habiter ses carnets de comptes comme s'il s'agissait de pays étrangers, de lieux où il peut silencieusement régner en maître sur des sujets tout aussi silencieux. C'est peut-être pour ça qu'il aime les chiffres – ces êtres domptables, flexibles, dociles et discrets.

Mon père a monté sa propre entreprise avec son meilleur ami juste après la fin de ses études, et ils gagnent de quoi mener une existence paisible et confortable. Ils ne sont plus copains, mais ils travaillent toujours ensemble. Mon père est plutôt du genre taciturne solitaire, de toute façon. Chez nous, il est toujours enfermé dans son bureau. C'est une petite pièce située tout au fond du rez-de-chaussée, juste à côté de la salle à manger, si bien qu'il lui suffit de sortir de table pour aller se reclure dans sa cave sombre et lambrissée. Il dîne d'ailleurs toujours assis de biais, prêt à bondir vers son antre. Je n'y ai mis les pieds que de rares fois. L'entrée se fait sur invitation seulement, et mon père y invite rarement qui que ce soit.

Un pan de mur entier y est recouvert par une bibliothèque, remplie essentiellement de livres sur le golf, de photos de golf et de ses quelques trophées remportés en tournoi. Il pratique encore, mais même là il commence à s'ennuyer. Je suis sûr que c'est le fait de jouer avec d'autres gens ; s'il pouvait être seul sur le *green*, il passerait sa vie entière là-bas. Son univers est lentement mais sûrement en train de se réduire à ses deux bureaux, l'officiel et l'autre, mais personne n'a l'air de s'en inquiéter.

Mon père a étudié à l'université de Brown. Il faisait partie de l'équipe de football, et il a aujourd'hui la carrure d'un ancien joueur de ligne singulièrement ramolli. Il a du ventre, une véritable petite panse qui déborde par-dessus sa ceinture et entraîne le reste de son corps dans son sillage. Il a la silhouette molle et flasque, sans être à proprement parler en surpoids ; il a simplement tendance à s'affaisser de partout, soit par contentement, soit par résignation.

On pourrait croire que notre pratique respective du football a créé une sorte de lien père-fils entre nous, mais non. Il est bien venu voir un ou deux de mes matchs, mais sans jamais faire le moindre commentaire après coup. Ni m'offrir ses conseils, d'ailleurs, ou m'emmener dans le jardin pour m'entraîner et me filer quelques tuyaux. Il ne m'a jamais raconté sa propre expérience sur le terrain. Je ne sais même pas si c'était un joueur bon ou médiocre. J'ai vu des photos de lui en tenue complète, costaud et pimpant, le regard perçant et rivé droit vers l'objectif derrière la grille de son casque, mais aucune anecdote ne vient compléter ces images. Ce n'est même pas lui qui me les a montrées ; c'est ma mère. Il reste aussi muet au quotidien que sur ces clichés, et ma mère peinait toujours à se remémorer les détails de leur vie d'étudiants. Même quand je me suis cassé le doigt, il n'a pas trouvé grand-chose à me dire – ni mots d'encouragement ni de compassion, juste ce commentaire, on ne peut plus prosaïque : « Le football est un sport dur. » Sans blague. Merci, p'pa.

Ma mère est une incompétente professionnelle. Mon père a un jour suggéré qu'elle prenne un travail, arguant que notre qualité de vie en serait meilleure, plus confortable, et ma mère a accepté sans grande résistance. Elle n'était pas mécontente de sortir de la maison et de se mesurer au monde du travail. Hélas, elle a vite compris qu'elle n'avait ni compétences, ni aptitudes, ni formation, ni aucun talent. Elle s'est essayée à plusieurs jobs, la plupart dans la veine employée de bureau, réceptionniste ou secrétaire, mais pour se faire virer à chaque fois. Elle ne savait pas taper sur un clavier, classer un dossier ou se servir d'un ordinateur, et était totalement inapte à manier un téléphone doté de plus d'une ligne. C'était un véritable boulet pour n'importe quelle entreprise. Même ses copines se moquaient d'elle en disant qu'elle avait été renvoyée de la bibliothèque comme assistante bénévole. J'ignore si c'est vrai, mais ma mère virait au rouge écrevisse chaque fois qu'on évoquait la question.

Pendant un temps, mon père est resté convaincu que ses employeurs attendaient trop d'elle, qu'ils ne prenaient pas le temps de la former correctement ou qu'ils étaient de mauvais chefs d'équipe incapables d'expliquer clairement leurs objectifs, voire de parfaits crétins. Et ma mère acquiesçait. Ensemble, ils apprendraient à ces imbéciles une ou deux choses sur le monde du travail et du management. Mon père a donc décidé d'embaucher ma mère en tant qu'assistante personnelle ou, plus exactement, assistante de son assistante personnelle. Bien sûr, avec le temps, mon père a oublié la raison initiale pour laquelle il lui avait suggéré de trouver un travail. À présent c'était lui qui la payait, si bien qu'il ne rentrait pas plus d'argent à la maison. C'était devenu une question de morale, d'honneur familial, et j'en passe. « Après tout, avait déclaré mon père au dîner une fois sa décision prise, ça ne peut pas être si terrible, non ? »

Et pourtant si.

À en juger par les quelques heures d'échanges auxquels j'assistais chaque soir, entre le moment où ils rentraient tous les deux à la maison et celui où mon père se retirait dans son bureau, ils ne cessaient de se houspiller, de se disputer, de se chamailler et de s'invectiver l'un l'autre. Bourdes, erreurs, quiproquos et autres problèmes de la journée rejaillissaient d'un seul coup. « Comment as-tu pu faire une chose pareille ? » s'emportait mon père, avant de lâcher un flot d'injures entrecoupé de la litanie des boulettes du jour. Ma mère ne savait rien faire correctement, semblait-il, et l'admettait elle-même la plupart du temps, bien qu'elle se défendît souvent en revendiquant toutes sortes de circonstances atténuantes. Tout cela aurait été en partie risible si leurs disputes n'avaient pas sombré dans la colère et la rancœur, et si l'un d'entre eux avait eu un minimum de recul, d'objectivité ou d'humour. Lorsque mon père l'accusait d'avoir à nouveau noté un message téléphonique de travers, elle hurlait en retour : « J'ai écrit exactement ce qu'on m'a dit », « Ils ont changé leurs propos », « Ce sont des menteurs ! »

Mon père est un homme têtu. Et c'est cette obstination, doublée de sa confiance aveugle en ses propres facultés de mentor et de manager, ou peut-être sa volonté farouche de ne pas voir sa femme devenir la risée du monde du travail, qui lui a permis de la supporter pendant plus d'un an. Après quoi ils ont fini par renoncer. J'ignore qui a levé le drapeau blanc en premier, mais un matin mon père est parti au travail et ma mère est restée assise à la table de la cuisine, en peignoir, à boire son café. Ses jours en tant que membre de la classe travailleuse étaient révolus.

Aujourd'hui, c'est une incompétente bénévole. Et elle est presque aussi nulle comme ménagère ou femme d'intérieur (appelez ça comme vous voudrez) que dans le monde de l'entreprise. Si elle n'arrive pas à résoudre un problème dans la maison, elle se contente le plus souvent d'attendre mon père pour qu'il s'en charge lui-même. Un jour, incapable d'ouvrir une boîte de bouillon de poulet, elle l'a laissée sur le plan de travail jusqu'à l'arrivée de mon père avant de se mettre à préparer le dîner. Ce qui signifie bien sûr que le repas n'était pas prêt quand il est rentré du boulot, et que son isolement rituel dans son bureau s'est vu retardé d'autant. Cela passait encore, du temps où ma mère travaillait, mais sachant qu'elle était à la maison toute la journée, c'était proprement inacceptable. Mon père était hors de lui. « Résous le problème toi-même, a-t-il vociféré. Débrouille-toi toute seule ! » J'ignore combien de boîtes de conserve les voisins ont dû ouvrir pour ma mère après ce soir-là, mais le dîner a toujours été prêt à l'heure.

Le plus grand talent de ma mère, et le plus visible aussi, est sa capacité à ordonner les choses. Elle a en tête une vision très précise de la façon dont elle veut arranger les serviettes et les sets de table, et passe des jours, voire des semaines, à les déplacer pour créer l'alignement idéal. Elle s'escrime à modeler les drapés d'une nappe, à aplanir les replis du tissu jusqu'à obtenir un résultat parfait. Avant d'avoir mon propre téléphone, j'allais parfois passer des coups de fil dans la chambre de mes parents, et ma mère était toujours furieuse contre moi sous prétexte que je dérangeais la couette ou les oreillers. Une fois, alors qu'on était déjà en retard, elle s'est arrêtée au moment de franchir le seuil de la maison pour réarranger les manteaux suspendus aux crochets près de la porte, et j'ai dit en ricanant que le jour où je me fendrais le crâne et où il faudrait me conduire à l'hôpital, elle trouverait le moyen de ranger Dieu sait quoi avant de partir. Ça ne l'a pas fait rire.

J'essaie toujours de ne pas rentrer chez moi juste après les cours, parce qu'il y a toujours une corvée à faire, un truc à ranger, une raison de se faire engueuler ou un problème quelconque à résoudre pour ma mère. C'est typiquement le genre de femme qui a besoin de quelqu'un pour s'occuper d'elle. Mais ce ne sera pas moi.

Je ne devrais pas donner l'impression que ma mère n'est bonne à rien. Elle assure le ménage dans la maison (bien que mon père se plaigne qu'elle laisse des taches partout, sur les vitres, les tables et les meubles), prépare généralement le petit déjeuner pour sept heures trente précises, afin que mon père n'ait qu'à l'avaler et partir au travail, et le dîner pour dix-huit heures trente, soit quelques minutes après qu'il est rentré d'une nouvelle journée passée à ne pas échanger un mot avec son associé, histoire qu'il puisse rapidement s'asseoir à table et ne surtout pas adresser la parole à sa femme et à son fils. Certains soirs, on n'entend guère que le cliquetis des couverts au rythme des bouchées expéditives de mon père enfournant la nourriture. Ma mère, elle, mange avec une lenteur alarmante, en un saisissant contraste avec la frénésie de l'ingurgitation paternelle. Sa fourchette pleine se déplace bien jusqu'à sa bouche, mais le contenu de son assiette semble ne jamais diminuer. Elle se retrouve seule à table chaque soir à terminer péniblement son dîner. Les rares fois où mon père et moi restons avec elle jusqu'à ce qu'elle ait fini, pour les repas de fête, cela semble durer l'année entière.

Ma mère n'est pas trop mauvaise cuisinière, bien que j'aie encore le souvenir de mon père contemplant son assiette calcinée en grognant : « Comment peut-on rater des œufs brouillés ? » Elle avait une fâcheuse tendance – fâcheuse à notre goût, ou celui de n'importe qui d'autre, j'imagine – à nous servir des escalopes de poulet au velouté de champignons en boîte. Sans doute le plat le plus facile à préparer au monde : mettez les escalopes dans une poêle, versez le velouté de champignons par-dessus, directement de la boîte, ajoutez un peu de riz, une salade verte et hop, le dîner est prêt. Elle se vantait également de connaître une recette « exotique » : le thon au curry. Le thon et le curry faisaient certes partie des ingrédients de base, mais ça n'avait rien d'exotique du tout, à moins que votre définition de l'exotisme ne comprenne une boîte de thon, une boîte de velouté de champignons (classique familial incontournable), une cuillère à soupe de poudre de curry et du riz en sachet. C'est à peu près aussi bon que ça en a l'air. Mon père se goinfrait de crackers sans sel à chaque repas. Il les stockait dans une boîte en plastique qu'il ramenait invariablement de son bureau pour la poser à côté de son assiette et, toutes les deux ou trois bouchées, il enfournait une pleine poignée de ses petits biscuits en forme d'hexagone. Il lui arrivait parfois de sortir de son bureau avec des miettes de crackers plein sa chemise ou son pull pour aller remplir sa boîte dans la cuisine.

Ses lacunes sur le plan de l'imagination, ma mère les comblait par son sens de la présentation et de l'arrangement. Elle servait ses plats sur de grandes assiettes ornées de fleurs alignées avec précision. Elle avait toute une collection de linge et d'accessoires de table sophistiqués. Quand nous avions du pamplemousse au petit déjeuner (ce qui arrivait assez souvent – difficile de rater un truc pareil), une petite boîte noire faisait son apparition au centre de la table, avec à l'intérieur un assortiment de cuillères incurvées, conçues spécialement pour détacher les quartiers de pamplemousses coupés en deux. Une fois le petit déjeuner terminé, la boîte disparaissait et, le lendemain matin, si nous avions de nouveau du pamplemousse, elle revenait sur la table avec ses cuillères bien rangées, fonctionnelles, prêtes à l'emploi.

Ma mère est une obsédée de la précision, qu'elle s'efforce de respecter en toutes circonstances. Hélas, sa propre incompétence fait souvent barrage. Le dîner sera servi en temps et en heure, sauf si elle n'arrive pas à ouvrir une boîte de conserve. Elle est ainsi : tout va bien jusqu'à ce qu'un détail se mette à clocher, et cet infime obstacle se transforme alors pour elle en mur infranchissable. Il suffit que les choses ne se déroulent pas de façon linéaire ou comme elle l'avait imaginé, et elle est totalement désemparée.

retour au lycée

Anna et moi avions deux cours en commun, les maths et l'histoire, mais nous n'étions jamais assis ensemble. En maths, Mrs Bell avait imposé un plan de classe, mais en histoire chacun était libre de se placer où il voulait et Anna s'installait systématiquement au premier rang, séparée du reste de la salle. Il lui arrivait souvent de s'endormir, ou du moins d'avoir l'air assoupi. Elle posait sa tête sur son bureau et fermait les yeux, sans pour autant perdre une miette du cours. Elle semblait même plus attentive à ce qui se passait en classe que n'importe quel autre élève. Si le prof l'interrogeait, elle répondait à la question sans même lever la tête ni ouvrir les yeux. Un jour, en histoire, Mr Morrison était si excédé par son attitude qu'il lui a demandé de « s'asseoir correctement » et d'« écouter ». Anna s'est exécutée et s'est mise à lui réciter son cours sur Martin Luther King, mot pour mot depuis le début, prouvant ainsi de façon magistrale qu'elle avait tout suivi. Ça a duré comme ça pendant trois minutes jusqu'à ce que le prof la fasse taire d'un geste, et que sa tête blonde s'enfouisse à nouveau dans la manche noire de son pull. C'était un truc de gothique, paraît-il. Mais je n'y crois pas trop.

On se voyait le matin et le soir à la fin des cours ; quasiment jamais entre les deux, mais nous restions en contact permanent. Elle me glissait des petits mots et des cartes postales dans mon casier, ou bien me les faisait parvenir par un de ses copains. J'ouvrais parfois un bouquin de cours pour y découvrir une lettre pliée avec soin et insérée à la page du jour. Je la soupçonnais de connaître un ou deux tours de magie, comme par exemple crocheter la serrure de mon casier pour me déposer toutes sortes de trucs à l'intérieur. Et ses petits mots n'avaient rien d'ordinaire. Elle y décrivait les conversations qu'elle avait entendues, les anecdotes intéressantes apprises en cours, des articles de journaux, voire des messages laissés par d'autres personnes. « J'ai trouvé ça près de mon casier ce matin : "Je te déteste. Je ne veux plus jamais te revoir. Tu m'as juré que c'était faux, mais j'ai vu ta voiture devant chez elle. Tu mens, et j'en ai assez. Je te hais. P.-S. : Rappelle-moi." »

Je n'étais pas préparé à un tel déferlement d'énergie, d'enthousiasme, d'attention. Je me suis senti un peu envahi, au début. Je me disais que je ne parviendrais jamais à tenir la distance, qu'elle se lasserait de moi. Au contraire, les choses sont devenues de plus en plus simples. Son énergie était contagieuse et j'avais soif de sa présence. On se parlait au téléphone, mais elle préférait m'envoyer des SMS ou, mieux, des messages sur MSN ou des e-mails, dans lesquels elle pouvait inclure des liens et un tas d'autres infos. Elle modifiait sans arrêt son pseudo dans ma liste de contacts en utilisant des initiales de gens célèbres pour me les faire deviner : A. B. C. (Anna Belle Cayne), E. A. P. (Edgar Allan Poe), J. T. R. (Jack the Ripper, ou Jack l'Éventreur), E. M. H. (Ernest Miller

Hemingway), A. A. F. (Abigail Anne Folger), G. A. H. (Gary Allen Hinman), E. W. H. (?).

Au bout de cinq ou six semaines, elle a cessé de me laisser des cartes postales dans mon casier pour me les envoyer par la poste. Je recevais aussi des lettres et de grandes enveloppes contenant ses dernières trouvailles : articles de journaux ou de magazines, objets divers – clés (« Je l'ai trouvée près de chez toi. Que peut-elle bien ouvrir, à ton avis ? »), photos (« Qui sont ces gens ? ») ou encore petits mots et messages trouvés dans la rue ou au lycée. C'était un arrivage permanent, un véritable déluge, et je ne savais pas si elle attendait la même chose de moi en retour. La plupart des choses qu'elle m'envoyait me laissaient perplexe un moment, avant d'atterrir à la poubelle (la clé, par exemple, semblait ouvrir une valise ou une mallette, mais je n'avais pas l'intention de m'introduire chez mes voisins pour découvrir laquelle). J'identifiais parfois certains visages sur les photos, et Anna semblait satisfaite de mes ébauches d'hypothèses. Que je trouve ou non la réponse n'avait visiblement pas grande importance à ses yeux – elle savourait surtout le fait de partager ses trésors avec moi, et l'étincelle de curiosité que cela déclenchait en moi. Je ne lui ai jamais rien envoyé ; je me contentais de passer par le téléphone ou l'ordinateur, mais même là j'étais loin de rivaliser avec elle. Il arrivait que ses découvertes recoupent des choses intimes ou secrètes. Comme ce petit mot qu'elle avait trouvé : « J'ai besoin d'aide avec Carl », et sur lequel elle avait ajouté « Qu'est-ce que ça veut dire ? »

carl

Mon ami Carl Hathorne était dealer. « Et alors ? » m'a répondu Anna quand je le lui ai annoncé, avant d'éclater de rire. « Toujours se méfier de la mascotte du lycée. » Carl n'avait rien d'une pharmacie ambulante ou d'un supermarché de la came, cela dit. On ne pouvait pas lui acheter tout et n'importe quoi ; son stock était limité. Il ne vendait que les produits qu'il pouvait facilement se procurer, c'est-à-dire le Ritalin de son petit frère et le Prozac de sa sœur aînée, ou celui de sa mère. Il se glissait dans leur chambre pour leur subtiliser des pilules qu'il revendait au lycée. C'était pour lui un moyen facile de se faire de l'argent. Puis il s'est mis à racheter des médocs directement aux collégiens, du Ritalin essentiellement, pour les revendre à la petite élite du lycée. Chaque pilule achetée un dollar était revendue entre deux et cinq fois plus cher. Il refusait de traiter avec les élèves en dessous de la seconde, mais n'avait aucun scrupule à exploiter ses jeunes fournisseurs. Le jour où je lui ai fait remarquer qu'il arnaquait des gamins n'ayant aucune idée de la valeur de ce qu'ils revendaient, j'ai eu droit à tout un sermon. « La valeur est une chose relative, a-t-il rétorqué. Vingt-cinq cents peuvent représenter beaucoup d'argent pour certains, et deux cent cinquante mille dollars une paille pour d'autres. » Carl est la seule personne que je connaisse capable d'employer des termes comme « chaîne d'approvisionnement » et « modèles de distribution », ou encore d'évoquer des concepts tels que la « valeur à vie d'un client ». J'ignore d'où il tient tous ces trucs – il a dû naître avec.

Il se faisait pas mal d'argent, mais ça ne l'a jamais rendu cupide pour autant. Il savait rester prudent. Les risques étaient trop gros. Il pouvait se faire prendre en flagrant délit aussi bien par sa famille au moment du vol des médicaments que par les profs ou le proviseur au moment de la revente, de même qu'il pouvait se retrouver un jour avec une offre supérieure à la demande, mais c'était peu probable. Il y avait trop d'ados réclamant de la drogue, même dans un tout petit lycée comme le nôtre. Je lui ai demandé un jour s'il était vrai que les gothiques faisaient partie de sa clientèle. « Ils ne m'ont jamais rien acheté », m'a-t-il répondu. Mais je ne pouvais pas vraiment me fier à sa réponse. Carl était comme un médecin protégeant la confidentialité de ses patients. Tout le monde avait l'air de savoir (ou de deviner) qu'en cas de besoin, il suffisait de faire appel à ses services, et pourtant personne ne savait qui comptait vraiment parmi ses clients.

Il avait pour lui un avantage primordial : tout le monde l'adorait. Carl était la star incontestée de notre classe de seconde. Et sans doute de tout le lycée. Il traitait les gens avec respect et semblait sincèrement les apprécier. Les profs aussi l'aimaient, de même que ses clients et ses fournisseurs. « C'est une industrie de service, disait-il. Ce n'est qu'une question de bon sens commercial. Que serais-je sans mes fournisseurs, sans ma clientèle ? » C'était bien la seule personne que je connaisse qui parlait de code moral. « Les Dix Commandements ne sont pas trop mal, m'avait-il confié, mais je préfère ceux de Dale Carnegie[1]. »

Carl était généralement affublé du même blouson bleu clair usé aux poches bourrées de morceaux de papier. C'était ses pense-bêtes pour se rappeler qui lui devait quoi et quand, ou encore avec qui il avait rendez-vous pour collecter ou négocier tel truc. Le tout était rédigé dans un code secret de son invention, d'obscurs gribouillages qu'il était capable de déchiffrer en une seconde mais que personne d'autre ne pouvait lire. Chaque poche avait sa propre attribution ; le système était précis. « Je maîtrise tout », disait Carl. C'était très vrai. Il trimballait toujours un exemplaire du *Wall Street Journal*, de *Fortune*, du *Financial Times* et de *The Economist* dans son sac à dos. Il gardait des carnets de comptes détaillés de la moindre de ses transactions. Il transférait les notes inscrites sur ses bouts de papier dans ses carnets, qui étaient eux-mêmes encodés selon un autre système. Je me suis parfois demandé si c'était la raison pour laquelle Anna et lui s'entendaient si bien : ils avaient chacun leur collection de petits carnets bizarres, leur façon à eux de quadriller la ville, de chroniquer nos existences à travers un filtre bien précis.

Les carnets de Carl ne quittaient jamais les quatre murs de sa chambre. Il les gardait enfermés dans un meuble gris à double tiroir à côté de son bureau, et ne les en sortait que pour retranscrire le contenu de ses bouts de papier dans leurs

---

1. Auteur d'un best-seller sur les relations sociales, *Comment se faire des amis*, publié en 1936.

colonnes bien ordonnées. « Je dois les tenir à jour », expliquait-il. Je lui ai demandé pourquoi il était si soucieux de les cacher, étant donné qu'ils étaient rédigés dans un charabia illisible. « Il faut tout faire pour protéger ses clients, m'a-t-il répondu. En outre, n'importe quel code peut être déchiffré. Ça prend du temps, c'est tout. Et ça me donne la sensation d'être quelqu'un d'important. » Or Carl était quelqu'un d'important, à en juger par le nombre de carnets qu'il conservait précieusement. Il m'en a montré un, une fois. Je n'y ai strictement rien compris, bien sûr, mais il m'a indiqué la colonne où il notait les sommes d'argent encaissées. « Un compte rendu parfait, a-t-il précisé. Je n'ai jamais perdu un cent. » Et, le connaissant, c'était sûrement vrai. Il savait s'y prendre avec les gens. Ses carnets étaient parfaitement en phase avec son monde. Carl avait tout sous contrôle ; les colonnes étaient là pour le confirmer. Les gens réclamaient, il leur donnait. Il proposait, ils acceptaient, selon ses termes à lui. Tout n'était qu'une question d'accord.

Son autre constante vestimentaire était sa casquette bleue University of Notre Dame qui, délestée de son logo d'origine « ND », présentait une grosse marque bleu foncé en plein milieu. Il en avait rabattu la visière, mais replié le coin gauche (sa gauche) pour la faire pointer vers le ciel. « Il fallait bien que je la customise un peu », m'a-t-il expliqué. Son père souhaitait qu'il aille étudier à Notre Dame. « Il va être déçu, disait Carl. Mais ça ira, il a l'habitude. » La première fois qu'il m'a dit cela, j'ai cru qu'il faisait allusion à d'autres déceptions précédentes, sans rapport avec lui, mais maintenant je n'en suis plus si sûr.

Carl était pour ainsi dire mon seul ami, et nous nous

connaissions quasiment depuis la naissance. Il vivait à quelques rues de chez moi, autrefois, et sa mère me gardait, du temps où la mienne travaillait encore. Sa famille a déménagé depuis, dans une maison un peu en dehors de la ville, mais on se voit tous les jours au lycée, et on continue à passer du temps ensemble quand il n'est pas pris par ses affaires. Parfois, je me dis que Carl est uniquement mon ami parce qu'on se connaît depuis des lustres, et que si on se rencontrait demain pour la première fois, il ne sympathiserait jamais avec moi.

J'étais un peu nerveux à l'idée de lui avouer pour Anna et moi, surtout à cause de sa réaction le premier jour où on l'avait vue devant chez elle. Je lui en ai parlé une semaine après le match. Il était déjà au courant. « Tant mieux pour vous, a-t-il commenté. Vous faites l'un des couples les plus intéressants du lycée. Mais que je ne te prenne pas à te maquiller. »

Il me connaissait trop bien pour ça.

Quand on était petits, ma mère venait nous chercher à l'école, Carl et moi, mais ce rituel a pris fin en CM1. « Tu n'as qu'à rentrer à pied, a décrété ma mère. Ça te fera le plus grand bien. » La mère de Carl passait nous prendre de temps en temps, mais avec une irrégularité constante quand ses difficultés conjugales ont commencé, et plus du tout quand la famille a fini par déménager. Carl avait de toute façon ses propres affaires à gérer, désormais. J'ignore ce que ma mère faisait de ses journées. Elle appelait ses copines, peut-être, ou se précipitait à Hilliker, à dix minutes de chez nous. Elle passait pas mal de temps avec la mère de Carl, autrefois, et sortait souvent avec les époux Hathorne (mon père se joignait rarement à eux, préférant le sanctuaire de son bureau), mais ils ont cessé de se fréquenter. J'ai d'abord cru que c'était la faute de Mr Hathorne.

Le père de Carl était un ivrogne, à la base. Mais pas du tout le style pilier de bar qu'il fallait arracher du comptoir pour le faire sortir, ou ce genre de chose. Il buvait seul. Il prenait sa voiture pour se rendre jusqu'à Hilliker ou à Shale chez le marchand de spiritueux, puis partait se garer dans une contre-allée et buvait ses bouteilles jusqu'à la dernière goutte.

Il était concessionnaire automobile à Hilliker, et sa femme avait commencé à nourrir des soupçons face à la dégringolade de ses revenus mensuels. Il n'empochait plus autant de commissions qu'autrefois. Quand elle l'appelait à son travail, il n'était pas là, et il rentrait tard le soir en empestant l'alcool. Elle a fini par lui dire qu'il avait un problème. Il lui a répondu qu'il arrêterait. Il n'a jamais tenu parole.

À force d'absences répétées, Mr Hathorne s'est fait virer de son travail. Mais il ne s'est pas arrêté de boire pour autant. En désespoir de cause, Mrs Hathorne s'est tournée vers ma mère. Elle devait être au bout du rouleau. Ma mère a pris les devants pour une fois et elle a fait venir Mr Hathorne, sa famille et quelques-uns de ses amis, ainsi que ceux de sa femme, pour une petite discussion privée. Ils lui ont tous dit qu'il avait un problème et qu'il avait besoin de se faire soigner, pour son bien et celui de ses proches. Deux jours plus tard, il entrait en cure de désintoxication à Joplin pour trois semaines.

C'est à son retour que Mrs Hathorne a souhaité totalement

couper les ponts avec ma mère. Elle-même a cessé de voir la plupart de ses amies, comme si tout était de leur faute. À moins qu'elle n'eût été trop gênée. Puis les Hathorne ont déménagé au nord de la ville. Ce n'était qu'à quelques kilomètres, mais c'était comme s'ils étaient partis au pôle Nord. Carl et moi continuions à nous voir, mais nos parents ne se fréquentaient plus. La mère de Carl semblait avoir totalement disparu de la circulation.

Tout le monde continuait à voir Mr Hathorne, en revanche. Depuis sa sortie de cure, il passait ses journées chez Gurney's. Gurney's était une station-service où on ne pouvait pas se servir soi-même ; il fallait se rendre à l'autre bout de la ville, chez Downey's, pour profiter du libre-service, et l'essence y était généralement au même prix. Chaque fois que vous passiez chez Gurney's, vous pouviez être sûr d'apercevoir Mr Hathorne assis à côté du comptoir, sur sa chaise en plastique noir, un énorme gobelet de café à la main. De temps à autre, il se levait pour aller laver les vitres d'un client mais il ne servait jamais à la pompe. Il ne travaillait pas ; Derek Gurney ou son frère jumeau, Erik, assuraient tout le boulot eux-mêmes. Le père de Carl se contentait de rester assis à siroter son café.

Mrs Hathorne a attendu un peu avant de suggérer à son mari de retrouver du travail. Elle lui laissait le temps de s'adapter à sa sobriété nouvelle. Mais Carl ne voyait pas les choses comme ça. « Autant qu'il aille s'asseoir au milieu de la route avec un panneau “JE SUIS UN SDF ALCOOLIQUE” accroché autour du cou, non ? »

Son père a squatté la station-service pendant un long moment. C'était le seul endroit où je le croisais, désormais.

Un jour, après les cours, vers la mi-octobre, Anna et moi marchions le long du fleuve quand Carl a surgi d'entre les arbres, la main plaquée sur son œil droit. J'étais un peu embarrassé de tomber sur lui comme ça, étant donné que je l'évitais depuis que je voyais Anna. Je n'avais rien contre lui, c'était juste Anna, Anna, tout le temps Anna.

« Tu te sens bien ? lui a-t-elle demandé.

– Bientôt, oui. » Il a ôté sa main de son visage, révélant une méchante ecchymose boursouflée.

« Ça va être joli, demain matin, ai-je commenté.

– Qu'est-ce qui s'est passé ? » a voulu savoir Anna.

Carl a dardé son œil gauche dans sa direction avant de le tourner vers moi. Il n'avait pas envie d'en parler. « Un client mécontent.

– Tu veux qu'on aille le chercher ? lui ai-je proposé.

– Non. Je réglerai ça plus tard. »

Il a regardé ma main. Je serais allé chercher ce type, même avec mon attelle. C'est ce que je m'apprêtais à dire quand Anna a repris la parole :

« Mets une patate crue dessus. C'est le meilleur remède.

– Comment le sais-tu ? lui ai-je demandé.

– Un vieux truc de sorcière. Je peux aussi jeter un sort à la personne qui t'a fait ça.

– Je n'en doute pas », a répondu Carl.

Je leur ai proposé à tous les deux de passer à la maison. Carl ne tenait pas trop à rentrer chez lui ni à être aperçu en ville avec sa paupière enflée – trop mauvais pour les affaires. Nous sommes donc allés chez moi.

Nous sommes entrés par le garage pour accéder à la cuisine. Nous aurions pourtant dû passer par la porte d'entrée, ça nous aurait évité de croiser ma mère. J'aurais dû me méfier. Je passais chaque après-midi à la fuir scrupuleusement, et voilà que je précipitais Carl dans ses pattes. Quand nous sommes entrés dans la cuisine, ma mère et le père de Carl étaient attablés en train de boire un café.

« Anna et Carl vont rester un peu », ai-je déclaré.

Ma mère semblait paniquée. Elle s'est levée de sa chaise pour se rasseoir aussitôt. « D'accord », a-t-elle répondu. Le père de Carl n'a pas pipé mot. Carl non plus. Puis, sans lever les yeux, Mr Hathorne a déclaré : « Dis-lui de sortir d'ici avant que je lui arrange l'autre œil. » Il n'avait même pas bougé la tête ; il s'était adressé directement à son café. Ma mère l'a regardé. Nous sommes montés dans ma chambre en quatrième vitesse.

« D'où est-ce que je tiens ça, à ton avis ? » m'a dit Carl.

Nous n'en avons pas reparlé. J'avais du mal à comprendre comment Mr Hathorne aurait pu frapper son fils et rappliquer aussi sec chez moi. Mais il était difficile d'aborder la question avec Carl.

« Qu'est-ce qu'il est venu faire là, d'après toi ? m'a-t-il demandé.

– Aider ma mère, qui sait. Elle trouve toujours un pigeon pour faire le boulot à sa place.

– Peut-être qu'ils ont fini par le virer de la station-service ? a suggéré Anna.

– Peut-être qu'elle essaie de l'aider, ai-je ajouté.

– Peut-être qu'ils couchent ensemble », a asséné Carl.

Un soir, quelques jours plus tard, j'ai de nouveau croisé le père de Carl en train de siroter un café dans la cuisine. C'en est arrivé au point où Anna et moi mourions d'envie de savoir s'il était là tout en n'osant plus mettre les pieds dans la cuisine. Ça nous mettait mal à l'aise. Carl me demandait toujours si on avait revu son père.

« S'il se passait un truc entre eux, il ne resterait pas traîner chez elle après à boire du café, affirmait Anna. On s'attendrait plutôt à ce qu'elle le fasse déguerpir avant que quelqu'un l'aperçoive, non ?

– Mais puisqu'on l'a déjà vu une fois, ai-je rétorqué, ils ne cherchent peut-être plus à se cacher.

– C'est bizarre », a conclu Carl.

Et ça l'est devenu encore plus.

Un soir, je suis rentré plus tard que d'habitude de chez Anna après les cours. J'étais en retard pour le dîner, ce qui est ordinairement un crime, chez moi, sauf que ce soir-là personne n'a rien dit. En entrant dans la cuisine, j'ai trouvé mes parents assis chacun à un bout de la table, comme de coutume, avec le père de Carl à ma place, au milieu. Il mangeait même dans mon assiette. Pris de court, je suis resté planté là avec mon manteau, à l'observer avec des yeux ronds.

« Où étais-tu ? m'a lancé ma mère d'un ton presque amical.

– Chez Anna. J'ai pas vu le temps passer. Désolé.

– Va donc prendre une assiette pour te servir tant que c'est chaud », a-t-elle répondu.

Il n'y a pas eu un mot de plus. J'ai été m'asseoir en face de Mr Hathorne.

Après le repas, je suis monté dans ma chambre pour appeler Carl. « Qu'est-ce qui s'est passé, chez toi ? lui ai-je demandé.

– Rien.

– Ta mère n'a rien dit de spécial ?

– Non.

– Eh bien, devine ce que j'ai vu ici ce soir...

– Quoi donc ?

– Ton père est venu dîner chez nous. Et mon père était là aussi.

– Tu veux rire ?

– Ils étaient tous les trois assis à table, comme si de rien n'était.

– Ton vieux n'a rien dit ?

– Personne n'a prononcé le moindre mot. On a mangé tous ensemble, et je suis monté pour t'appeler. Je crois que ton père est parti il y a cinq minutes. »

Carl m'a promis de me passer un coup de fil s'il arrivait quoi que ce soit chez lui, mais il ne m'a jamais rappelé.

Son père est revenu s'asseoir à ma place pendant cinq ou six soirs d'affilée puis, sans crier gare, il n'est plus réapparu. La parenthèse était close, et personne n'a fait le moindre commentaire sur sa présence à notre table.

mon cœur, précédemment

Anna Cayne n'était pas ma première petite amie ; j'étais sorti avec Melissa Laughner le printemps précédent. Je n'ai rien à reprocher à Melissa Laughner. Elle était intelligente, gentille et mignonne, dans le genre grande brune mince. Il lui arrivait de porter des lunettes, et c'était une fille discrète. Vers la fin du mois de mars, son petit frère, Adam, avait répété à Carl qu'elle avait un faible pour moi, et j'avais fini par l'appeler un soir pour lui proposer un ciné. Elle avait dit oui. Quelques jours plus tard, le vendredi, son père nous avait conduits à Hilliker, où se trouvait le cinéma le plus proche, et nous avait déposés devant pour venir nous chercher à la fin du film. Elle avait à peine prononcé un mot.

« Je ne crois pas que je l'intéresse, avais-je confié à Carl le lundi suivant.

– Ce n'est pas ce que dit son frère.

– Même après vendredi ?

– D'après lui, elle a passé une bonne soirée.

– Je crois surtout qu'il se paie ma tronche.

– C'est vrai, avait répliqué Carl. Tout le monde cherche à comploter contre toi. »

Après les cours, j'étais allé trouver Adam. « Carl prétend que ta sœur s'intéresse toujours à moi.

– Et pourquoi pas ?

– Ça ne s'est pas hyper bien passé, je trouve.

– Elle est timide, voilà tout. Tu ne lui as pas dit que j'avais parlé à Carl, j'espère ?

– Non.

– Je veux dire, jamais ?

– Non.

– OK. Alors rappelle-la. Si tu en as envie, bien sûr. »

J'ignore si Adam a parlé à sa sœur, mais elle était déjà très différente lors de notre deuxième rencard. Elle avait même parlé. On s'était mis à sortir officiellement ensemble, après ça. On se voyait les week-ends ou en semaine à la sortie des cours. Elle m'appelait tous les soirs, ce qui ne me dérangeait pas du tout, au début. Et puis je crois que j'ai commencé à me lasser. Je ne sais pas trop comment ça s'est passé ; j'ai juste compris que je n'avais plus envie de la voir, malgré tous les patins qu'on se roulait. Je ne nous sentais pas vraiment sur la même longueur d'onde ; rien ne m'attirait chez Melissa. Quelque chose en elle me donnait limite envie de fuir chaque fois qu'on était ensemble. Non, je retire ce que je viens de dire : rien ne clochait chez Melissa Laughner. Quelque chose en *moi* me donnait envie de la fuir. Quand on était à la maison à regarder la télé ensemble, le temps semblait faire du surplace jusqu'à l'heure de son départ. Je ne savais jamais quoi dire en sa présence, et son côté taciturne m'inspirait malaise ou ennui, voire les deux. Tout est tellement plus simple quand on est célibataire, me disais-je. À ce moment-là, j'avais sans doute envie d'être seul. Et je l'ai été. Bien plus que je ne l'aurais souhaité.

Moi qui savais à peine comment entrer dans une relation, je savais encore moins comment en sortir. Je voulais rompre avec Melissa, mais je n'avais aucune idée de ce que devais dire ou faire. Les choses ont traîné en longueur pendant encore quelques mois, et quand est arrivé le bal des secondes, Carl et moi avons échafaudé un plan.

Melissa et moi étions censés aller à la soirée ensemble, bien sûr, mais je l'ai appelée à la dernière minute pour lui dire que j'étais malade. Elle m'a répondu qu'elle refusait de s'y rendre sans moi, mais je l'ai persuadée d'y aller quand même. Elle s'amuserait avec ses copines. Il fallait absolument qu'elle y aille. C'était vital. Parce que lorsque Carl l'a vue toute seule à table, ce soir-là, il s'est avancé vers elle et lui a déclaré : « Désolé d'apprendre que vous avez rompu », avant de feindre la surprise en constatant la sienne. « Je ne savais pas qu'il était malade, a-t-il menti. Il m'a dit qu'il comptait rompre avec toi ce soir, alors j'ai cru que... »

Melissa est aussitôt rentrée chez elle pour me téléphoner. « Carl m'a dit que tu avais l'intention de rompre avant la soirée ?

– Pardonne-moi, Melissa. J'avais l'intention de le faire, puis j'ai été malade et je ne voulais pas te l'annoncer par téléphone. »

Pour être honnête, c'était exactement ce que j'avais prévu de faire. Carl n'avait eu aucun mal à rompre pour moi. En fait, je crois que ça l'a plutôt amusé. À ses yeux, ce n'était qu'une transaction de plus. J'ai été lâche, je le reconnais. Et j'aimerais pouvoir dire que je m'en veux, mais le lendemain Carl et moi en avons ri aux éclats.

« Tu aurais dû voir sa tête, s'est-il esclaffé. On aurait cru que je venais de lui écraser une pelle en pleine figure. Ce genre d'occasions ne se présente qu'une fois dans la vie, pas vrai ? »

Melissa ne m'a plus adressé la parole pendant très longtemps. Elle est allée raconter toutes sortes de trucs sur moi, et quelques personnes supplémentaires au monde ont cessé de me parler. Je n'avais déjà pas beaucoup d'amis, et voilà que Melissa m'en soustrayait encore une poignée. Elle me laissait des messages dans mon casier pour me dire que j'étais un monstre et qu'elle me haïssait. Je passais outre. Je ne sais pas pourquoi j'étais à ce point pressé de me débarrasser d'elle ; ce n'est pas comme si ma vie était devenue hyper excitante depuis notre rupture. Je traînais seul en ville, je m'efforçais de ne pas rentrer chez moi pour éviter ma mère, et je regardais Carl gérer son business. À défaut de pouvoir l'accompagner – ce serait mauvais pour la clientèle, affirmait-il –, je le suivais de loin, je l'espionnais à distance. Voilà ce que je faisais depuis que je n'étais plus avec Melissa : je filais mon meilleur pote. C'était toujours intéressant de voir qui faisait partie de ses clients. Il n'y avait pas que les défoncés habituels et les sportifs, mais aussi des gens considérés comme de bons élèves irréprochables. Des fils de pasteur et des enfants de prof, voire des adultes, qui retrouvaient Carl derrière un bâtiment, ou autre lieu de rendez-vous discret, où il leur tendait un mystérieux sachet en échange de quelques billets. Quand je me lassais de l'observer, je faisais semblant de tomber sur lui par hasard et on se baladait un peu ensemble. Il était vraiment bon, même s'il ne parlait jamais business. Il *était* le business.

J'avais quelques cours en commun avec Melissa, et nous nous croisions presque tous les jours dans les couloirs mais elle ne s'arrêtait jamais pour me parler. Nous nous ignorions à tel point que j'en avais presque fini par oublier son existence. Mais quand Anna et moi avons découvert ces messages anonymes dans nos casiers, après le match, j'en ai tout de suite conclu que c'était un coup de Melissa.

halloween

Il avait neigé pendant la nuit. J'ai jeté un œil par la fenêtre de ma chambre et aperçu une couche de presque dix centimètres qui recouvrait absolument tout. Les chasse-neige n'étaient pas encore arrivés, et aucune voiture ne s'était aventurée dans la rue. Un parfait manteau immaculé s'étendait à perte de vue. J'aurais aimé que ça reste ainsi, mais à peine ai-je eu le temps de formuler ce vœu que j'ai entendu les premiers coups de pelle résonner en bas sur le bitume. Mon père était sorti dans l'allée du garage. Il allait avoir besoin d'aide. Je me suis habillé, j'ai enfilé un bleu de travail, mes grosses bottes, une casquette et une paire de gants, et je suis allé fouler la neige vierge.

« C'est incroyable, ai-je lancé à mon père. Tu as déjà vu autant de neige à cette époque de l'année ?

– Ne te réjouis pas trop vite. Tu iras en cours quand même. »

C'était Halloween, aujourd'hui. Tout le monde était censé porter un déguisement. Carl est venu en homme d'affaires, avec costume-cravate et attaché-case. Il avait remisé sa casquette dans son casier et soigneusement peigné ses cheveux.

Pendant les cours, il faisait semblant d'être en ligne sur son portable.

Anna arborait un uniforme d'école privée : souliers noirs, collant blanc, jupe plissée, chemisier blanc et blazer bleu orné d'un écusson. Elle ne portait pas la moindre trace de noir (à l'exception de ses chaussures), pas même d'eye-liner. La stupéfaction était générale. Je la trouvais très belle, mais à vrai dire je la trouvais déjà belle tout le temps. Sur l'écusson, en minuscules lettres dorées, était brodée l'inscription « École de Satan pour jeunes filles ». Peu de gens savent prêter attention aux détails.

Je ne tenais pas vraiment à me déguiser, au début, mais j'ai fini par venir en boîte de fromage Velveeta. J'aurais dû opter pour pirate. Il m'aurait suffi de m'habiller n'importe comment, de me mettre un bandana sur la tête et un crochet par-dessus mon attelle. À la place, j'ai récupéré un gros carton auquel j'ai fixé une paire de bretelles appartenant à mon père pour le faire tenir sur mes épaules. J'ai peint le carton en jaune vif, et j'ai demandé à ma mère de m'aider pour le logo, qu'elle a tracé au crayon avant que je le remplisse de peinture rouge. « Pourquoi te déguiser en boîte de fromage industriel ? m'a-t-elle demandé.

– Ça semblait simple, ai-je répondu. Et puis, qui d'autre aura la même idée ? »

Billy Godley, un autre élève de seconde, est lui aussi venu déguisé en boîte de Velveeta. Et son déguisement était nettement plus réussi. Le mien était trop encombrant et s'est abîmé quand j'ai essayé de me glisser sur la banquette arrière de la voiture. La neige s'est remise à tomber le temps que j'arrive au lycée, et ses gros flocons humides ont mouillé la peinture et fait baver le rouge par endroits. Le pire, c'est que je ne pouvais même pas m'asseoir en cours. Le carton me recouvrait des épaules aux chevilles, si bien que je devais soit rester debout, soit enlever mon déguisement – mais alors à quoi bon se donner tant de mal ? Billy Godley, lui, avait prévu des pliures dans son costume, au niveau des genoux et de la taille, et pouvait au moins s'asseoir sur une chaise à défaut de tenir devant un bureau.

Juste avant la dernière heure de cours, je suis passé par la classe de Mr Devon pour balancer mon carton à la poubelle.

« Ça me plaît, à moi, a-t-il déclaré. C'est tout un symbole.

– Celui de Billy Godley est bien mieux.

– Ah oui ? Combien de pirates as-tu croisé, aujourd'hui ?

– Une vingtaine ?

– Et quel était leur message ?

– J'en sais rien. Je ne sais même pas lequel était le mien. »

Mr Devon m'a fait signe de le suivre dans son bureau, et a sorti un livre d'une de ses étagères. « Regarde. Des paquets de lessive Brillo et des boîtes de soupe. Pas très différent d'un emballage de fromage, non ? Et ces œuvres figurent aujourd'hui dans des musées et dans des livres.

– Je devrais peut-être le ressortir de la poubelle, alors. »

Mr Devon a éclaté de rire. « Je n'irais pas jusque-là. »

L'un des bouquins sur son bureau a attiré mon regard. *Arshile Gorky* – le même que celui que j'avais vu chez Anna. « Est-ce qu'Anna vous a emprunté ce livre ?

– Non. Anna... C'est ta copine, n'est-ce pas ?

– Oui. Elle avait ce livre chez elle.

– Vraiment ? Nous devrions peut-être nous voir tous les trois pour parler d'art, un jour.

– Ça lui plairait beaucoup, j'en suis sûr. »

Cette histoire de livre n'était qu'une simple coïncidence, j'imagine. Un peu plus tard Anna m'a clairement fait comprendre qu'elle ne souhaitait avoir aucun échange avec Mr Devon. Et encore moins pour parler d'art.

C'est ce qu'elle m'a dit, en tout cas.

Quand je suis retourné à mon casier, après la dernière sonnerie de la journée, j'ai réalisé que je n'avais pas pris de manteau. Tout ça à cause de ce foutu costume que j'avais eu sur le dos toute la matinée. Quelqu'un aurait pu m'y faire penser, s'intéresser un peu à mon sort – les mères ne sont-elles pas faites pour ça ? Et bien sûr, elle n'était même pas censée venir me chercher. Ce qui signifiait que j'allais devoir rentrer chez moi sans manteau, sans bonnet et sans gants. J'ai franchi la porte et j'ai lentement commencé à longer la file des voitures garées contre le trottoir, dans l'espoir que quelqu'un ait pitié de moi et propose de me ramener.

« Hé, tranche de fromage ! » s'est écriée une voix dans mon dos. Je me suis retourné. C'était Anna, qui venait précipitamment à ma rencontre. « Où est ton joli petit emballage jaune ?

– C'est Billy Godley qui le porte.

– Tu étais mille fois plus crédible que lui en boîte à fromage, m'a-t-elle rétorqué.

– Je n'en doute pas.

– Tu vas où, comme ça ?

– Chez moi, en principe.

– Tu n'oublies rien ?

– Je l'ai déjà oublié ce matin.

– Tu veux le mien ? »

Elle portait un manteau d'homme. Une vieille gabardine des années quarante ou cinquante. Et très certainement à ma taille.

« Non, ça ira.

– Tu peux prendre mon blazer, sinon.

– Je m'en voudrais de mal représenter l'École de Satan.

– Ma mère doit passer me chercher. Tu veux qu'on te dépose ?

– Ce serait génial.

– Qui sait, on pourra peut-être la convaincre de te ramener chez toi plus tard. Contrairement à tout de suite, je veux dire.

– Ce serait encore mieux. »

La voiture de Mrs Cayne s'est arrêtée dans l'allée circulaire devant le lycée, et Anna est allée lui parler avant de me faire signe de les rejoindre. « Va t'asseoir devant, tu seras plus près du chauffage. »

C'était la première fois que je voyais la mère d'Anna d'aussi près, et en plein jour. Elle faisait encore plus excentrique. Sa chevelure était particulièrement déchaînée, et semblait aimantée par le plafond de la voiture. Un crayon dépassait de l'arrière de sa tête comme si quelqu'un le lui avait enfoncé dans le crâne.

« Eh bien, où est ton costume ? m'a-t-elle demandé.

– Je l'ai enlevé en fin de journée.

– Anna m'a dit que tu étais déguisé en bloc de fromage ?

– Velveeta. » Je ne tenais pas à rectifier mais Anna l'a fait pour moi.

« Très intéressant. Une bonne idée de déguisement.

– C'est ce que je croyais, mais j'avais tort...

– Pas très pratique, peut-être ?

– En effet. Le fromage ne permet pas une grande amplitude de mouvements. »

Mrs Cayne a ri. J'imagine que c'est toujours bon signe de faire rire la mère de votre petite amie. Surtout lorsqu'elle vous considère comme un imbécile pour 1°) vous être rendu au lycée déguisé en fromage industriel, et 2°) avoir oublié votre manteau au lendemain d'une tempête de neige.

Dès notre arrivée chez les Cayne, la mère d'Anna m'a proposé des friandises. Il y avait des bols remplis de chocolats, de M&M's et de noix partout dans le salon. « Je ne peux pas manger ce genre de choses », a-t-elle prétexté. C'est toujours ce qu'elle disait. J'ai d'abord cru que la maison était pleine de bonbons à cause d'Halloween, mais les bols de sucreries étaient là à chacune de mes visites. Et j'ai toujours vu Mrs Cayne en train de grignoter. Elle ne prenait jamais plus d'une friandise à la fois, mais quand vous êtes entouré d'une bonne vingtaine de saladiers remplis de cochonneries, ça finit par faire beaucoup. Et Mrs Cayne répétait inlassablement la même chose : « Je ne peux pas manger de ces trucs-là. Sers-toi. »

J'ai laissé Mrs Cayne à ses bonbons et suis monté à l'étage avec Anna. Elle a fermé la porte de sa chambre et fait un peu de place par terre pour qu'on puisse s'asseoir en repoussant ses livres, ses disques et ses papiers en vrac sous son bureau. Elle a fouillé dans une pile de CD et en a choisi un avec une pochette noire traversée de lignes blanches dessinant des montagnes bizarroïdes. On aurait dit un croisement entre un scanner aux rayons X et une carte topographique. « C'était le groupe préféré de mon père quand il était étudiant », m'a-t-elle expliqué avant d'insérer le disque dans la platine. Elle a ensuite allumé son ordinateur pour me montrer quelques sites de fans. « Le chanteur s'est suicidé deux jours avant le début de leur tournée américaine.

– À l'entendre, ça ne m'étonne pas. »

Elle m'a jeté un regard noir mais n'a pas relevé, continuant à surfer de site en site, d'un sujet à un autre. Du groupe, nous sommes passés à Manchester, puis à un site sur Londres. « Tu y es déjà allé ? m'a-t-elle demandé.

– Non. Je ne suis jamais allé nulle part.

– Il n'y a aucun mal à rester ici.

– Tu plaisantes ?

– Pas du tout. Ça me va très bien, moi. Mais tu devrais peut-être quand même aller voir le monde, un de ces jours.

– Et toi, où es-tu allée ?

– J'étais tapie dans le noir, à t'attendre. »

Elle a éjecté le CD et en a sélectionné un autre ; sur la pochette, une photo en noir et blanc montrait une antenne et des câbles. « Mon père m'a fait découvrir ça hier », a-t-elle précisé.

Ce n'était pas de la musique. On entendait des gens réciter des textes dans des langues étrangères, comme s'ils répétaient la même chose, leurs voix souvent à peine audibles derrière un grésillement statique. Une sorte d'alarme ou de corne de brume résonnait à intervalles réguliers. Il y avait quatre disques en tout, captés en direct à la radio.

« Qu'est-ce que c'est ?

– Nul ne le sait, m'a répondu Anna. Ça dure depuis un petit moment, plus d'une vingtaine d'années. Certains pensent qu'il s'agit de messages codés utilisés par les espions, CIA, KGB, ce genre de trucs. »

Quelqu'un a frappé à la porte. J'ai aussitôt bondi sur mes pieds. C'était son père.

« Je te prie de laisser cette porte ouverte, a-t-il soupiré avant de se tourner vers la platine. Alors, qu'en penses-tu ? m'a-t-il demandé.

– C'est étrange.

– Avais-tu déjà entendu une chose pareille ?

– Non.

– Tu restes dîner avec nous ? »

J'ai jeté un coup d'œil à Anna, qui m'a fait signe d'accepter. J'ai dit oui. « Il faut juste que j'appelle ma mère, ai-je ajouté.

– Parfait, a répondu Mr Cayne. Après dîner, nous irons écouter d'autres messages. Mais cette fois, à la radio. »

Mrs Cayne est arrivée à table déguisée en princesse. Elle avait tiré ses cheveux vers l'arrière pour enfiler sa longue coiffe en forme de tuyau de cheminée, et j'ai noté pour la seule et unique fois sa ressemblance avec sa fille.

« Que fait ta mère pour Halloween ? m'a-t-elle demandé.

– Elle aime bien faire des gâteaux. »

Ce n'était pas entièrement faux. Ma mère achetait des préparations en boîte, celles où il n'y avait plus qu'à ouvrir l'emballage, mélanger les ingrédients, poser le tout sur une plaque à cookies et la mettre directement au four. Une fois les gâteaux cuits, elle allait les manger toute seule dans le noir. Du temps où je me déguisais pour faire du porte-à-porte chez les voisins, elle préparait tout un stock de bonbons – ou plutôt un assortiment précis et soigneusement entretenu. Elle triait les sucreries en rangées bien ordonnées qu'elle réarrangeait à mesure qu'elle les distribuait aux enfants. C'était affolant à observer, cette compulsion mécanique, preuve d'un zèle et d'un sens de l'organisation qu'elle ne manifestait nulle part ailleurs. Cette femme qui était incapable de classer un dossier ou de répondre correctement au téléphone savait ranger les bonbons en colonnes sur la table du vestibule par ordre alphabétique, par taille ou selon Dieu sait quel critère avant de les distribuer, en respectant là aussi une logique et une méthode connues d'elle seule, mais en réorganisant les colonnes afin qu'elles conservent leur intégrité structurelle. Comment une telle chose était-elle possible ?

Lorsque j'ai arrêté de me déguiser et de ramener des bonbons à la maison, mes parents ont cessé d'en donner. Sans doute une question de réciprocité. J'imaginais mon père faisant les calculs dans sa tête, surveillant la colonne des débits avec ses chiffres en rouge qui s'accumulaient. Il avait toujours eu horreur que des gamins se pointent chez nous, de toute façon. « N'y a-t-il rien de plus désagréable qu'une sonnette de porte d'entrée ? » grommelait-il. Aujourd'hui, mes parents préfèrent se retirer dans leurs coins respectifs – mon père dans son antre de solitude, et ma mère dans le noir pour manger ses cookies, histoire de faire croire qu'il n'y a personne à la maison.

Pendant que nous descendions à la cave, après dîner, un petit groupe de monstres d'Halloween s'est présenté sur le pas de la porte. « On veut la sorcière ! répétaient-ils en chœur.

– Vous ne trouverez aucune sorcière ici, a répondu placidement Mrs Cayne. Il n'y a que des princesses dans cette maison. »

J'ai jeté un coup d'œil en direction d'Anna. Elle a fait comme si de rien n'était.

au sous-sol

On accédait au sous-sol des Cayne par la cuisine. L'endroit n'avait rien d'extraordinaire en soi, mais il était un peu isolé du reste de la maison et on entendait les intrus arriver de loin. Aucun risque de se faire surprendre ou déloger à l'improviste.

L'escalier débouchait sur une vaste pièce de dix mètres sur dix environ, un carré presque parfait, juste complété d'une petite buanderie abritant la chaudière, le chauffe-eau et tous ces trucs, et situé au bas des marches à droite. Sous l'escalier se trouvaient une vieille table de billard et un canapé marron avachi repoussé contre le mur. À l'autre extrémité trônait un second billard, positionné près d'un poêle à bois qui chauffait l'ensemble de la salle. On avait beau se trouver au sous-sol, une porte permettait d'accéder dehors. En montant quelques marches, vous vous retrouviez à l'arrière de la maison sous une tonnelle boisée donnant sur la pelouse qui descendait en pente douce jusqu'à la rue.

Mr Cayne nous a fait contourner une pile de cartons restés là depuis leur déménagement et un vieux poste de télévision. C'était la seule télé de toute la maison.

« Elle émet en couleurs ? ai-je plaisanté.

– C'est de la couleur, hein, p'pa ? » a renchéri Anna.

Mr Cayne a éclaté de rire mais ses traits affables se sont faits plus menaçants, et j'ai presque entrevu l'homme capable de broyer le poignet de son adversaire et de lui déboîter l'épaule. Anna n'a plus prononcé un mot jusqu'à ce qu'il nous laisse enfin seuls.

« Nous avons six téléviseurs en tout, ai-je dit. Deux par personne. Je crois qu'il y en a toujours au moins un d'allumé quelque part dans la maison. »

Mr Cayne s'est dirigé vers le fond de la pièce. « Voici mon établi », a-t-il déclaré en désignant un plan de travail d'environ un mètre cinquante de long, doté en dessous de quatre portes et d'une rangée de quatre tiroirs. Un petit meuble à rangement était posé sur le comptoir, à côté d'une série de blocs à étagères de toutes tailles. Le mur immédiatement à droite était recouvert d'un vaste panneau alvéolé auquel étaient suspendus pêle-mêle les outils. Le haut de l'établi était encombré de tout un fatras supplémentaire : articles de pêche, cartouches de fusil vides, anciennes pièces détachées de postes de radio et téléviseurs. Il y avait aussi une machine à fabriquer des cartouches et une radio à ondes courtes, une boîte grise équipée de boutons et posée sur un coin de la table. « Je ne suis pas autorisé à l'emmener à l'étage », a expliqué Mr Cayne avant de se tourner vers l'appareil et de tourner patiemment le bouton jusqu'à localiser une fréquence.

« Le réseau ondes courtes est supérieur aux moyennes ondes classiques, a-t-il poursuivi. C'est un espace gigantesque, vingt fois plus vaste que les fréquences à moyennes ondes. On a accès à tout : infos, musique, radio-amateurs, bateaux des gardes-côtes, avions de lignes régulières, communications militaires... On peut capter des émissions du monde entier. »

Mr Cayne avait un carnet dans lequel il notait la fréquence de ses stations préférées et l'heure à laquelle il les écoutait. Il l'a ouvert et a branché son poste sur une fréquence du Koweït, puis sur une autre en provenance d'Algérie. Je n'y comprenais rien, mais lui semblait s'amuser comme un petit fou. Il me rappelait Anna tout à coup, avec son flot de paroles et son enthousiasme contagieux. Il n'essayait pas de me forcer la main ; il partait seulement du principe que j'y prendrais autant plaisir que lui. Je n'ai pas compris ce qu'il y avait de si extraordinaire, au début, mais il a alors cherché d'autres émissions ressemblant au fameux disque d'Anna – peut-être même s'agissait-il de la même chose. On aurait dit des voix venues de l'espace, certaines ressemblant à des machines, d'autres paraissant implorer la compréhension de l'auditeur.

« Toutes ces choses flottent au-dessus de nos têtes, a médité Mr Cayne, et personne ne peut les interpréter.

– Vous arrive-t-il de répondre, parfois ? lui ai-je demandé.

– C'est un poste récepteur uniquement. J'ai un copain qui émet des messages. Moi, je préfère écouter.

– Est-ce qu'on peut écouter les messages de votre ami ? »

Mr Cayne n'a pas daigné répondre et a continué à chercher d'autres fréquences. À un moment donné de la démonstration, Anna nous a laissés pour aller s'asseoir sur le canapé. Après quelques minutes d'écoute, Mr Cayne s'est tourné vers moi. « Tu devrais songer à te procurer un appareil comme celui-ci.

– Pourquoi pas. »

Je ne sais pas si je le pensais vraiment. Je m'efforçais surtout d'être poli. Mr Cayne a acquiescé, puis s'est dirigé vers l'escalier, laissant la porte ouverte une fois arrivé en haut des marches, et j'ai rejoint Anna sur le canapé. « Il passe combien de temps, ici ?

– Pas autant qu'il aimerait te le faire croire. Tant mieux, d'ailleurs. En fait, c'est la planque idéale pour lui échapper. »

Anna et moi avons passé beaucoup de temps au sous-sol pendant les mois suivants. Elle éteignait la lumière, et nous nous allongions sur le canapé pour écouter le monde se frayer nébuleusement un chemin jusqu'à nous à travers les ondes hertziennes. Il régnait une obscurité quasi totale dans la pièce, hormis la lumière glaciale du cadran des ondes courtes et le rougeoiement de la porte du poêle. Les messages radiophoniques flottaient dans la pièce, hypnotiques et monotones. L'un d'entre eux me frappait en particulier : une femme répétant inlassablement « *Seis, siete, tres, siete, cero...* » d'une voix calme et lente.

Anna s'est rapprochée de moi dans le noir. Je la sentais tâtonner, chercher ma présence, mais je n'avais pas envie de l'aider. J'attendais qu'elle me trouve toute seule. Sa main a frôlé ma poitrine pour remonter le long de mon cou et atteindre le bas de mon visage. Elle s'est pressée contre moi et a guidé mon menton jusqu'à ce que nos lèvres se touchent. « *Seis, siete, tres, siete, cero* », égrenait toujours l'inconnue à la radio.

« Tu n'es jamais curieuse de savoir ce que ces messages veulent dire, d'où ils viennent, pourquoi ils nous parviennent ?

– C'est presque mieux de ne rien savoir, m'a répondu Anna. Si on comprenait tout, ce ne serait sans doute pas aussi intéressant ou fascinant. L'énigme à elle seule vaut presque tout. Parfois, le mystère est bien plus amusant que le reste. » Nous avons continué à écouter en silence quelques instants, et Anna m'a murmuré à l'oreille : « Inventons-nous un code. »

milk-shake

Quand ce n'était pas le sous-sol, c'était la chambre d'Anna. Nous n'allions presque jamais chez moi. Ma mère était toujours là, à quémander de l'aide pour une broutille quelconque ou à errer sans rien faire. Quelques jours après Halloween, j'étais assis par terre dans la chambre d'Anna, en train de contempler ses pochettes d'album, quand elle m'a interrogé : « Qu'as-tu envie de faire quand tu partiras d'ici ?

– Aucune idée... Je ne me suis pas encore projeté aussi loin. Et toi ?

– Je veux écrire des nécrologies. Pas pour les raisons que tu crois, s'est-elle empressée d'ajouter.

– C'est un peu comme la taxidermie, non ?

– Ce ne sont pas des trophées, mais des hommages. Le but est de capter l'essence de la vie d'un être en quelques lignes.

Elle possédait deux ou trois cahiers remplis de nécrologies officielles, et cinq autres de textes qu'elle avait rédigés elle-même.

– J'ai une nécro pour presque chaque élève au lycée, a-t-elle précisé. Mais aussi pour les profs, les secrétaires, les agents de nettoyage, les cuisiniers. J'ai même la quasi-totalité du conseil des parents d'élèves. En fait, j'ai des familles entières.

– J'y suis, moi aussi ?

– Bien sûr, a-t-elle répliqué d'un ton laissant clairement entendre qu'il était inutile de chercher à en savoir plus.

– Laisse-moi en lire une.

Elle a ouvert un de ses cahiers à une page couverte d'une écriture arachnéenne et microscopique, presque indéchiffrable. J'ai lu :

> « Mr Duncan Carmichael, grand collectionneur d'animaux exotiques – possesseur entre autres de tapirs, de tarentules et d'un diable de Tasmanie – était particulièrement fier de ses quatre varans bigarrés. Il a été retrouvé mort au sous-sol de son domicile, à demi dévoré par ces derniers... Par miracle, une partie de la colonie de blattes sifflantes de Madagascar censée servir de nourriture aux reptiles a survécu au massacre. »

Naturellement, Mr Carmichael était toujours en vie et continuait à enseigner la biologie aux troisièmes.

« Mr Carmichael a des animaux domestiques ?

– Tu veux qu'on aille chez lui ? m'a répondu Anna.

– Peut-être bien. Et s'il ne meurt pas comme ça ? Ou pire : s'il mourait comme ça ? Si tous les gens de tes cahiers mouraient exactement comme tu l'as décrit ?

– Alors je les aurais aidés à gagner du temps, m'a rétorqué Anna. Je crois que tu passes à côté de l'essentiel.

– Montre-m'en une autre. Celle de ma mère. »

Elle a consulté une espèce d'index ou de liste alphabétique où chaque nom était associé à un numéro de cahier et de page.

« Je serais totalement perdue, sans cette liste. »

Elle a pris un autre volume, mais elle a caché le bas de la page en y scotchant un morceau de papier et a recouvert la page voisine à l'aide d'un livre, puis elle me l'a tendu tout en gardant une main dessus, comme pour me le reprendre au cas où j'essaierais de lire les passages interdits.

« Il ne s'agit pas de toi, s'est-elle justifiée, mais je ne veux pas que tu le lises. Pas maintenant, en tout cas. »

« Mrs Emily G. a trouvé la mort le 27 avril 2009 lors d'un accident à son domicile. Son mari, Philip G., était en train de couper un arbre dans leur jardin du 28, Valley View Road, quand le tronc s'est abattu à terre, écrasant mortellement son épouse. Mrs G. se tenait sur la chaussée pour prévenir les automobilistes des travaux de son mari quand l'incident s'est produit.

« Emily Marie Brandt était née le 19 août 1947 à Danbury, Connecticut, où résidait sa famille depuis des générations. Elle avait été la première à quitter Danbury pour ne jamais y revenir, partant à l'âge de dix-huit ans pour l'université de Brown, où elle obtint sa licence en 1969. C'est à Brown qu'elle avait fait la connaissance de Philip G., et le couple avait été marié par un juge de paix le 21 juin 1969.

« Mrs Emily G. est restée mère au foyer pendant la majeure partie de sa vie de femme mariée, à l'exception de deux années au cours desquelles elle a travaillé en tant qu'assistante ou secrétaire pour plusieurs entreprises locales. Elle aura passé sa vie entière à éviter de justesse accidents et autres infortunes, du moins jusqu'au dernier.

« Elle ne laisse derrière elle que son mari. Ses quatre enfants, Denise, Paul (voir volume II, p. 68), Joan (voir volume IV, p. 107) et [c'est là qu'Anna avait scotché le bout de papier] l'ont tous précédée dans la tombe. »

Le plus étrange dans cette nécrologie, c'est que mis à part les détails du décès, le reste était véridique.

« Comment es-tu au courant de tout ça ?

– Ce ne sont que des infos publiques et parfaitement accessibles, m'a rétorqué Anna. On apprend beaucoup sur les gens en faisant preuve d'observation. Tu devrais essayer, un jour.

– Mais les autres trucs ? Comme le fait que ma mère avait la parano des accidents, par exemple, ou ses expériences de boulot ?

– Rien de tout cela n'est un secret d'État. Il suffit d'être attentif. Curieux. Discret. Tu serais stupéfait d'entendre ce que les gens se racontent en public, juste à côté de toi. Ils doivent oublier qu'ils ne sont pas tout seuls. Ou alors ils s'en fichent.

– Et pourquoi m'avoir tué avant ma mère ? »

Elle a esquissé un sourire. « Ce n'est pas une règle absolue, mais je fais souvent en sorte qu'un des deux parents – parfois les deux – survive à ses enfants. Ça me plaît assez, cette idée de les confronter à la perte. »

J'ai confié à Anna que je voulais devenir écrivain, bien que je n'aie jamais rien écrit en dehors des disserts pour le lycée.

« Écris-moi une histoire de fantômes, alors, m'a-t-elle ordonné.

– OK.

– Fais au moins semblant d'être sincère, s'il te plaît.

– C'est d'accord. Je t'écrirai une histoire de fantômes.

– Bientôt ?

– Oui, bientôt.

– J'y veillerai, a-t-elle prévenu. Je fournirai moi-même le fantôme. »

J'avais envie de lire le reste des nécrologies, mais Anna était contre. À la place, elle a inventé un petit jeu où j'étais censé rédiger mon propre éloge funèbre. Une sorte de version modifiée de Celebrity Death Watch[1]. On s'envoyait par e-mail une liste de célébrités, dans l'ordre selon lequel on prévoyait leur mort, et on rédigeait une nécrologie pour chacune. Mes propres textes n'arrivant pas à la cheville de ceux d'Anna, je m'efforçais surtout d'exhumer les détails ou les faits les plus obscurs de la vie d'une star et de m'y attacher. Si c'était un acteur, j'ignorais ses plus grands films pour dresser la liste de ses spots publicitaires, de ses rôles dans des sitcoms ou des séries télé, citer son engagement au nom de la scientologie ou de la SPA, ses cures de désintox ou ses apparitions au Téléthon de Jerry Lewis. Je grossissais l'importance d'un écrivain mineur ou d'une vedette de la télé. Les politiciens étaient toujours de bons clients, parce qu'on pouvait retrouver les projets de loi ou les budgets absurdes qu'ils avaient fait voter. J'essayais de rendre mes textes drôles, incongrus, et Anna les aimait beaucoup.

Chacun était libre de réviser sa liste tous les quinze jours. Anna avait bien sûr des choix étranges. Elle avait participé à certains jeux en ligne, disait-elle, mais sans grand intérêt. « On devrait faire la nécro de tous les sites genre Celebrity Death Watch. La plupart d'entre eux sont d'un ennui mortel. Il n'y a aucun mouvement, aucune action. »

---

1. Site Internet qui propose des nécrologies de personnalités.

...

Voilà maintenant un mois qu'on sortait ensemble, Anna et moi. On se retrouvait tous les jours avant les cours, et on repartait ensemble à la fin de la journée. Et puis ses copains gothiques ont commencé à râler, alors je me suis mis à passer un peu de temps avec eux chaque matin au second étage, leur lieu de rendez-vous rituel. Je devais avoir l'air encore plus grotesque que d'habitude, visible comme le nez au milieu de la figure au sein d'un groupe qui faisait déjà assez tache comme ça. Je pensais qu'ils auraient des conversations passionnantes, que j'aurais enfin un aperçu de l'intérieur du mystère et de l'ombre qui entouraient leur petite bande ténébreuse. J'imaginais des échanges pleins de profondeur et de connaissances ésotériques, tout un monde secret révélé exceptionnellement devant moi, mais en réalité leurs discussions matinales étaient aussi insipides que celles de n'importe quel autre clan du lycée. Elles étaient même navrantes, à vrai dire.

Je pensais aussi qu'Anna serait la voix dominante du groupe, or elle demeurait étrangement taciturne chaque matin. C'était surtout Bryce Druitt qui parlait. Debout contre le mur avec sa jambe plâtrée, ses béquilles posées devant lui et les bras croisés nonchalamment par-dessus, il discourait non-stop sur les programmes qu'il avait vus à la télé, ou encore sur ses disques ou ses comics du moment. Quand il ne parlait pas de la mort – ils parlaient tous beaucoup de la mort. « Qui as-tu tué récemment ? » demandaient-ils parfois à Anna, et elle leur racontait sa dernière nécro. Ils lui suggéraient même des idées de décès particulièrement atroces –

« Et pourquoi pas une noyade collective dans le fleuve, un crash fatal contre un semi-remorque ou sur un pont ? » proposait Bryce – et Anna acquiesçait avant d'ignorer superbement leurs conseils.

Bryce adorait parler de *Yith*, ce comics qu'il était en train de lire, dont le héros était un voyageur dans le temps capable de revêtir toutes les formes qu'il voulait et de s'emparer de l'esprit des mortels pour les contrôler. Le titre s'inspirait de H. P. Lovecraft, dont je n'avais rien lu mais que les gothiques semblaient tous connaître. « Il y a des choses plus importantes à lire », m'avait confié Anna. Elle m'avait d'ailleurs fait une liste, accompagnée d'un calendrier de lecture. À moins que ce ne soit seulement pour me détourner de tout ce qui touchait de près ou de loin à Bryce. Il m'avait pourtant donné envie de le lire, son comics, si bien que je suis allé m'en acheter quelques exemplaires. Le dernier numéro venait de sortir, et le lendemain Bryce en parlait déjà.

« Il a le contrôle absolu, expliquait-il. Il domine tous les êtres, et tous vont finir par mourir et atterrir en enfer ou ailleurs dans le temps avec Yith, afin de travailler pour lui.

– Ce que j'ai aimé, ai-je ajouté, c'est qu'à la fin on croit que Yith va disparaître, ou du moins qu'il peut le faire. Il a tout préparé avec un tel soin qu'il sait exactement comment chacun va réagir. Même s'il s'en allait, ils continueraient à travailler pour lui. Ils penseraient lui avoir échappé, alors qu'en réalité ils seraient tous ses esclaves.

J'ai cru que Bryce allait me frapper.

« Ce ne sont pas des milk-shakes comme toi. »

Il m'avait déjà appelé comme cela deux ou trois fois, sans doute pour me créer un surnom. Personne ne l'avait suivi, mais ça m'horripilait quand même. En même temps, je ne pouvais rien y faire ; ne vous y trompez pas, Bryce Druitt aurait pu m'aplatir d'une main en dormant. Après ça, je me suis bien gardé de l'ouvrir le matin. Peut-être était-ce parce que je bouillais moi-même intérieurement, les nerfs à vif, mais il semblait régner une tension permanente dans le groupe, le sentiment que tout allait exploser ou voler en éclats à chaque instant. Pendant que Bryce continuait à déblatérer, les autres laissaient dériver leurs yeux dans le couloir. Claire Maenza (l'une des gothiques) et Anna échangeaient des coups d'œil furtifs, comme si elles communiquaient secrètement entre elles, et Bryce ne cessait de parler, inconscient de ces changements autour de lui. Je n'avais qu'une envie, m'enfuir avec Anna, me retrouver seul avec elle quelque part. Mais de toute évidence nous n'avions pas vraiment d'autre choix.

Je ne dresserai pas de description détaillée des membres du groupe, de leur personnalité ou de leur comportement. Ce n'est pas très important. D'ailleurs, s'ils racontaient chacun leur histoire, je n'y figurerais sans doute pas non plus.

« Je ne les vois pas vraiment en dehors des cours, m'a dit Anna. Sauf quand on va à des soirées ou à des matchs. »

Elle ne voyait personne en dehors des cours, à vrai dire. Elle avait bien trop de bouquins à lire, de disques à écouter et de pages à noircir. Au début, je me suis demandé pourquoi elle recherchait tant ma présence. Elle était copine avec Claire Maenza. Je me suis mis à apprécier Claire, moi aussi, et elle est devenue un maillon important de la suite de l'histoire.

Claire était en première. Elle était grande, mince, et ses cheveux teints en noir lui tombaient raides au niveau des oreilles avant d'onduler jusqu'à ses épaules. Elle portait un petit anneau en argent à l'arcade sourcilière gauche, et avait généralement les lèvres peintes en noir. Il lui arrivait aussi de se les maquiller en blanc, ce qui rendait son visage encore plus sinistre. Allez savoir pourquoi. C'était une fille sympa dès qu'on la connaissait un peu. Plus réservée, plus douce qu'Anna. D'après celle-ci, Claire n'avait que des A en cours. Tout le monde affirmait qu'elle se droguait, et qu'elle se procurait sa dope auprès de ses parents.

Elle vivait sur Madder Lane, une sorte de quartier d'artistes. En ville, la rue était souvent surnommée « boulevard des Beatniks » (mon père aimait particulièrement « rue de la Débauche ») depuis son appropriation par les hippies dans les années soixante. C'était la dernière artère de la ville officiellement baptisée, juste après le croisement avec Town Street, avant qu'elle ne se transforme en Route 63. Il y avait bien d'autres habitations au-delà de Madder Lane, mais les routes qui y menaient étaient des voies privées, des chemins en gravier portant le nom de leurs propriétaires ou, pour être plus précis, les noms de familles ayant vécu là autrefois. Le père de Claire était venu de Rochester, dans l'État de New York, alors qu'il était seulement adolescent, mais la famille de sa mère, les Compton, habitait là depuis des générations. Le nom de Compton figurait sur le fronton de l'église (ils avaient aidé à sa construction en 1750), à la bibliothèque (érigée en 1861) et partout dans le cimetière. La mère de Claire était architecte, et son père sculpteur. Il réalisait des machins bizarres à partir de pierre et de métal. Aucune de ses œuvres n'était réaliste, mais beaucoup portaient des noms d'animaux. L'une d'elle, un groupe de grosses pierres reliées par des câbles rouillés, s'appelait *Bétail*. « Moi j'appelle ça de la foutaise », grommelait mon père. Ses œuvres se vendaient très cher, et on apercevait parfois de grandes installations de ses sculptures dans certains jardins privés. Pas tellement chez nous, mais surtout dans les beaux quartiers d'Hilliker ou de Joplin. Et on voyait souvent Mr Maenza se promener seul en forêt, le long des routes ou du fleuve, en quête de pierres particulières ou d'objets métalliques abandonnés. Il ressemblait à un SDF ramassant des boîtes de conserve, mais mon père affirmait qu'il était plein aux as. Son grand-père était l'inventeur d'un système de protection pour les abattoirs qui avait assuré la fortune de la famille Maenza pour des générations entières. « Il peut se permettre de vivre comme un clochard », disait mon père. Mr Maenza était un client de son associé.

La famille Maenza avait emménagé en ville six ans auparavant. Claire était normale à l'époque, avec ses cheveux bruns ondulés. Elle se déplaçait toujours à rollers en mâchant du chewing-gum, et était flûtiste et soliste dans la chorale pour enfants de l'église. Elle avait une voix magnifique. Le jour où je le lui ai dit, elle a éclaté de rire. Ses parents n'allaient pas à la messe, mais Claire s'y rendait en rollers, sauf les jours de mauvais temps où sa mère venait la déposer et la chercher en voiture. Elle était presque toujours en compagnie de gens plus âgés qu'elle. Elle attendait devant la façade blanche de l'église en faisant claquer son chewing-gum et en déclinant poliment les invitations de ceux qui lui proposaient de la ramener en voiture. Les adultes avaient l'air de l'apprécier – Claire était polie, discrète, respectueuse. Elle demandait toujours à sa mère de jouer les chauffeurs, sans doute dans l'espoir qu'elle l'accompagne un jour à l'intérieur de l'église.

Claire semblait vouée à intégrer l'orchestre du lycée, composé de gens auxquels vous n'adresseriez jamais la parole à moins d'être vous-même des leurs. Ils restaient toujours entre eux au sous-sol, au fond du couloir, à répéter portes closes pour ne déranger personne. Quand on les entendait jouer, c'était lors d'assemblées ou de matchs, et ils restaient systématiquement groupés. En cours, ils étaient toujours assis deux par deux ou avec un membre de la chorale. Qu'auriez-vous eu à leur raconter, de toute manière ? Si vous leur disiez que vous aimiez leur voix ou leur façon de jouer, ils vous auraient probablement ri au nez, comme Claire. Voilà donc grosso modo ce que je pensais d'elle, si tant est que je pensais quoi que ce soit d'elle. Mais Claire Maenza avait débarqué en troisième sous les traits d'une tout autre personne. Nous étions dans des établissements séparés – elle entrait en première année au lycée alors que je terminais le collège –, mais je la croisais souvent. Elle avait grandi, minci et noirci. Elle avait lissé et teint ses cheveux en noir, et arborait désormais d'épais cercles d'eye-liner autour des yeux ainsi qu'un total look noir des pieds à la tête. Elle avait rejoint les rangs uniformisés des gothiques. Je ne l'ai même pas reconnue la première fois ; je croyais qu'une nouvelle élève venait de débarquer. C'est Carl qui a dû me dire qui c'était. La métamorphose était surprenante et entraîna un changement radical. Claire abandonna la flûte et cessa de parler aux adultes. Avant ma rencontre avec Anna, je faisais tout pour l'éviter, encore plus qu'avant. Je n'aurais jamais pensé que nos chemins se croiseraient.

Je rentrais à pied avec Anna tous les soirs après les cours. Notre trajet rituel consistait à longer la berge vers le sud, parfois jusqu'au pont à l'extrémité de la ville. Nous descendions le talus pour aller nous asseoir sur la berge en béton, sous le pont, à l'abri du vent et de la neige. Il y régnait toujours un calme absolu, hormis le bruit des quelques voitures qui passaient occasionnellement au-dessus de nos têtes. Il faisait froid, et Anna n'était jamais vêtue assez chaudement ; elle portait la même veste noire depuis le premier jour où je l'avais vue.

« Tu n'as pas froid ? ai-je fini par lui demander.

– Non. Je m'entraîne à y être insensible. »

Je l'imaginais plantée devant un frigo ouvert ou un climatiseur, ou encore en maillot de bain dans la neige, attendant d'aller nager avec un groupe d'ours polaires. Mais ces tentatives me semblaient vouées à l'échec : l'organisme ne perdrait-il pas ses bonnes habitudes dès le retour de l'été ?

« J'ai commencé par des bains tièdes, a-t-elle poursuivi. Je m'y enfonçais complètement et j'y restais le plus longtemps possible, puis je suis passée aux bains de plus en plus froids. Maintenant, j'en suis à rajouter des tonnes de glaçons.

– Tu tiens combien de temps ?

– Je sais tenir en apnée pendant plus de quatre minutes, m'a-t-elle répondu.

– Et tu t'entraînes pour quoi, au juste ?

– Peut-être pour aller nager au pôle Sud. » Elle m'a jeté un regard espiègle. « Qui sait ? Ou peut-être parce que je hais l'hiver, et que j'avais le choix entre convaincre mes parents d'aller vivre quelque part où il ne fait jamais froid ou me conditionner moi-même. »

Elle semblait parfaitement à l'aise dans sa veste légère. Celui qui claquait des dents, c'était moi, malgré mon gros manteau, mon écharpe et mon unique gant – attelle oblige, je ne pouvais pas porter de gant à la main gauche ni la glisser dans ma poche, aussi avais-je opté pour une grosse chaussette marron.

« C'est le truc le plus bizarre que j'aie jamais vu, a commenté Anna. On dirait un moignon.

– C'est vrai que l'illusion est parfaite, ai-je rétorqué.

– Tu pourrais au moins l'assortir à ton gant, ou à ton manteau !

– Bah, je n'en ai plus que pour deux semaines...

– Je crois que tu devrais la garder, m'a-t-elle suggéré. Peut-être même te mettre une chaussette à l'autre main. Ça te ferait deux moignons. »

J'ai enfoncé ma main droite à l'intérieur de ma manche et tendu mes deux moignons vers elle. Elle a poussé un bref hurlement qui s'est répercuté sur le béton de la rive et du pont. Une voiture s'est arrêtée et quelqu'un nous a crié : « Qu'est-ce qui se passe, là-dessous ? » C'était l'un des jumeaux Gurney : Derek ou Erick. Anna semblait penser qu'il s'agissait de Derek, mais je n'en étais pas si sûr. Les gens affirmaient qu'on pouvait les différencier grâce à la cicatrice que portait Derek sur le front, à droite, perpendiculaire à la ligne de ses cheveux. Le seul problème était que les jumeaux sortaient rarement sans leur casquette de base-ball verte cradingue ornée du logo « Gurney's » cousu en lettres jaunes. Certains s'étaient lancés dans un examen attentif des taches de graisse de chacune de leurs casquettes dans l'espoir d'y déceler quelque différence, mais c'était inutile, là aussi, car les taches évoluaient et grossissaient au fur et à mesure. Sans compter que les jumeaux s'échangeaient peut-être leurs casquettes. Nous en étions donc réduits aux simples déductions.

Anna et moi sommes sortis de sous le pont et avons aperçu Derek ou Erick penché par-dessus la rambarde pour essayer de voir ce qui se passait en dessous. Son pick-up était à peine engagé sur le pont, la portière grande ouverte. Il avait dû en sortir en toute hâte.

« Ça va ! me suis-je exclamé. (Il affichait un air suffisant et incrédule.) Tout va bien ! » ai-je répété.

Que pouvais-je bien lui dire d'autre ? Que je venais d'attaquer ma petite amie avec deux faux moignons ? Anna ne prononçait pas un mot, mais elle observait la scène, comme en retrait.

Il nous a longuement observés avant de repartir vers son camion. De toute évidence, il ne tenait pas à rester garé là : une voiture pouvait venir le percuter à tout moment, et l'expression de son visage laissait clairement entendre qu'il nous en tiendrait pour responsables.

« Vous ne devriez pas rester là, nous a-t-il lancé. Vous risquez de tomber à l'eau.

– On rentrait juste chez nous, lui ai-je répondu.

– Alors faites-le. »

Il est retourné dans son camion et a redémarré.

« *Alors faites-le*, l'a imité Anna. Il se prend pour qui ?

– On vient de se faire tirer les oreilles par un pompiste, et on ne sait même pas lequel des deux c'était.

– Je suis quasi sûre qu'il s'agissait de Derek.

– Ça reste à prouver. »

ivresse

Dès le début de notre histoire, Anna avait pris l'habitude de me glisser des messages dans mon casier ou de me les envoyer par la poste. Pour Colombus Day[1], j'ai reçu une carte postale avec le portrait du célèbre explorateur et le message suivant : « La plupart des gens pensaient qu'il était devenu fou, ou qu'il l'était depuis le début. Il a fallu le ramener de force en Espagne, enchaîné. Il était convaincu que son destin était prophétisé dans la Bible. Il pensait que le monde était en forme de mamelon. Il affirma toute sa vie avoir débarqué en Chine, et non sur une terre inconnue. Il prônait l'esclavage et le massacre des autochtones. Il a eu beaucoup de chance. » La plupart des cartes qu'elle m'envoyait étaient les mêmes que celles qui ornaient ses murs. Elle y inscrivait toujours : « Où ça ? », et j'étais censé les afficher dans ma chambre exactement au même endroit qu'elle. Je les scotchais au mur et je prenais une photo que je lui envoyais par e-mail. « Même pas tiède, répondait-elle. Tu ferais mieux de rappliquer ici et d'ouvrir grand tes mirettes. »

---

1. « Jour de Christophe Colomb », fêté le 2 octobre aux États-Unis en souvenir de la découverte de l'Amérique par Christophe Colomb.

Elle m'envoyait aussi toutes sortes d'objets dans des petites boîtes : flacon de médicaments vide, gant, lacet, lettres et messages trouvés. Ces éléments étaient organisés en collage, ou accompagnés de notes (« Trouvé près du pont sud, 1er novembre »). D'autres contenaient des instructions (« À réexpédier immédiatement à Claire Maenza » ; « À réexpédier à quelqu'un que tu ne connais pas. Fais-le sans tarder »). Certains messages étaient rédigés sous forme d'anagrammes, d'acrostiches, de cryptogrammes, d'autres encore en langues étrangères ou en esperanto. Je finissais toujours par tricher et par aller chercher la réponse sur le Net pour comprendre ce que j'avais entre les mains. « Ce n'est pas de la triche », disait-elle, quand elle daignait émettre un commentaire. Si je ne mentionnais pas son dernier envoi en date, elle n'en parlait pas non plus.

Un jour, elle m'a envoyé une enveloppe avec la même phrase répétée dessus à l'infini, à l'exception du minuscule rectangle portant mon nom et mon adresse. Quand j'ai ouvert l'enveloppe, j'ai retrouvé la même phrase inscrite en boucle à l'intérieur – elle avait dû défaire entièrement l'enveloppe, écrire, puis la replier – mais avec les lettres tracées à l'envers. La phrase en question était : « Il y a dans la vie certaines dimensions dans lesquelles les concepts de sens et de non-sens ne s'appliquent pas. »

L'une des œuvres d'Anna que je préférais était un dessin de sa silhouette à la craie et à l'encre avec des pointillés tout autour, comme les morceaux d'un puzzle, avec des instructions pour chaque segment. « À envoyer à Claire Maenza », « À insérer entre les pages 104 et 105 du livre *Littérature du surnaturel*, édité par Robert E. Beck, à la bibliothèque du lycée ».

Lorsqu'on découpait les segments le long des pointillés, une autre silhouette apparaissait, la mienne. Je n'ai suivi aucune de ses instructions. J'ai accroché le dessin au mur de ma chambre, mais je l'enlevais chaque fois qu'Anna venait chez moi. Je ne voulais pas qu'elle sache que je n'avais pas respecté ses consignes.

Elle fabriquait même ses timbres. Elle utilisait des photos prises exprès ou trouvées au hasard, les insérait dans des cadres qu'elle avait téléchargés sur Internet ou créés elle-même, et les imprimait pour en faire des timbres. Presque tous les plis qu'elle m'envoyait portaient l'un de ses timbres customisés : présidents et stars de cinéma, écrivains et artistes, gens du coin, son père, parfois elle-même. Imaginez ma surprise le jour où j'ai découvert un timbre à mon effigie. J'ignore où et comment elle s'était procuré ma photo. Peut-être l'avait-elle prise elle-même, au lycée ou dans sa chambre. Je n'en avais aucun souvenir, mais c'était pourtant bien moi, à mi-distance, regardant droit devant moi, l'air un peu hagard et une mèche me tombant dans les yeux. Rien de très inhabituel, sauf que je ne me rappelais pas avoir été pris en photo.

« Ils ne remarquent rien, m'a-t-elle dit à propos du bureau de poste. Je crois même qu'ils ne m'ont jamais renvoyé la moindre lettre. Ça doit être à cause des ordinateurs : ils sont incapables de faire la différence entre un vrai timbre et l'un des miens. Et puis Archie s'en balance, de toute manière. »

Archie Wilkes était l'un des facteurs de notre petite ville. Il vivait à quelques rues de chez moi. Sa tournée comportait peu d'arrêts, il conduisait sa propre voiture et ne portait jamais d'uniforme. Il distribuait le courrier quand il avait le temps, semble-t-il, c'est-à-dire le soir ou le dimanche matin. C'était très informel. Le gros du boulot se faisait à Hilliker, où les ordinateurs triaient l'ensemble du courrier. Une fois validés là-bas, les timbres d'Anna valaient les vrais.

C'était un jeu, à ses yeux. Tout n'était qu'un jeu, ou un élément d'un jeu dont elle était seule à connaître les règles. Chaque jour apportait sa nouveauté, sa surprise.

Je me demande aujourd'hui la part de ce qu'elle avait planifié, et la part de ce qui est arrivé comme ça.

J'avais vraiment envie qu'Anna rencontre Mr Devon, qu'elle assiste à un de ses cours ou lui rende visite avec moi. Elle y était radicalement opposée. « J'ai entendu dire que c'était un pervers.

– Ça m'étonnerait. Tout le monde l'adore.

– Alors très peu pour moi », a-t-elle répliqué.

Le débat était clos.

Anna n'aimait pas qu'on parle de Mr Devon. Elle faisait un vrai blocage, sans jamais expliquer pourquoi. J'avais toujours pensé qu'ils étaient faits pour s'entendre. Mr Devon était la deuxième personne la plus intéressante que je connaisse. Ce n'est pas tous les jours qu'on croise un entraîneur de foot qui vous enseigne aussi le dessin, la sculpture et la photo. Il était toujours sympa, sans doute parce qu'il était jeune. C'était le seul prof masculin du lycée à ne pas s'être dégarni, et l'un des rares à ne pas avoir de cheveux gris. Au contraire, il arborait une luxuriante chevelure noire et rebelle qu'il semblait tailler lui-même aux ciseaux. L'ensemble était souvent inégal et asymétrique, aussi hirsute que le reste de son look. Il portait des jeans délavés ou des treillis mouchetés de peinture et des chemises simples, généralement en jean. Quand vous le croisiez dans le couloir, il avait toujours une cravate, mais jamais en cours. Tout le monde essayait de deviner où il la cachait dans sa classe, jusqu'au jour où une alerte incendie avait retenti. Au moment où on sortait de la salle en file indienne pour évacuer le bâtiment, Mr Devon avait tranquillement ouvert son tiroir, en avait sorti sa vieille cravate à rayures froissée et l'avait enfilée, déjà nouée, avant de l'ajuster autour du col de sa chemise. « Elle n'aurait sans doute pas brûlé, de toute manière, avait-il plaisanté. Et puis il faut avoir l'air présentable devant les pompiers. » Les seules fois où il faisait un réel effort vestimentaire, sans trous dans ses chemises ou son pantalon, c'était pour les matchs de foot.

Toutes les filles (Anna excepté) aimaient Mr Devon, parce qu'il était beau garçon, dans son genre négligent et chiffonné, et parce que c'était un artiste. Beaucoup lui demandaient de peindre leur portrait, mais il se contentait d'éclater de rire. « Tu ne préfères pas poser pour une photo ? » répliquait-il. Les garçons appréciaient Mr Devon parce que c'était un sportif et parce qu'il était cool. Les joueurs de terminale allaient boire des bières chez lui après les matchs. Je me disais toujours que si je devais choisir un modèle d'adulte autour de moi, j'aimerais devenir comme lui. Il semblait vraiment aimer ce qu'il faisait, avait toujours un mot gentil à la bouche, et il était à la fois aimé et respecté. Il ne semblait y avoir aucune anomalie dans le monde de Mr Devon.

« Il paraît qu'il a une fausse dent », m'a dit Anna.

Difficile d'avoir un regard neutre sur quelqu'un quand on vous sort ce genre d'arguments. Vous passez votre temps à scruter sa bouche.

« Et alors ? ai-je rétorqué.

– Chez quelqu'un d'autre, ça n'aurait aucune importance. Mais ce type est aussi creux que sa fausse dent.

– Qu'est-ce que tu en sais ? Tu ne lui as jamais adressé la parole.

– Et je préfère en rester là, OK ? »

Anna et moi étions en train de rentrer du lycée, un soir, quand Mr Devon a arrêté sa voiture à notre hauteur et nous a proposé de nous ramener. « Avec plaisir », ai-je répondu en m'avançant vers la portière. Anna n'a pas bougé. Je l'ai interrogée du regard ; elle a fini par m'emboîter le pas et s'est assise à l'arrière. Ça n'avait pas l'air de la réjouir.

Mr Devon m'a ramené chez moi, même si la logique aurait voulu qu'il dépose Anna en premier. Je le voyais l'observer à la dérobée dans le rétroviseur. Il devait sans doute se demander pourquoi elle était si taciturne et renfrognée. Quand la voiture s'est arrêtée devant chez moi, Anna est sortie en même temps que moi.

« Je peux te ramener, tu sais, lui a lancé Mr Devon.

– Ça ira comme ça. »

Il a acquiescé, puis il a redémarré.

« Tu l'aimes vraiment bien, hein ? m'a-t-elle demandé.

– Il est cool avec moi. Pourquoi le détestes-tu autant ?

– Parce que.

– J'aimerais vraiment te faire changer d'avis. C'est important pour moi.

– C'est ce que tu crois. Je ne te demande pas de ne plus l'apprécier. D'ailleurs, c'est bien pour ça que je ne te donne pas mes raisons. J'ai ma façon de le voir, et toi la tienne. Point final. »

Et elle a embrayé sur autre chose.

J'avais rencontré Mr Devon au collège. Il était arrivé comme nouveau prof quand j'étais en quatrième, et ses méthodes pédagogiques ainsi que le contenu de ses cours n'avaient pas été sans créer certaines tensions. Il avait sans doute appris quelque part, soit en tant qu'étudiant, soit en tant que prof stagiaire, qu'il ne servait à rien d'enseigner la technique ou la forme en dessin, en peinture ou en sculpture, à des adolescents de cinquième et de quatrième. Nos cours consistaient donc plus en ateliers d'activités qu'en leçons d'art plastique.

Nous avions des choses concrètes à faire, ce qui était un concept plutôt révolutionnaire dans notre collège. D'habitude, il suffisait de s'asseoir pour écouter le prof vous parler au lieu d'essayer de vous exprimer vous-même. Mr Devon, lui, a supprimé cette étape et nous a mis directement au travail : dessin, peinture, et même un peu de sculpture et de poterie. Étonnamment, la plupart des élèves détestaient être actifs. Ils auraient sans doute préféré s'asseoir en cercle autour de Mr Devon pour l'écouter leur expliquer comment bien tenir son pinceau ou faire un beau dessin. J'aimais ses cours. Il n'y avait pas de devoirs à faire, pas de notes à prendre ou de bouquins à lire. Mieux encore, il n'existait pas vraiment de bonne ou de mauvaise façon de faire les choses, et la plupart des exercices étaient vraiment cool. Par exemple, Mr Devon installait un gros paquet de feuilles à dessin sur un chevalet et l'un d'entre nous allait dessiner quelque chose sur un morceau de la feuille – un tiers, un quart ou un cinquième de sa surface, selon la façon dont il l'avait pliée – sans le montrer aux autres. Puis un deuxième élève se levait et, sans savoir ce que le premier avait fait, poursuivait le dessin, avant qu'une troisième personne prenne le relais, et ainsi de suite jusqu'à ce que la feuille soit remplie. Le résultat était toujours étrange, drôle, troublant, inattendu. À la fin de la séance, Mr Devon nous avait raconté que cette technique avait été rendue populaire par les surréalistes et nous avait montré quelques-uns de leurs résultats à eux.

Mr Devon a commencé à enseigner au lycée l'année de mon entrée en seconde. Un beau matin, il est venu me voir.

« J'aurais besoin de ton aide, m'a-t-il déclaré de but en blanc.

– Bien sûr.

– Il y a dans ma camionnette une sculpture que j'aimerais transporter dans ma classe. C'est un peu trop lourd pour moi. Tu voudrais me donner un coup de main, juste une minute ? »

J'ai scruté le couloir de part et d'autre, dans l'espoir de croiser un membre de l'équipe de foot susceptible d'aller l'aider à ma place, mais il n'y avait personne.

« OK, pas de problème. »

Sa camionnette était un vieux pick-up Chevy défoncé qui semblait avoir traversé la forêt en ligne droite en fauchant tous les troncs d'arbre au passage. La carrosserie était maculée de boue, et le pare-brise était fendu de haut en bas du côté passager.

« Pas de panique, a-t-il déclaré. Ma voiture est en meilleur état. Je garde le pick-up pour les objets encombrants. »

À l'arrière était entreposée une caisse en bois de la taille d'une télé trente-deux pouces, mais en beaucoup plus lourd. J'étais sûr de tout lâcher d'une seconde à l'autre, mais j'avais trop peur de m'arrêter.

« Besoin d'une pause ? »

Il voyait bien que j'étais à deux doigts de lâcher prise et que le contenu de sa caisse allait se briser en mille morceaux sur le trottoir. Je continuais à prier pour que quelqu'un vienne nous aider, mais en vain.

« Ça va aller », ai-je haleté en m'efforçant d'accélérer le pas.

J'ignore comment nous avons réussi à atteindre la porte du lycée. De là, il restait encore une dizaine de mètres à parcourir jusqu'à sa classe. Il nous a d'abord fallu poser la caisse pour ouvrir la porte, puis la traîner jusqu'à l'intérieur.

Mr Teller, l'un des gardiens, venait justement dans notre direction.

« Attendez, une minute ! nous a-t-il crié.

– Je crois qu'on est mal, a marmonné Mr Devon.

– Comment ça, on ? » ai-je répliqué.

Ça l'a fait rire.

« Vous allez vous tuer, a poursuivi Mr Teller. Laissez-moi vous trouver un diable pour vous aider à sortir ce truc.

– En fait, nous l'amenions à l'intérieur, lui a répondu Mr Devon.

– Parfait. Même chose. Retournez vaquer à vos occupations pendant que je vous l'installe dans votre classe. Ce serait idiot de vous briser le dos alors que j'ai un diable à portée de main.

– Pourquoi n'y as-tu pas pensé ? a dit Mr Devon en me regardant. Viens, rentrons en attendant Mr Teller.

– Je ferais mieux de retourner en cours, je suis déjà en retard...

– Bien, je vais te signer une décharge. »

Je l'ai suivi jusqu'à son bureau. Il a fouillé dans un tiroir en pagaille et a trouvé un formulaire vierge.

« Tu es sûr que tu ne préfères pas rester voir ce qu'il y a dans la caisse ? Il y en a pour deux minutes. Et j'aurais bien besoin de toi pour m'aider à sortir la sculpture.

– OK. »

Il est sorti dans le couloir aider Mr Teller à charger la caisse sur le diable, puis ils l'ont apportée dans un coin et l'ont posée par terre.

« Merci, Mr Teller. Merci d'avoir été le cerveau de cette opération. »

Le gardien parti, nous avons entrepris d'ouvrir la caisse.

« Dis-moi, qu'est-ce que tu penses du foot ? m'a-il demandé.

– Ça me plaît.

– Tu as déjà pensé à postuler dans l'équipe ?

– C'est un peu tard, non ?

– Certes. Mais le premier match n'a lieu que la semaine prochaine. La saison est loin d'être terminée. Tu devrais tenter le coup. On pourrait avoir besoin de toi.

– Où ça ? » J'avais quand même de gros doutes.

« En défense, peut-être. Ou pourquoi pas *cornerback* ?

– J'en sais trop rien...

– Eh bien, penses-y. Ou mieux, viens nous voir un soir à l'entraînement. Regarde-nous. Si ça te plaît, libre à toi de décider. Je suis sûr que tu ferais un très bon joueur. »

Et je l'ai cru. À mon corps défendant, bien que conscient de mon talent et de mes capacités en la matière, je l'ai cru. Je me suis pointé à l'entraînement, je me suis vu attribuer l'équipement complet – casque, protège-tibias, maillot en jersey portant le numéro 45, version match en déplacement ou à domicile – et un casier au vestiaire, et je me suis retrouvé à faire des longueurs d'entraînement. J'ai dû emprunter une paire de crampons pour la première séance, et demander à ma mère de m'en acheter le lendemain. Elle est arrivée pendant l'entraînement et m'a passé les chaussures en bordure du terrain. Mais j'extrapole.

Mr Devon a ôté le couvercle de la caisse et en a sorti plusieurs poignées de billes en polystyrène avant de dégager la sculpture, emballée dans une couverture grise. Nous l'avons soulevée et posée à terre. Mr Devon l'a déballée, et a reculé de quelques pas pour mieux l'observer. De là où il se tenait, il nous voyait, moi et la sculpture, dans le même axe.

C'était abstrait, comme une suggestion d'autre chose. Une sorte de grosse boursouflure ou de bulle grotesque plantée sur une tige, une tête dépourvue des traits caractéristiques d'un visage, ou plutôt les traits arrachés par endroits et replacés ailleurs. Voilà ce qui émergeait de la pierre grisâtre, presque semblable à du béton : un visage déformé, grimaçant, celui d'un être torturé ou assis sur une chaise de dentiste. Ou ce à quoi je m'imaginais ressembler après mon premier match. Il y avait trop de plans accidentés, d'agrégats de pierre recouvrant les détails et le moindre trait identifiable, pour donner à l'ensemble autre chose que cette apparence de gros grumeau angoissant, mais il n'en émanait pas moins une tension perceptible, une lutte, une violence. C'était à la fois vague et puissant, dérangeant aussi. À mon avis, personne n'aurait envie de voir ce truc dans la salle de Mr Devon.

« Ça s'appelle comment ?

– *L'Hôte.*

– C'est votre façon de décourager les intrus ?

– Tu trouves que c'est assez effrayant ?

– J'avoue que c'est un peu flippant, oui. Voire perturbant.

– Et si je te disais que certains trouvent cette œuvre gaie, stimulante ou joyeuse ? »

À l'instant où Mr Devon a prononcé ces mots, la sculpture m'est apparue métamorphosée. Le prof m'avait soufflé ces suggestions lui-même, certes, mais l'objet semblait différent à présent, non plus menaçant ou violent, mais comme quelque chose né de la convulsion d'un rire, par exemple. Cela me sautait aux yeux.

« OK, ai-je admis. Alors, quelle est la bonne réponse ? »

Il a haussé les épaules.

« J'ai dit ça au hasard. Je n'ai pas de réponse. Tiens, voilà ta dispense. »

Il m'a tendu le petit formulaire jaune, et je suis reparti.

« Merci de ton aide, m'a-t-il lancé. Et à demain. »

« Tu as déjà pris une cuite ? » a voulu savoir Anna.

Nous étions assis sur le canapé, au sous-sol, en train d'écouter la radio. Ses parents étaient sortis dîner, ce qui signifiait qu'ils ne seraient pas de retour avant quelques heures. Le restaurant le plus proche était au moins à un quart d'heure de route.

« Jamais eu l'occasion, non, lui ai-je avoué.

– Alors j'ai une surprise pour toi. »

Elle s'est dirigée vers le mur de bouteilles d'alcool et a cherché jusqu'à dénicher une bouteille de vodka.

« Tu la veux pure ou mélangée à autre chose ?

– Mélangée, je préfère. »

Elle est montée à la cuisine et en est revenue avec un pichet de jus de canneberge et deux grands verres avec des glaçons, qu'elle a remplis d'un tiers de vodka et le reste de jus.

« Tiens, goûte-moi ça. »

Cela faisait comme de boire un truc trop froid qui vous gèle le cerveau pendant une poignée de secondes. Le choc a résonné à l'intérieur de mon crâne et m'a rendu soudain plus alerte, tous les sens en éveil. J'ai rebu quelques gorgées, et la sensation initiale a disparu. Il ne restait plus que le goût de canneberge.

« Alors ? m'a interrogé Anna.

– C'est bon.

– Tu sens l'effet ? le goût ? Tu as le sentiment que ça va tout changer ?

– Pas vraiment. Laisse-moi essayer pur. »

Elle a brandi la bouteille en me l'agitant sous le nez, pour me narguer. Puis elle est venue s'asseoir face à moi, sur mes genoux, s'est penchée et m'a embrassé jusqu'à ce que je ne sente plus ni ma langue ni mes lèvres.

« Il faut que tu saches, m'a-t-elle murmuré, que le monde n'est jamais aussi beau que quand on est ivre. C'est la perfection. »

C'était la perfection. Son odeur, son goût, son contact. La caresse de ses cheveux sur mon visage tandis qu'elle se penchait vers moi, masquant la lumière. Le doux crépitement de la radio à l'arrière-plan qui répétait inlassablement son message secret, comme le refrain d'une chanson que quelqu'un devait forcément connaître, quelque part. Tout était parfait. Anna a légèrement incliné ma tête vers l'arrière et a porté le goulot à mes lèvres. C'était infect, envahissant, mais ça n'avait aucune importance. Elle m'a de nouveau embrassé avant de boire une gorgée.

« Qu'est-ce qui a bien pu te séduire chez moi ? » lui ai-je demandé. Je n'aurais jamais osé lui poser cette question à jeun.

« Tu semblais si ordinaire, si normal... Je me suis dit que tu avais besoin d'un grain de folie. »

Je suis parti avant le retour de ses parents. En m'engageant le long des rues plongées dans le noir, j'ai réalisé que j'avais trop bu, que je ne tenais plus trop sur mes jambes. Je frissonnais, j'étais moite, je claquais des dents. Je me suis mis à courir. J'ai essayé, du moins. Une couche de neige épaisse recouvrait les pelouses et le moindre mouvement me valait une lutte, un joyeux effort pour avancer. Au bout de quelques dizaines de mètres, je m'étais réchauffé et le monde autour de moi semblait merveilleux. Les lumières des maisons m'évoquaient les fenêtres illuminées du calendrier de l'Avent que ma mère accrochait dans l'entrée à Noël. À mesure que j'avançais, les étoiles scintillaient avec éclat au-dessus de ma tête. La terre semblait tourner plus vite, comme propulsée fébrilement dans la nuit, mais pourtant je ne me sentais pas me rapprocher de chez moi. Le temps pouvait bien s'immobiliser quand j'étais avec Anna, mais là j'avais le nez, le visage, les pieds et les mains engourdis par le froid et je ne souhaitais qu'une chose, retrouver mon lit et dormir. Je dévalais les trottoirs, coupant à travers les jardins pour trouver des raccourcis ; la vitesse me donnait le tournis et me ramollissait les jambes. Tout à coup, un mur de neige s'est élevé devant moi et j'ai réalisé que je venais de tomber. J'en avais jusque dans les narines et la bouche, et je me suis rassis avant d'éclater de rire. J'ai appelé Anna.

« Tu devrais être ici, avec moi. Je me roule dans la neige comme un débile. C'est de ta faute, tu devrais être là pour t'occuper de moi. C'est pas marrant, ici tout seul. »

Elle a ri.

« On ne peut être constamment scotchés ensemble, tu sais.

– Et pourquoi pas ?

– C'est impossible, voyons. J'ai des choses à faire de mon côté. Et toi aussi.

– Non, pas moi.

– Tu t'en sortais très bien avant de me rencontrer, a-t-elle répliqué.

– Tu ne peux pas savoir à quel point tu as tort.

– Qui sait de quoi demain sera fait, tu devras peut-être te passer de moi à nouveau.

– Ne me dis plus jamais ça, même pas pour rire.

– On se voit demain », m'a-t-elle répondu.

Et elle a raccroché. Je me suis relevé tant bien que mal et j'ai couru dans la nuit.

...

J'étais assis par terre dans ma chambre quand ma mère est entrée. Elle avait l'air furieux.

« Je ne devrais pas avoir à te rappeler d'enlever tes chaussures quand tu franchis la porte de cette maison », a-t-elle déclaré.

J'avais oublié. Ça ne m'avait pas effleuré une seconde. Elle est restée plantée là à me fusiller du regard pendant que je me débattais avec mes bottes. De la neige fondue dégoulinait par terre. Mes semelles n'étaient pas si larges. Quels dégâts auraient-elles pu causer ? Ma main ne cessait de glisser de mon talon pendant que j'essayais de déchausser mon pied droit. Je ne comprenais pas pourquoi ma botte refusait de venir, jusqu'au moment où j'ai réalisé que je n'avais pas ôté mon lacet. J'ai commencé à le défaire, lentement, avant de buter sur un gros nœud marron que j'ai eu un mal fou à démêler. Ma mère n'avait pas cessé de m'observer, sans un mot. J'étais plutôt content au début, puis j'ai senti la colère monter. J'avais envie de hurler : « Tu vois bien que je suis bourré, et tu dis rien ! » J'ai tenté un vague « Désolé », en voulant parler de mes chaussures, mais ma langue s'était déjà assoupie, comme shootée à la novocaïne. J'ai fini par enlever mes deux bottes et par les poser à terre, sur un tee-shirt. Ma mère m'a jeté un dernier regard furibond avant de quitter la pièce. L'envie m'a aussitôt pris de raconter la scène à Anna et je me suis dirigé vers mon ordinateur. Elle m'avait déjà envoyé un e-mail :

Voici un poème de Charles Baudelaire pour toi. Prends-en de la graine. *Enivrez-vous.*

« Il faut toujours être ivre. Tout est là : c'est l'unique question. Pour ne pas sentir l'horrible fardeau du Temps qui brise vos épaules et vous penche vers la terre, il faut vous enivrer sans trêve.

« Mais de quoi ? De vin, de poésie ou de vertu, à votre guise. Mais enivrez-vous.

« Et si quelquefois, sur les marches d'un palais, sur l'herbe verte d'un fossé, dans la solitude morne de votre chambre, vous vous réveillez, l'ivresse déjà diminuée ou disparue, demandez au vent, à la vague, à l'oiseau, à l'horloge, à tout ce qui fuit, à tout ce qui gémit, à tout ce qui roule, à tout ce qui chante, à tout ce qui parle, demandez quelle heure il est ; et le vent, la vague, l'étoile, l'oiseau, l'horloge vous répondront : "Il est l'heure de s'enivrer ! Pour n'être pas les esclaves martyrisés du Temps, enivrez-vous ; enivrez-vous sans cesse ! De vin, de poésie ou de vertu, à votre guise." [1] »

Elle savait que je ne parlais pas un mot de français (ni elle non plus, pour autant que je sache), mais elle me l'avait envoyé tel quel pour que je le traduise moi-même.

1. Citation en français dans le texte.

la mort de carl

« Pourquoi tu n'écrirais pas la nécro de Carl ? » m'a proposé Anna.

Ça ne me disait rien qui vaille.

« Allez, a-t-elle insisté. J'en ai besoin pour ma collection. Tu le connais mieux que moi. Tu feras un bien meilleur boulot. »

Et j'ai fini par l'écrire. Deux fois. Dans la première version, je le faisais mourir vieux et riche au terme d'une vie heureuse, prospère et sans soucis. Il était marié, vivait dans une maison immense et avait des tonnes d'amis. Ça n'a pas emballé Anna.

« Aucun intérêt, a-t-elle tranché. Et ça manque un peu de détails. Enfin quoi, ce pourrait être n'importe qui ! Parle-moi de Carl. Mets-y plus de tripes. Rends-le intéressant. Et fais-le mourir jeune. Tout de suite, par exemple. Rédige sa nécro comme si Carl venait de mourir. »

thanksgiving

À Noël, il y a le Grinch et oncle Scrooge[1] ; à Thanksgiving, il y a mon père. Il a cette fête en horreur. C'est idiot, je sais ; pourquoi détester Thanksgiving ? Il y a toujours des matchs de foot et une montagne de trucs à manger. Mais mon père exècre ce jour de l'année entre tous. D'habitude, ça ne se passait pas trop mal : il y avait assez de gens autour de la table pour faire oublier son humeur acariâtre, et quand il ne râlait pas, il partait se barricader dans son bureau et plus personne ne pensait à lui. Mon frère s'occupait de la dinde, une tradition qu'il avait gardée depuis la fac. À l'époque, ses copains et lui venaient à la maison chaque année pour nous préparer un festin de Thanksgiving. Paul avait conservé ce rituel après son mariage. Sauf que cette année, sa famille et lui ne viendraient pas. Ils avaient prévu de rester à Baton Rouge.

Nous sommes donc allés au club. Mon père était membre du country club d'Hilliker, et c'est là que nous avons atterri pour fêter Thanksgiving. La grande salle de bal était assez

1. Personnages de contes de Noël traditionnels aux États-Unis, célèbres pour leur mauvais caractère.

vaste pour contenir plusieurs centaines de convives. Chaque table était ornée d'une nappe blanche avec un bouquet de fleurs séchées au milieu et accueillait huit ou dix personnes, parfois plus, des familles entières en train de manger, de rire et de s'amuser. Nous n'étions que trois à notre table, isolés et silencieux.

La salle de bal donnait sur le *green*, à présent enfoui sous plusieurs centimètres de neige. Mon père a longuement observé la couche blanche immaculée derrière l'une des vastes baies vitrées avant de venir enfin s'asseoir, dos à la fenêtre. J'étais surpris de ne pas le voir brandir une pelle pour aller déblayer le terrain, histoire de s'épargner ce dîner en famille.

Les serveurs et les serveuses, tous en chemisiers blancs impeccables, poussaient un chariot à roulettes jusqu'à chaque table et y découpaient la dinde avec de grands effets de manches ; ils servaient également d'énormes assiettées de purée, de patates douces, de farce à la sauce de canneberge et de haricots verts. Il y avait aussi un buffet où l'on pouvait aller s'empiffrer d'amuse-gueules, de consommés, de hors-d'œuvre, de pain, de fromage et de desserts... bref, des tonnes de nourriture. Et tout était délicieux. Ma mère et moi y avons effectué plusieurs allers-retours mais mon père n'a pas quitté sa chaise. Il restait assis à boire du scotch, avec l'expression de quelqu'un ayant une grosse boule de purée coincée en travers de la gorge. Des gens venaient le saluer, partenaires de golf ou associés, mais il ne nous les présentait jamais et s'efforçait d'écourter la conversation au maximum. Je ne connaissais personne jusqu'à l'arrivée de Billy Godley et de sa famille, un convoi massif comprenant parents, frères, sœurs, tantes, oncles, cousins et grands-parents. Son père était flic, inspecteur pour être exact, et ça ne faisait pas vraiment les affaires de Billy. Tout le monde se foutait de lui, au lycée. Il traînait avec les geeks du premier étage. Il était du genre petit et maigrichon, ce qui n'aidait pas non plus. Billy avait beau être plutôt sympa dans son genre, pas question pour moi d'aller lui parler. Les deux Velveeta d'Halloween ne pouvaient décemment pas célébrer Thanksgiving ensemble.

« La dinde est excellente, tu ne trouves pas ? ai-je lancé à ma mère.

– Oui. Pas autant que celle de ton frère, mais c'est bon.

– On pourrait peut-être lui demander de venir nous faire la cuisine pour Noël ? »

Paul avait promis de passer Noël avec nous. Je ne pensais pas survivre s'il se désistait.

Nous n'avions pas encore terminé le dîner que mon père était déjà prêt à rentrer.

« Prends un café », lui a conseillé ma mère.

Il s'est levé de table et s'est éloigné. Ma mère et moi sommes allés nous choisir un dessert. Je crois bien que j'ai dû me prendre trois parts de tarte. Au final, il nous aura fallu un peu moins d'une heure pour avaler notre repas de Thanksgiving.

Avant le départ, je suis passé aux toilettes. Quelqu'un avait vomi derrière l'une des portes et loupé la cuvette, laissant là une copieuse flaque de gerbe. Ça sentait le vinaigre et le pain frais, le genre d'odeurs qui vous coupe le souffle instantanément. Je me suis demandé si ce n'était pas mon père.

Il attendait dans la voiture. Juste assis là sans rien faire. Il n'avait allumé ni la radio ni le chauffage.

Une fois à la maison, mon père s'est précipité dans son bureau et ma mère s'est préparé une cafetière pour elle toute seule. J'ai essayé d'appeler Anna, mais son téléphone devait être éteint. Je lui ai envoyé un SMS et j'ai attendu sa réponse. Ses parents et elle étaient partis faire une visite de famille ou quelque chose dans ce goût-là ; je ne suis pas sûr qu'elle me l'ait vraiment précisé.

Plus tard dans la soirée, mon frère a appelé. Il a un peu bavardé avec ma mère, puis a demandé à me parler.

« Alors, c'était comment ? Affreux ou horrible ?

– Ça a été, lui ai-je répondu. Mais pas aussi bon que quand tu fais la cuisine.

– Désolé de t'avoir laissé tomber cette année.

– T'inquiète... Vous avez le bébé, et tout.

– On viendra pour Noël.

– Tant mieux. »

C'était plié, de toute manière. Je n'avais pas trouvé la journée si terrible, et à cet instant précis je me foutais de savoir s'ils viendraient à Noël ou non. Si on m'avait posé la question quelques heures avant, quand je me trouvais dans les toilettes tapissées de vomi, par exemple, cette question aurait eu une importance capitale à mes yeux. Mais à présent, j'étais surtout occupé à fixer l'écran de mon téléphone et à guetter la réponse d'Anna.

Qui n'est jamais venue.

Le lendemain, Anna et moi nous sommes allés faire de la luge ensemble. Elle s'est pointée chez moi vêtue d'un jean noir, de ses Docs et de son long manteau noir. Je lui ai illico fait enfiler la combinaison framboise de ma mère, qu'elle ne portait plus depuis des années. « Tu vas être trempée, sinon. » La journée promettait d'être un peu plus chaude, peut-être même au-dessus des températures de gel. J'avais mis un pantalon de ski, et Anna m'a demandé si je savais skier.

« Oui, lui ai-je répondu. On pourrait essayer ensemble, un de ces quatre.

– Ne t'emballe pas trop, a-t-elle rétorqué. Je serai déjà bien contente de survivre à l'épreuve de la luge. »

En ressortant de la salle de bains, elle s'est observée dans la glace.

« Ce serait possible d'aller quelque part où on ne risque de croiser personne ? »

Je connaissais une butte géniale pour faire de la luge à cinq minutes de chez moi, juste au-dessus de Lincoln Road, mais tout le monde y allait. Nous avons donc descendu Valley Road vers l'est avant de bifurquer dans Brook Road, moi traînant ma luge à deux places sur le trottoir. Mon frère et ma sœur s'en servaient déjà quand ils étaient petits. Elle était encore en bon état, quoique le rembourrage ait connu des jours meilleurs. La coque chuintait en glissant sur les pelouses enneigées. Le ciel était nuageux, l'air humide et lourd. Les trottoirs et les rues se dégageaient à mesure que la neige fondait, mais les virages restaient encombrés de congères blanc sale repoussées par les chasse-neige et mêlées de sable. J'espérais presque qu'il se remette à neiger pour que tout soit recouvert d'un manteau lisse et net. De temps à autre, on entendait des paquets de neige glisser des toits et s'écraser à terre avec un bruit sourd. Mais cette clémence de la température ne durerait pas ; le gel reviendrait avec la nuit.

Depuis Brook Road, nous avons rejoint les bois et nous sommes arrêtés pour souffler au sommet du raidillon. Il n'y avait pas âme qui vive aux alentours, pas la moindre voiture dans la rue. Deux ou trois collines avaient été déboisées dans ce secteur pour une sombre histoire d'installation de câbles électriques qui n'avait jamais abouti, offrant ainsi quelques bons spots de luge. Pas aussi bons que la butte d'Ashton, mais tout à fait corrects et nettement moins fréquentés. Mon frère était la seule personne de ma connaissance à être jamais venu jusqu'ici. C'est là qu'il m'emmenait faire de la luge quand j'étais petit.

La pente immaculée s'étendait devant nous, telle une immense cuve enneigée bordée par la forêt. Tout le truc consistait à rester bien au centre et à ne pas partir s'égarer entre les arbres.

Anna s'est tournée vers moi. « Ça ne va pas finir comme dans *Ethan Frome*, n'est-ce pas ? »

J'ignorais de quoi elle parlait – encore une de ses références obscures qui me passait au-dessus de la tête.

« Laisse tomber, a-t-elle poursuivi.

– Je n'ai pas ton intelligence, ai-je répliqué.

– Tu te trompes.

– Je ne suis qu'un ignare. Je suis simplet, comme la neige. »

C'était une blague. J'avais seulement voulu faire le malin. Mais elle s'est aussitôt lancée dans une de ses longues tirades analytiques sans tenir compte du contexte. « La neige n'a rien de simplet, a-t-elle rétorqué. Ce n'est qu'une illusion. Au contraire, c'est un élément très complexe. » Elle m'a regardé, puis a éclaté de rire. « C'est plus fort que moi. » Elle s'est avancée vers moi et m'a embrassé avec ses lèvres glacées. Un baiser comme de l'électricité. « Je dis des trucs idiots, parfois.

– Je ne t'ai jamais entendue dire quoi que ce soit d'idiot.

– Je suis un tyran, a-t-elle insisté. Je devrais apprendre à me taire. Être davantage comme toi.

– C'est moi qui devrais chercher à te ressembler. »

Elle a voulu tenter un tour de luge toute seule. Je l'ai regardée s'élancer, d'abord lentement, puis gagner de la vitesse à mesure qu'elle dévalait la pente. Elle avait plutôt bien démarré, solidement amarrée au milieu de la piste en suivant le sillon tracé par nos passages précédents, puis, juste avant d'atteindre le bas de la colline, là où le sol commençait à remonter, elle a fait une embardée et a disparu entre les arbres. Elle avait très bien pu rencontrer une bosse, ou se pencher du mauvais côté et perdre le contrôle de la luge, mais j'avais presque le sentiment qu'elle s'était volontairement dirigée vers la forêt. J'ai attendu un moment. Elle ne revenait pas. J'ai attendu encore un peu et j'ai commencé à me dire qu'elle avait peut-être percuté un tronc. J'ai couru jusqu'en bas, trébuchant, tombant dans la poudreuse, et je me suis précipité entre les arbres en suivant la trace de la luge, me préparant déjà au pire.

J'étais ruisselant de sueur, couvert de neige, à bout de souffle. L'air glacé me brûlait les poumons, et je crachais des petits nuages en haletant. Anna était allongée sur le dos, ses bras framboise tendus au-dessus de sa tête et les jambes droites. Elle avait dessiné un ange dans la neige. Je n'ai pas pu m'empêcher de me moquer d'elle.

« Je pourrais être morte, a-t-elle protesté. Écrasée contre l'un de ces arbres. Tu aurais réagi comment, hein ?

– Je t'aurais laissée là, et je serais rentré chez moi comme si de rien n'était.

– Tu ferais ça ?

– J'imagine que je pourrais t'enterrer, d'abord. Personne ne te retrouverait avant très longtemps.

– Tu m'abandonnerais ici ? » Elle s'est redressée pour s'asseoir sur la luge et m'a fait une place à côté d'elle. Ses paupières battaient à toute vitesse, et j'ai senti qu'elle s'amusait comme une petite folle.

« Les gens pourraient croire que c'était de ma faute, ai-je répondu.

– Ç'aurait été de ta faute.

– Je n'étais même pas sur la luge !

– Tu m'aurais amenée ici avant de me tuer et d'enterrer mon cadavre dans la forêt. Voilà la conclusion à laquelle tout le monde parviendrait. Pense un peu au chagrin de mes parents, pendant que toi tu m'abandonnes ici ! Ce serait bien fait, oui. Tu n'as pas intérêt à m'enterrer dans les bois. Je reviendrais te hanter.

– Contente-toi de revenir tout court, ai-je répliqué.

– Tu crois que j'en serais capable ?

– Si quelqu'un peut le faire, c'est bien toi.

– Mais si j'échoue et que je peux seulement te contacter par le biais d'un voyant ou d'un médium ?

– Alors je ne te reconnaîtrai pas.

– C'est la raison pour laquelle il nous faut un code... un message que nous serions seuls capables de déchiffrer.

– Qu'est-ce qui te fait penser que tu serais la première à partir ?

– Ce n'est pas toi qui as failli te prendre un arbre.

– Et à quoi ressemblerait ce fameux code ?

– Il faudrait quelque chose de simple, a-t-elle réfléchi. Simple, comme la neige. Tiens, cette phrase par exemple : “Simple, comme la neige.”

– Rigole, ai-je marmonné.

– C'est facile à retenir, pourtant.

– Ça n'a rien d'un code, ai-je insisté.

– C'est un message secret, un signal. La preuve que le message provient de l'un de nous deux. C'est notre code.

– Et on commencerait tous nos messages par cette phrase ?

– C'est ce que faisaient Houdini et sa femme.

– Et quelle était leur phrase ?

– Il y avait un prénom, suivi d'une série de mots correspondant chacun à une lettre de l'alphabet. Une fois décodée, la phrase se résumait à “*believe*” – “crois”. Ça donnait quelque chose comme “Rosabelle, réponds parle réponds-moi regarde parle j'attends parle”.

– Rosabelle, c'était sa femme ?

– Non, ça venait d'une chanson.

– Pourquoi ne pas reprendre leur système, alors ?

– Parce que c'était le leur. Il ne représente rien pour nous. Et puis ce serait une erreur d'utiliser le code d'Houdini. S'il s'en servait encore ?

– Qu'est-ce que notre code est censé signifier pour nous ? »

Anna avait déjà la réponse. « Il signifie un secret que nous sommes seuls à connaître. Il symbolise la croyance généralement admise que le monde est simple, alors qu'il n'en est rien. C'est comme la neige – les gens la voient blanche, un point c'est tout, mais il suffit de la regarder de près, de l'observer attentivement, pour constater qu'il existe un millier de nuances différentes, du gris pâle au blanc lumineux. J'ai lu un bouquin qui s'appelait *Le Pire Voyage de la terre* – sur l'expédition de Scott au pôle Sud – et qui décrivait la neige comme bleu cobalt, rose, mauve, lilas, avec une infinité de teintes intermédiaires pour chacune de ces couleurs. Et il y a aussi la texture. Certaines neiges sont sèches et granuleuses, presque comme du sucre, là où d'autres sont humides et compactes. Et ce ne sont que les aspects les plus superficiels. Lorsqu'on commence à étudier chaque flocon séparément, ça se complique.

– C'est peut-être toi qui compliques trop les choses, lui ai-je rétorqué. Si ça se trouve, cette histoire de flocon unique est un mythe. Tout le monde croit qu'il n'existe pas deux flocons pareils, simplement parce qu'on ne les a jamais vraiment comparés. » J'ai ramassé une poignée de neige et en ai saupoudré le trop-plein pour illustrer mon propos. « La masse de flocons que je tiens là dans ma main est peut-être strictement identique à n'importe quelle masse de flocons ramassée en ce moment même par un autre type au Tibet, en Suisse, en Islande ou dans l'Iowa. Mais lui pense que la sienne est unique, et moi aussi, parce que nous n'avons aucun moyen de comparer. Et je ne te parle que de la couche de neige supérieure. Pense aux neiges de l'année dernière, ou à celles d'il y a deux ans ! Ça ferait des milliards et des milliards de flocons à comparer. »

Anna a ri. Elle m'a ri au nez.

« Justement. Tu réalises à quel point ce serait compliqué

de répertorier séparément chaque flocon pour essayer de les comparer entre eux ? On n'y arrive même pas avec les empreintes digitales, et il n'en existe qu'une fraction infime comparée à tous les flocons de neige tombés au cours d'un même hiver. Et je ne parle même pas de tous les hivers du monde. »

Une pluie glacée s'est mise à crépiter entre les branches et nous avons repris le chemin de la maison. Au lieu de remonter au sommet de la butte pour redescendre vers la route, nous avons coupé à travers bois ; le temps de regagner enfin Brook Road, une fine couche de glace luisait sur les arbres. J'aurais voulu qu'Anna reste un peu chez moi, mais elle s'est aussitôt changée pour partir. « Je prendrai ton raccourci, m'a-t-elle dit.

– Sois prudente.

– Je t'appelle en arrivant. »

Une demi-heure a passé, sans nouvelles. J'ai fait le numéro de chez elle et je suis tombé sur Mrs Cayne, qui m'a répondu que sa fille n'était pas encore rentrée. « Quand est-elle partie de chez toi ? a-t-elle voulu savoir.

– Il n'y a pas très longtemps. Elle ne devrait plus tarder, j'en suis sûr. » Je lui ai dit au revoir et j'ai appelé Anna sur son portable.

« Inquiet ? m'a-t-elle lancé avant même que j'aie eu le temps d'ouvrir la bouche.

– Mais où es-tu ?

– Près du fleuve. J'observe la glace, la tempête.

– Pour quoi faire ?

– Viens, tu verras. »

C'était hors de question. « Je ne te saisis vraiment pas, ai-je soupiré.

– Tant mieux. Le contraire me déplairait. Ce serait d'un ennui ! Les énigmes sont ce qu'il y a de plus intéressant... Les choses dans l'ombre, enfouies sous la surface... Tu ne trouves pas ? Je veux dire, la certitude est ce qu'il y a de pire. Pire que la mort. »

Derrière elle, j'entendais le craquement des branches qui ployaient sous le poids de la neige et les pneus des voitures déraper sur le pont glissant. « Ne tarde pas trop, OK ? lui ai-je murmuré.

– Promis. »

Environ une heure plus tard, une panne d'électricité a plongé la ville dans le noir. Je suis resté assis dans ma chambre à écouter le vrombissement des camions qui montaient et descendaient la côte, luttant contre la glace à grand renfort de sel, de sable et de lames grattoirs. J'ai entendu au moins deux accidents, provoqués par des automobilistes s'élançant imprudemment dans la descente et perdant le contrôle de leurs véhicules. Mon père avait fait un feu dans nos deux cheminées, et des odeurs de fumée et de bois flottaient dans toute la maison. Il m'avait même apporté une lampe torche et une bougie, mais je préférais l'obscurité.

Anna a fini par m'appeler sur mon portable. « Il n'y a qu'une couche de glace entre nous, a-t-elle déclaré. Viens faire ton Hans Brinker[1] et patiner avec moi. »

---

1. Héros d'un roman américain, classique pour enfants publié en 1865, *Hans Brinker ou les patins d'argent*, adepte du patin à glace.

J'entendais un air de musique enfler et diminuer tour à tour à l'arrière-plan. « C'est quoi, ça ?

– Anton von Webern, je crois. Du classique.

– Non, je veux dire, ça sort d'où ?

– Mon père se balade dans la maison avec son radiocassette. Ma mère lui a demandé de démarrer le générateur, mais il traîne exprès. Il adore le noir.

– Tu tiens de lui, alors ?

– Pas vraiment. Mon père et moi avons pas mal de points communs, mais je tiens plutôt ce genre de trucs de ma mère. Elle préfère l'ignorer. Et toi, de qui tu tiens le plus : ton père ou ta mère ?

– Aucun des deux, à vrai dire. Si je devais me comparer à un membre de ma famille, ce serait ma frangine.

– Où vit-elle ?

– Aucune idée. Elle est partie.

– Disparue ?

– Pour ainsi dire. Elle a quitté la maison et n'a plus jamais donné signe de vie.

– Et tu es comme ça, toi ? Tu vas partir un jour et ne plus donner de nouvelles à personne ?

– Il m'arrive d'y penser.

– Alors attends un peu, Hans. Je viens tout juste d'arriver.

– Ne t'inquiète pas. Je ne vais nulle part. »

cd n° 1

Le lendemain, je recevais un colis par la poste : une boîte à chaussures emballée dans du papier kraft. Les timbres d'Anna figuraient en évidence dans un coin du paquet. La boîte était remplie de plumes de Thanksgiving au milieu desquelles était enfoui un CD. La pochette représentait une photo de chardonnerets morts, étiquetés, numérotés et rangés dans un tiroir blanc. « Des oiseaux dans un tiroir », pouvait-on lire sur la tranche du boîtier crystal. La liste des morceaux était imprimée au dos :

1. The Replacements – i will dare
2. Dinosaur Jr. – freak scene
3. Teenage Fanclub – everything flows
4. Sonic Youth – shadow of a doubt
5. Chet Baker – let's get lost
6. Yo La Tengo – cast a shadow
7. The Bobby Fuller Four – never to be forgotten
8. T. Rex – ride a white swan
9. George Harrison – beware of darkness
10. Pretenders – talk of the town

11. Big Star – daisy glaze
12. Sam Cooke & the Soul Stirrers – mean old world
13. Bonnie « Prince » Billy – death to everyone
14. Nina Simone – i put a spell on you
15. This Mortal Coil – song to the siren
16. Robyn Hitchcock & the Egyptians – airscape
17. The Cure – a forest
18. Calla – awake and under
19. Tom McRae – ghost of a shark
20. Bauhaus – bela lugosi's dead

Anna avait aussi ajouté un texte, écrit à l'encre argentée sur une petite carte en papier noir :

Lire Rimbaud, *Une saison en enfer* :

« Je vais dévoiler tous les mystères : mystères religieux ou naturels, mort, naissance, avenir, passé, cosmogonie, néant. Je suis maître en fantasmagories.

« Écoutez !...

« J'ai tous les talents ! – Il n'y a personne ici et il y a quelqu'un : je ne voudrais pas répandre mon trésor. – Veut-on des chants nègres, des danses de houris ? »

Lis la suite. Lis tout.

noël

Mon frère et sa petite famille sont venus passer Noël avec nous. Ils ont fait le trajet en voiture depuis la Louisiane – parents, gamins et bagages entassés dans leur grosse Suburban –, ce qui voulait dire qu'ils passeraient l'essentiel de leurs vacances sur la route et ne pourraient pas rester très longtemps. « Quel périple pour un si court séjour », a commenté mon père quelques minutes à peine après qu'ils eurent garé leur voiture dans l'allée. C'est à peu près la seule chose qu'il ait dite.

J'ai été frappé de voir à quel point mon frère évoquait une version plus jeune de mon père. Je n'avais jamais noté la ressemblance, mais depuis notre dernière rencontre il semblait avoir perdu la bataille génétique, et l'influence paternelle avait pris le dessus. Il s'était épaissi, et son front s'était légèrement dégarni. Il commençait même à être un peu voûté. À quelques années de la trentaine, il ressemblait déjà à un vieux. Mais, après tout, il avait trois gamins en bas âge – des jumeaux de deux ans et une petite fille qui n'avait même pas douze mois.

Les jumeaux étaient des fous furieux. Obsédés par les tiroirs de la cuisine, ils se précipitaient en courant pour les ouvrir en grand et faire tomber tous les couverts. Ils en avaient surtout après les couteaux, semble-t-il. Ils se battaient pour le même couteau alors qu'il y en avait sept autres exactement identiques. Il fallait constamment garder un œil sur eux ; à la moindre occasion, ils se ruaient sur les tiroirs, et si vous aviez le malheur d'être moins rapide qu'eux, vous pouviez être sûr que tout allait valser par terre dans la seconde. « Laissez-les jouer avec ces couteaux, grommelait mon père, ils vont vite comprendre. » Mon frère a fini par aller chercher des mètres à mesurer et des tendeurs dans le garage. Il a glissé les baguettes entre les poignées des tiroirs qui étaient alignés, et a raccordé les autres aux meubles les plus proches. C'était moche comme tout, mais les jumeaux se sont stoppés net. Le problème, c'est que ma mère s'est stoppée net elle aussi. Elle était contrariée, déstabilisée, incapable de naviguer dans sa cuisine barricadée. « Est-ce qu'on ne pourrait pas plutôt libérer les tiroirs et attacher les jumeaux ? » a-t-elle suggéré. Personne ne savait trop s'il s'agissait d'une plaisanterie ou non. Sans ma belle-sœur, je crois que nous aurions jeûné pour le réveillon de Noël.

La maison semblait un peu animée, pour une fois. Il y avait du mouvement, des échanges, de la vie. Mes parents, eux, étaient totalement sinistres. Pas étonnant que les visites de mon frère se fassent si rares. Je m'imaginais déjà le moment où je vivrais loin d'ici, quand je serais étudiant ou après, et que mon frère et moi pourrions nous voir sans subir nos parents, sans même avoir à les inviter. Ils n'avaient qu'à rester coincés chez eux dans leur silence maussade pendant que les autres passeraient de bons moments ensemble.

...

Mes parents avaient installé un lit d'appoint dans l'ancienne chambre de mon frère pour les jumeaux et un berceau dans la chambre de ma sœur, qui était juste à côté de la mienne. Mon frère et sa femme ont pris ma chambre, et je suis descendu dormir sur le canapé du salon. Je ne pouvais donc plus écrire d'e-mails nocturnes à Anna, comme j'avais pris l'habitude de le faire. Elle ne pouvait plus passer de coups de fil au-delà de vingt-deux heures, et nous communiquions donc par SMS. J'étais allongé sur le canapé à attendre sa réponse quand mon frère est descendu me rejoindre dans le salon.

« Désolé de t'avoir viré de ta chambre.

– Bah, ça ne me dérange pas. C'est juste pour deux nuits.

– On tâchera de ne trop rien déranger.

– T'inquiète pas pour ça.

– Alors, comment vont les choses, ici ?

– Ça va.

– Les parents font toujours le minimum syndical ?

– C'est une vraie maison fantôme. Ils disparaissent chacun après dîner.

– Je te plains.

– Bof, ai-je soupiré. Qui voudrait supporter leur présence, de toute manière ? C'est le malaise quand ils ne te parlent pas, mais ça l'est encore plus quand ils te parlent.

– Et toi, qu'est-ce que tu deviens ?

– Je suis pas mal occupé. J'ai une copine.

– Allons-nous faire sa connaissance ?

– Je vais tâcher de la faire venir. Mais je te préviens, elle est un peu spéciale.

– C'est-à-dire ?

– Elle s'habille beaucoup en noir, si tu vois ce que je veux dire.

– Et tu aimes ça ?

– Je l'aime beaucoup, oui. Je suis sûr qu'elle te plaira.

– Présente-la-nous, alors.

– Fais gaffe, elle en voudra après tes gamins. Pour des sacrifices ou des trucs comme ça.

– Aucun problème. Appelle-la et dis-lui qu'elle peut venir les chercher tout de suite. »

cd n° 2

J'ai senti un truc froid – très froid – dans mon dos. En passant ma main derrière, j'ai touché quelque chose de solide et de glacé et j'ai fait un bond sur le canapé. Mon frère se tenait juste à côté, hilare. « Joyeux Noël, m'a-t-il lancé. J'ai trouvé ça devant la porte. Je crois que c'est pour toi. »

Il s'agissait d'un bloc de glace de la taille d'une grosse miche de pain, avec un CD coincé à l'intérieur. La photo de pochette noir et blanc représentait des cristaux ou des formes géométriques bizarres – en fait des flocons agrandis au microscope – et le titre, en lettres vertes ombrées de rouge, disait : « Chéri, il fait si froid dehors. » Également prise dans la glace se trouvait une petite pochette-cadeau. L'inscription qui l'ornait était lisible à travers la couche transparente. « Joyeux Noël, je t'embrasse, Anastasia. »

« Je t'embrasse, hein ? » a raillé mon frère.

Je suis allé poser mon cadeau dans l'évier de la cuisine pour le laisser fondre. Anna m'a expliqué plus tard qu'elle avait fait congeler le bloc en deux parties séparées, puis avait placé le CD et la pochette-cadeau sur l'une avant de placer l'autre moitié par-dessus et de mettre le tout à finir au freezer. « J'ai rajouté un peu d'eau pour cacher la jonction, a-t-elle ajouté. Comme je ne savais pas trop si le CD survivrait, j'en ai fait une copie, au cas où.

– Si j'avais su, je n'aurais pas fait fondre la glace, lui ai-je rétorqué. Je l'aurais gardé au congélateur.

– Quel intérêt ? »

La photo au dos du CD était le négatif de celle de la pochette ; les titres des morceaux y étaient imprimés :

1. Dean Martin – a marshmallow world
2. Buffalo Tom – frozen lake
3. The Jesus and Mary Chain – you trip me up
4. The Cocteau Twins – iceblink lunk
5. Galaxie 500 – snowstorm
6. Damien Jurado – ghost in the snow
7. Kate Bush – under ice
8. Hank Williams – the first fall of snow
9. James P. Johnson – snowy morning blues
10. The Gentles Waves – dirty snow for the broken ground
11. Superchunk – silver leaf and snowy tears
12. Yoko Ono – walking on thin ice
13. Billie Holliday – i've got my love to keep me warm
14. The Handsome Family – cold, cold, cold
15. The Durutti Column – snowflakes
16. Bill Monroe & His Blue Grass Boys – footprints in the snow
17. Tinderstick – snowy in f# minor
18. Nico – winter song
19. The Mountain Goats – snow crush killing song
20. Belle and Sebastian – the fox in the snow

21. Elliott Smith – angel in the snow
22. Nick Drake – winter is gone

En plus du CD, j'avais droit à un autre cadeau : un petit récepteur d'ondes courtes portatif. « Un des vieux machins de mon père, m'a expliqué Anna. Il a dû remplacer certaines parties par des neuves, mais ça fonctionne. C'est un peu de notre part à tous les deux. Mon père m'a dit qu'il viendrait t'aider à installer l'antenne. » De mon côté, je lui ai offert le *Dictionnaire du diable*, d'Ambrose Bierce. C'était un vieil exemplaire d'occasion, à la couverture maculée de café (« Peut-être du sang », a suggéré Anna) et comportant à l'intérieur deux dessins pour le moins étranges, œuvres d'un enfant ou d'un fou. Le premier, tracé grossièrement à l'encre au dos de la couverture, représentait deux personnages en train de se battre ou de faire de la lutte sous un pont ou une grosse branche d'arbre. Il y avait peu de détails, et les lignes commençaient et s'achevaient au hasard, quand elles ne se fondaient pas les unes dans les autres, si bien qu'il était difficile de décrire précisément la scène. Les deux protagonistes (un homme et une femme, ou peut-être un homme et un enfant) paraissaient déments ou terrifiés. Le second dessin apparaissait au dos de la quatrième de couverture. Il semblait légèrement plus abouti, du moins par certains aspects. On y voyait une fillette debout sur la rambarde d'un pont, peut-être, ou au sommet d'un bâtiment élevé. Elle portait une sorte de chemise de nuit ou de robe très longue. Le visage comme ruisselant de larmes, elle observait la lune. Elle possédait trois paires de bras ; la première croisée contre sa poitrine, la deuxième tendue vers l'avant et la troisième levée très haut, vers la lune.

J'ignorais l'existence de ces dessins au moment d'acheter le cadeau, mais pour Anna ils apportaient une valeur inestimable au livre. Je lui ai aussi offert un portrait d'Edgar Allan Poe – en fait une page arrachée dans le *Harper's New Monthly Magazine*. Poe regardait fixement hors cadre, avec sa veste sombre boutonnée jusqu'en haut et sa lavallière nouée autour du col de sa chemise, qui était retourné et pointait en direction de son menton. On devinait l'esquisse d'un sourire narquois sous sa moustache noire, comme s'il dissimulait un secret. J'avais trouvé ces deux cadeaux sur eBay et battu tout le monde aux enchères. « J'ai noté que Poe manquait à ton mur », ai-je expliqué à Anna.

Mon frère nous a emmenés au bowling pendant que sa femme, Kate, restait à la maison avec les enfants. « Tu me vois les laisser seuls avec tes parents ? » m'a-t-elle soufflé.

Anna est venue avec Claire. « On ne peut pas jouer au bowling à trois, a-t-elle commenté. Et puis je ne tenais pas à être la seule asociale. » C'est la seule fois où je l'ai entendue employer ce terme pour se définir elle-même. Je crois qu'elle était nerveuse à l'idée de rencontrer mon frère. Mais Paul était vraiment cool. Et même plus que cela.

Nous nous sommes rendus à Hilliker, au bowling SkyMor Lanes. « Sans doute le nom le plus débile que j'aie jamais entendu, s'est esclaffée Anna. Mais ça me plaît.

– J'adore cet endroit, a renchéri mon frère. Il est kitsch à souhait. »

Le SkyMor comptait vingt-sept pistes. Quiconque connaît un peu le bowling sait qu'il est impossible d'avoir un nombre de pistes impair. La vingt-septième piste existait vraiment, mais seulement pour le décor. Il n'y avait qu'un demi-renvoi de boule, surgissant du mur, et un demi-tableau d'affichage des scores, comme si la piste avait été coupée en deux. C'était censé apporter une touche décalée et créer l'attraction ; à l'époque où le bowling avait ouvert, peut-être, mais je n'avais jamais entendu aucun commentaire à ce sujet. Les trois-quarts des pistes étaient déjà prises, et mon frère a demandé à avoir la toute dernière au fond, juste à côté de la demi-piste. Il n'y avait personne dans ce coin-là. J'ai d'abord cru qu'il avait honte de ses deux invitées gothiques, mais j'ai bientôt compris pourquoi il cherchait à s'isoler du gros de la foule.

Nous sommes allés chercher nos chaussures. Le vieux type derrière son guichet semblait totalement comateux. Il n'a même pas remarqué Anna et Claire ; c'est tout juste s'il a levé la tête vers nous pendant qu'il balançait un pschitt de spray désinfectant à l'intérieur des chaussures réglementaires vert et rouge (« Noël oblige », a commenté Anna) avant de nous les échanger contre les nôtres. Les chaussures de bowling vous donnent toujours l'air idiot, mais elles semblaient encore plus grotesques sur Claire et Anna. « Je devrais faire clown dans un cirque gothique », a marmonné Claire. Nous sommes partis chercher nos boules pendant que mon frère disparaissait Dieu sait où.

Anna s'est choisi une boule rose vif (« On dirait un énorme chewing-gum ») et a insisté pour que j'en prenne une de la même couleur.

« Je crois que je vais m'en tenir strictement au noir, pour une fois », ai-je répliqué.

Elle a lancé son gros chewing-gum, juste pour voir, et a réalisé un *strike* du premier coup. « Il faut le marquer ! s'est-elle exclamée.

– C'était un coup d'essai, ai-je protesté. On doit attendre mon frère. »

Anna avait beau affirmer qu'elle n'avait jamais manié une boule de bowling, elle savait parfaitement ce qu'elle faisait. J'ai dit à Claire qu'elle jouait comme si elle avait pris des leçons – des leçons de flûte. C'était bien la première fois que je la faisais rire.

Paul est revenu avec quatre bouteilles de bière. Elles étaient en forme de quilles, détail très mignon d'après Anna. « Vous buvez de la bière ? » nous a-t-il demandé ; nous avons acquiescé tous les trois. « OK, alors soyez discrets. Je n'ai envie ni qu'on se fasse jeter d'ici ni de me faire arrêter. » Nous avons planqué nos bières sur nos chaises en plastique bleu et orange, derrière le tas de manteaux.

Claire et Paul ont fait équipe contre Anna et moi. Nous les avons atomisés. Claire a démarré la partie en envoyant trois fois de suite sa boule dans la rigole. Mon frère a bien tenté de lui donner quelques tuyaux, mais sans résultat. Claire ne semblait pas vraiment s'en soucier – et nous non plus, du reste. Nous avions de la bière, que demander de plus ? Le jeu de Paul semblait empirer à mesure qu'il buvait, à l'inverse de celui de Claire. Ayant obtenu le meilleur score, je me suis ensuite mis avec Claire, qui avait fini dernière, pour la partie suivante. Nouvelle victoire. Pour les deux parties suivantes, Paul et moi avons joué contre les filles. Nous avons gagné, mais de peu. Paul avait le pire score de nous tous. « Je n'ai plus l'habitude de boire autant », s'est-il justifié. De fait, il était le seul à être soûl.

Jugeant plus sage de ne pas conduire, il a laissé le volant à Claire. Elle avait déjà sa licence de conduite accompagnée et obtiendrait son vrai permis à la fin du mois de février. Mon frère s'est affalé sur le siège passager, et Anna et moi nous sommes assis à l'arrière. « Quel est le premier truc que tu auras envie de faire ? a-t-il demandé à Claire. Où est-ce que tu comptes aller ?

– Rouler jusqu'à New York pour voir Preen, le médium de la télé, a proposé Anna.

– Peut-être qu'on reviendra au SkyMor », a répondu Claire. Elle avait flirté avec mon frère toute la soirée, et lui n'avait cessé de rougir et de ricaner. Ça lui plaisait bien.

« Faisons une liste de tous les gens qu'on a envie d'écraser, ai-je suggéré.

– C'est tout à fait le genre de trucs que dirait Bryce, a marmonné Claire.

– Alors je vais dire autre chose.

– Trop tard, a rétorqué Anna. Mr Devon est le premier sur ma liste.

– Pourquoi ça ?

– Il mérite d'avoir quelques trucs cassés.

– Dites, est-ce que Mr Kissler est toujours là ? » a voulu savoir mon frère. Nous lui avons dit oui. « Alors on devrait l'écraser, lui. Claire, on file chez Kissler. Tu peux le renverser avec ma voiture. » Claire a ignoré ses instructions et a d'abord déposé Anna avant de prendre la direction de chez elle.

« Merci pour cette super soirée, a-t-elle déclaré, et merci de m'avoir laissée conduire. J'espère que je ne t'ai pas trop effrayé.

– Tu es très jolie comme ça », a répondu Paul.

Claire a éclaté de rire. « Ce n'est pas ce que je voulais dire.

– J'avais compris. » Il l'a regardée s'éloigner. Une fois devant la porte, elle est entrée chez elle sans se retourner. La lumière du porche s'est éteinte, et Paul s'est tourné vers moi.

« Tu prends le volant », m'a-t-il lancé. Je n'avais jamais conduit de ma vie. Il a insisté. « Allez, quoi ! C'est fastoche. Et les rues sont désertes, en plus. Vas-y lentement, c'est tout. »

C'était une grosse voiture, et j'étais sûr que j'allais l'emboutir quelque part. J'ai descendu Madder Lane à une vitesse d'escargot et tourné sans encombres sur Kennedy. Nous approchions déjà de la maison quand Paul a déclaré : « Emmène-moi au lycée.

– On devait rentrer, ai-je rétorqué. Ce serait plus prudent.

– Emmène-moi voir le lycée. On n'a pas intérêt à rentrer maintenant, de toute manière. Il faut que je dessoûle un peu, sinon je vais être dans le pétrin. C'est ça que tu veux ? »

J'ai tourné dans Sidgwick. Une voiture arrivait à contresens. Je ne savais plus ce que je faisais ; les lumières m'aveuglaient, je ne voyais plus la route. Au moment de me croiser, le conducteur m'a klaxonné. J'avais dû dériver de son côté. « Tu roules plein phares », m'a fait remarquer mon frère. Il avait appuyé son front contre la vitre, pour profiter de la fraîcheur du verre. J'aurais dû être celui qui pose son front contre une vitre glacée ; j'aurais dû être celui qui attend tranquillement de dessoûler dans la voiture. Conduire ne m'emballait pas plus que ça.

« Comment suis-je censé éteindre les phares ? » ai-je dû lui demander. Il m'a montré. « Quand suis-je censé les éteindre ? » Il m'a expliqué. « Pourquoi tu ne reprendrais pas le volant ?

– Tu te débrouilles comme un chef. »

Je me suis arrêté sur le parking du lycée. Plongé dans l'obscurité, le bâtiment avait une allure menaçante, telle une grosse bête sauvage prête à bondir. Paul s'est redressé pour mieux l'observer. J'étais sûr qu'il pensait la même chose que moi et voudrait repartir de là au plus vite.

« C'est fou comme ça paraît petit.

– Vous aviez des gens comme Claire et Anna, de ton temps ? lui ai-je demandé.

– Des jolies filles, tu veux dire ?

– Tu vois très bien ce que je veux dire.

– On avait toute la collection – les sportifs, les gothiques, les punks, les ploucs, les musicos, ceux qui prenaient le bus et ceux qui fumaient de l'herbe... J'ai oublié personne ?

– Et toi, quel était ton clan ?

– Je faisais partie des ploucs. Je ne l'aurais sans doute jamais admis, à l'époque, mais c'est la vérité.

– Et ça te contrarie ?

– Plus maintenant. Ce sont ces types-là qui ont réussi, à la fac et dans la vie. Les sportifs, ceux pour lesquels toute la ville se pâmait, ont quasiment tous fini aux oubliettes. Le lycée aura été le summum de leur existence. Erick et Derek Gurney étaient les stars de l'équipe de foot, tu piges ? Et le pire plouc du bahut était Bob Fesnor. Ce type était déjà quinze fois millionnaire avant d'avoir trente ans.

– Où est-il, aujourd'hui ?

– Il n'a jamais remis les pieds dans ce bled, en tout cas. »

Paul regardait fixement les vitres sombres du lycée. « Je pense ne plus revenir ici.

– À la maison ?

– Cet endroit est mort, m'a-t-il répondu. Papa et maman sont pathétiques. Ils ont l'air de se foutre pas mal qu'on vienne ou non. Ils se foutent pas mal de leurs petits-enfants, en tout cas, et ils n'apprécient même pas les efforts qu'on fait pour venir. Au diable ! Ils n'auront qu'à se déplacer, pour changer.

– Ils ne le feront pas. »

Paul a haussé les épaules.

« Alors tu vas finir comme Joan, et je ne te verrai plus jamais ? » Je ne savais même plus à quand remontait la dernière fois où j'avais prononcé le nom de ma sœur. Je ne voulais pas que mon frère se volatilise comme elle.

Il m'a regardé, conscient de ce qu'il était en train de dire ou de la façon dont je l'interprétais. « Tu n'as pas besoin d'attendre que les parents viennent nous voir, a-t-il déclaré. Tu es le bienvenu chez nous. Tu commences à être assez vieux pour prendre tes décisions toi-même. Viens quand tu veux. Je te paierai le voyage. Tu n'es pas en cause, mais je n'ai plus envie de revenir ici. Tu les connais.

– Ils sont trop bêtes.

– Je n'ai pas envie de faire subir leur présence aux enfants. J'ai vraiment peur qu'ils aient une mauvaise influence sur eux.

– Et moi j'ai peur de *finir* comme eux. »

Paul a lâché un soupir. « La volonté fait des miracles jusqu'à un certain point. On n'échappe pas à ses gènes.

– C'est rassurant. »

Il a ri. « Tu t'en sortiras. Mais ne t'éternise pas ici. Barre-toi de ce trou dès que possible. »

Je l'ai bien observé ; il n'avait pas l'air soûl. Il ne s'exprimait pas comme quelqu'un qui a trop bu. Je le soupçonnais même d'avoir été sobre tout du long. J'ai quitté le parking et je nous ai ramenés à la maison. J'avais fini par m'habituer et par me prendre au jeu ; je me sentais en confiance, heureux, épanoui. Je raconterais à Anna à quel point mon frère était cool. Il avait fait semblant d'être pompette pour nous laisser conduire, Claire et moi. Il me faisait confiance ; il savait que je ne répéterais pas aux parents qu'il avait picolé ou que j'avais pris le volant. C'était notre secret.

Paul et sa famille sont repartis le lendemain, et je me suis dit que c'était la dernière fois que je voyais mon frère avant longtemps. Ce n'étaient pas des paroles en l'air ; il ne reviendrait plus.

jour de l'an

Les Toole organisaient deux réceptions par an, pour le 4 Juillet et le jour de l'an. Mr Toole travaillait autrefois comme avocat à New York, et leur résidence tout au bout de Garfield Road leur servait de maison de campagne le weekend, jusqu'au jour où il avait pris sa retraite et où il s'y était installé pour de bon avec sa femme. Mr et Mrs Toole étaient originaires de la Louisiane, à ce qu'on disait, et ils étaient partis dans le Nord après la mort de leur fils. Ils vivaient donc seuls dans cette immense bâtisse grise, avec leurs trois hectares et demi de terrain entretenus et bichonnés comme un parc public, et y organisaient des fêtes légendaires depuis près de vingt-cinq ans. La garden-party du 4 Juillet était ouverte à tous les habitants de la ville ; chaque fois, des rangées de voitures s'étendaient sur des kilomètres le long de Garfield Road jusqu'à Town Street et au-delà. Mr Toole faisait rôtir des cochons entiers sur son immense barbecue ; il y avait aussi des cocktails de crevettes et des épis de maïs grillés. Bières, vins et boissons étaient offerts à volonté, les convives étant seulement priés d'amener un plat, une salade ou un dessert. Ils affluaient par centaines pour profiter du buffet.

Un orchestre commençait à jouer vers vingt-deux heures, généralement après que les plus jeunes avaient été couchés, et tout le monde continuait à boire et à danser jusqu'au petit matin.

La soirée de la Saint-Sylvestre était nettement plus sélecte, en revanche, et strictement sur invitation. Seule une cinquantaine de privilégiés y était conviée. Mon père étant un ancien compagnon de golf de Mr Toole (peut-être même jouaient-ils encore ensemble, mais il n'en parlait jamais), mes parents passaient le réveillon chez eux depuis quinze ans, et mon père se plaignait chaque fois d'avoir à ressortir son smoking. « C'est le truc le plus cher que je me sois jamais acheté, maugréait-il. Tout ça pour le porter deux fois par an. » Il n'avait jamais envie d'y aller, mais décliner une seule invitation chez les Toole vous valait d'être rayé de la liste la fois suivante, et ma mère adorait leurs réceptions. Elle portait chaque fois une nouvelle robe pour l'occasion, et scintillait avec bonheur et éclat au bras terne et morose de mon père.

Cette année-là, les Cayne étaient invités pour la première fois, ce qui constituait un petit événement en soi vu qu'ils n'étaient arrivés en ville que quelques mois auparavant. Ils étaient devenus très actifs et appréciés, l'exact contraire de mes parents. Cela signifiait également que les parents d'Anna et les miens allaient se retrouver au même endroit pendant plusieurs heures. « Tes vieux vont détester les miens, l'ai-je mise en garde.

– Mais non. Mes parents s'entendent avec tout le monde.

– Et les miens avec personne.

– Tu veux donc dire que ce sont tes parents qui vont détester les miens ?

– Probable, ai-je répliqué. Mais uniquement parce mes parents sont deux idiots. Si seulement ils pouvaient ne pas aller à cette soirée... »

En fait, j'étais ravi qu'ils y aillent. Nos quatre parents seraient ainsi occupés pendant toute la nuit. Les miens partiraient sûrement juste après minuit, mais cela nous laissait quand même six bonnes heures devant nous.

Une parfaite inconnue m'a ouvert la porte quand j'ai sonné chez elle ce soir-là ; une Anna que je n'avais jamais vue, telle que je me l'imaginais avant qu'elle n'emménage ici et ne bascule dans le clan gothique. Elle ne portait pas de maquillage, et sans eye-liner ni rouge à lèvres noir son visage paraissait plus doux, velouté, comme si elle l'avait saupoudré de sucre glace. Elle avait simplement coiffé ses cheveux sans y rajouter tous les trucs habituels, et eux aussi semblaient plus soyeux. Elle me faisait penser à une star de cinéma, filmée à travers un léger flou optique. Nous formions un couple encore plus étrange que d'habitude.

Elle avait revêtu une robe vert foncé, pas vraiment le genre bal de la promo mais bien plus habillé que ma propre tenue, à savoir : pantalon en velours côtelé marron, chemise bleue (avec col déboutonné) et pull noir. Mes grosses chaussures et mon pantalon étaient maculés de neige. J'ai d'abord cru que sa robe était noire, sans doute par la force de l'habitude, et c'est seulement une fois à la lumière du salon que j'ai réalisé qu'elle ne portait pas sa couleur fétiche. C'était une robe droite, toute simple, avec des manches courtes et un ruban noir autour de la taille. Anna était encore pieds nus. Peut-être n'avait-elle pas autre chose que ses Doc Martens, ou peut-être tenait-elle à me montrer que le vernis à ongles de ses orteils était exactement assorti à sa robe.

« J'ignorais qu'il fallait se mettre sur son trente et un, ai-je marmonné.

– Tu es très bien. Je me suis dit qu'une petite touche de vert serait la bienvenue au cœur de l'hiver. Et je voulais que tu sois le premier à me voir. Je réfléchis à une autre image pour la nouvelle année. Pas pour la robe, nécessairement, mais pour le reste.

– Ne change rien pour moi.

– Tu ne crois pas que ça rendrait les choses plus simples ?

– Pas pour moi, et sûrement pas pour toi. Reste toi-même. Ce n'est pas le genre de conseils que tu donnerais ?

– Qui te dis que je ne suis pas moi-même, comme ça ? »

Je n'ai rien trouvé à répondre.

« Qui te dit que je n'ai pas un tas de personnalités différentes ? a-t-elle insisté.

– C'est le cas de beaucoup de gens », ai-je rétorqué. Elle n'était ni chicaneuse ni agressive, mais j'avais le sentiment que la conversation pouvait vite dégénérer.

« Bon, essayons pour ce soir, en tout cas. Ça te plaît, au moins ? m'a-t-elle demandé.

– Tu me plais toujours. »

Plus nul tu meurs, comme réplique. Mais c'était la vérité.

Elle a rempli deux grands verres de vodka, avec une larme de jus de canneberge pour donner un peu de couleur, et nous sommes allés dans la chambre de ses parents. « J'ai un truc à te montrer », m'a-t-elle dit. Elle m'a emmenée jusqu'à une petite banquette encastrée au pied d'une baie vitrée, puis elle a ôté les coussins de la banquette et un miroir est apparu. Un second miroir de forme et de taille identiques lui répondait juste au-dessus de nos têtes, fixé au plafond. « Regarde-toi dedans », m'a-t-elle ordonné. Je me suis penché au-dessus de la banquette et j'ai aussitôt vu mon reflet se démultiplier à l'infini, de plus en plus en petit.

« Génial, non ? » a commenté Anna.

C'était hypnotisant. Le nombre de reflets dépendait de l'angle sous lequel vous vous regardiez dans le miroir ; à mesure que vous vous déplaciez d'avant en arrière, votre visage s'aplatissait complètement ou s'allongeait comme un immense puits sans fond. C'était d'ailleurs l'image la plus fascinante : quand vous vous regardiez bien droit dans les yeux, en évitant les reflets les plus larges sur les côtés, cela vous donnait la sensation de vous tenir sur le toit du monde et d'observer votre propre image enfouie au plus profond de la terre. « C'est comme si le miroir n'avait plus de fin. Comme un océan aux eaux cristallines dont on verrait le fond.

– Sauf qu'on n'atteint jamais le bas, a nuancé Anna. C'est dire à quel point il est profond. J'aime faire comme ça, aussi. » Elle s'est retournée, la tête à l'envers, pour fixer le miroir au plafond.

« Ça me donne un peu le tournis. C'est pour ça que vous mettez un coussin par-dessus ?

– Exact. Mon père n'est pas fan de ce truc. Il dit qu'il ne veut pas de trucages optiques bizarroïdes dans sa maison, et encore moins dans sa chambre. D'après ma mère, c'est parce qu'il a le vertige et que s'il se regarde dans le miroir, il a envie de sauter.

– Il ne devrait pas se faire bien mal, vu la hauteur », ai-je rétorqué. Une image m'est apparue. Le crâne chauve de Mr Cayne répété à l'infini, de plus en plus petit. Je n'ai pas pu m'empêcher de rire.

« Ça n'avait rien de drôle, a objecté Anna.

– Non, je pensais à autre chose. Et si toute la chambre était décorée comme ça ? Ce serait ta galerie des glaces personnelle. »

Elle a remis le coussin et s'est assise sur la banquette. Je suis allé éteindre la lumière pour m'installer à côté d'elle, et nous avons observé la nuit. La lune tremblotait dans le ciel, presque pleine, comme un gros bonhomme à qui on aurait tranché la tête. « Lobotomie lunaire », a commenté Anna. Il faisait si clair qu'on aurait pu aller faire de la luge.

« Pas dans cette tenue, a-t-elle répliqué. Pas le soir du réveillon. C'est le réveillon tous les soirs, sur la Lune.

– Comment ça ?

– Une année lunaire dure vingt-quatre heures.

– Mon père adorerait. Lui qui ne supporte pas que le réveillon revienne une fois tous les trois cent soixante-cinq jours... je crois qu'il assassinerait les Toole, sur la Lune. »

...

D'un mouvement rapide, elle s'est débarrassée de sa robe. « Les robes ont certains avantages », a-t-elle commenté. Personnellement, j'étais disposé à en voir plus souvent.

Son corps était d'un blanc chatoyant dans le reflet de la lumière. Mes mains tremblaient, et elle a lentement fait glisser ses doigts pâles le long de ma paume. « Je suis un peu nerveux. » C'était ma première fois. Pas la sienne.

« Tiens », m'a-t-elle soufflé. Elle m'a tendu un petit emballage en forme de ravioli. Un préservatif.

Je suis reparti à minuit, terrifié à l'idée que mes parents soient déjà en train de partir de chez les Toole, auquel cas j'aurais du mal à regagner la maison avant eux. J'ai quitté la rue principale pour couper à travers le jardin des Borden, puis je suis passé derrière chez les Morrison pour rejoindre Talus Road. La couche de neige était si épaisse que j'étais à bout de souffle, et je me suis arrêté un moment. Je m'attendais à marcher à travers une ville en fête, dans des rues pleines de voitures et de gens en train d'applaudir, de s'embrasser, de s'enlacer et de crier, mais il régnait un silence de mort : il n'y avait pas un chat, la plupart des maisons étaient plongées dans le noir et celles qui ne l'étaient pas semblaient absolument tranquilles. Les Toole devaient avoir un monopole sur la Saint-Sylvestre, car c'était le calme plat partout ailleurs. Soudain mon téléphone a sonné. Pendant une seconde, j'ai eu peur que ce soient mes parents. C'était Anna.

« Où es-tu ?

– Talus Road.

– Ce n'est pas très loin.

– Je sais. Il faudrait que je me grouille.

– Tu as pris quelque chose en partant. » C'était presque une question.

« J'y veillerai avec attention.

– Merci. Tu as l'air essoufflé.

– La neige est assez profonde.

– Tu devrais peut-être rester sur le trottoir, non ?

– Oui. J'arrive chez moi d'ici cinq minutes, je saurai si je suis grillé ou non.

– Ne raccroche pas », m'a-t-elle demandé.

J'ai ôté le téléphone de mon oreille et je me suis mis à courir. J'avais les pieds lourds comme du plomb et les jambes cotonneuses, un peu flageolantes. Je n'aurais pas dû autant boire. Je tenais debout, là n'était pas le problème, mais j'étais très ralenti dans ma course et j'étais sûr que mes parents seraient déjà rentrés. Si ça se trouve, ils n'avaient même pas attendu minuit. Ça leur ressemblerait bien – aller à une fête de réveillon et partir avant le passage à la nouvelle année. J'ai déboulé au pas de course dans Burr Road, d'où la façade arrière de notre maison était visible. Il n'y avait pas de lumière. « Je crois qu'ils ne sont pas encore là, ai-je informé Anna.

– Tant mieux.

– Ça donnait quoi, au téléphone ?

– C'était assez douloureux. Je t'entendais cracher tes poumons et faire crisser la neige.

– Oui, c'est un bon résumé. Je vais couper par chez Mrs Owen, je ne serai plus qu'à un pâté de maison.

– Ne raccroche pas. »

J'ai traversé le jardin de Mrs Owen à toute vitesse et aperçu ses poubelles alignées derrière le garage ; j'en ai profité pour jeter un Kleenex roulé en boule. Au moment d'atteindre le trottoir, il m'a semblé entendre une voiture. J'ai piqué un sprint et précipitamment ouvert la porte de chez moi.

« Je crois que je viens de les coiffer au poteau », ai-je déclaré à Anna, le souffle court. Je me débattais avec mes grosses bottes, appuyé contre le mur près de la porte du fond, le téléphone coincé entre l'épaule et le menton.

« C'était quoi, ce bruit, tout à l'heure ?

– Je me suis débarrassé de ce que j'ai pris chez toi.

– Où ça ?

– Chez Mrs Owen.

– Tu n'as pas peur qu'elle tombe dessus ?

– Il y avait un sac. Je l'ai mis dedans. Et quand bien même, elle ne pourrait pas savoir d'où ça vient.

– Elle risque d'avoir une petite frayeur, quand même », a-t-elle dit en riant.

J'avais déjà enlevé mes chaussures et regagné ma chambre à tâtons. Si mes parents arrivaient maintenant, ils verraient la neige encore fraîche sur mes semelles. J'ai vaguement songé à redescendre pour les essuyer, mais j'étais trop assommé. « Bon, je vais me coucher, maintenant.

– Ça va être une année incroyable, a lâché Anna.

– Ouais...

– Non, écoute-moi bien : ça va être une année géniale. Il va se passer un tas de choses inattendues, inespérées.

– C'est déjà génial », ai-je répliqué. Je venais de me glisser sous mes draps quand un bruit de moteur a vrombi dans l'allée. « Les voilà. Ils ont dû avaler leur champagne et mettre les voiles. Il faut que je te laisse.

– Alors, laisse-moi », a-t-elle répondu.

Je m'inquiétais à cause de mes chaussures, mais soit mes parents n'ont rien vu, soit ils ont préféré ne pas m'en parler ni le lendemain ni les autres jours. J'avais le sentiment d'avoir mystifié le monde entier, la sensation que nous avions vaincu des montagnes. Anna avait raison, cette nouvelle année s'annonçait exceptionnelle. Tout allait bien se passer, pour une fois.

janvier

Le premier samedi après le jour de l'an, Mr Cayne et Anna sont venus m'aider à installer l'antenne du récepteur à ondes courtes. « On devrait peut-être attendre qu'il fasse meilleur, non ? ai-je suggéré.

– Mon père tient absolument à tout mettre en place », a répondu Anna.

Ils sont donc arrivés à la maison, tout emmitouflés et prêts au travail. Mr Cayne portait un bonnet rouge vif et une salopette marron. On aurait dit un cigare allumé.

Mon père s'étant confiné dans son bureau, je n'ai pas pris la peine de lui demander où mettre l'antenne, ni même la permission de lui emprunter son échelle et ses outils. J'ai filé droit au garage avec Anna et son père, et j'ai laissé Mr Cayne se servir. Il a résumé les grandes lignes de l'intervention et nous a assigné à chacun une mission.

Anna et moi avons transporté l'échelle sur le côté de la maison pour la déployer jusqu'au toit, et Mr Cayne a grimpé à hauteur de ma fenêtre. Je suis ensuite monté dans ma chambre pour lui passer l'antenne et le câble à travers la fenêtre. « Tu peux refermer malgré le câble », m'a-t-il dit avant de poursuivre son ascension jusqu'au toit. J'ai laissé la vitre ouverte et j'ai jeté un coup d'œil en contrebas à Anna, qui était restée stationnée au pied de l'échelle pour la maintenir bien en place. Elle n'a pas levé les yeux vers moi. Elle tapait du pied dans la neige tout en essayant de remonter sa longue écharpe noire par-dessus son nez et ses oreilles.

Mr Cayne m'a crié d'allumer le récepteur. Au moment de me diriger vers mon bureau, j'ai entendu un bruit sourd suivi d'un glissement. En me précipitant vers la fenêtre, j'ai vu Mr Cayne qui se relevait du rebord du toit. « Mais où étais-tu passée ? vociférait-il à l'attention d'Anna. J'ai failli me casser la gueule à cause de toi ! » Il a violemment repoussé l'échelle, qui s'est abattue à terre dans la poudreuse. J'ai couru jusqu'au rez-de-chaussée pour aider Anna à la ramasser.

Elle avait les yeux rouges, au bord des larmes. « T'inquiète, m'a-t-elle marmonné. Ça va aller. »

Pendant que nous réinstallions l'échelle contre le mur, mon père a fait son apparition, en pantoufles dans la neige. Il semblait émerger de sa sieste du samedi après-midi, et se frottait le visage pour tenter de se donner un air plus réveillé. Il est resté planté là à nous regarder, puis est reparti à l'intérieur sans un mot. Là-haut, sur le toit, Mr Cayne ne s'était pas toujours pas départi de sa colère et m'a ordonné de ne pas approcher l'échelle. « Laisse-la, mugissait-il. C'est tout ce qu'elle avait à faire. Une seule petite responsabilité de rien du tout. Voyons si elle y arrive sans nous tuer tous les deux. » Il est redescendu de l'échelle et a foudroyé Anna du regard. « Bravo. »

Nous sommes allés ranger l'échelle et les outils au garage.

« Ce n'est pas une antenne de grande qualité, m'a expliqué Mr Cayne, mais tu auras un bon avant-goût des ondes courtes. Si ça te plaît, nous tâcherons de te trouver du meilleur matériel. » Je l'ai remercié pour son cadeau et pour son aide, et il est reparti vers sa voiture. « Allons-y, a-t-il lancé à l'attention d'Anna.

– Je crois que je vais rester encore un peu, a-t-elle répondu. Ça ne t'embête pas ? » Mr Cayne ne semblait pas particulièrement réjoui, mais il s'est contenté d'un haussement d'épaules avant de s'éloigner.

« Il s'est levé du pied gauche, ai-je commenté.

– Viens, rentrons. »

Nous sommes montés dans ma chambre et Anna a fermé la porte. Il faisait froid à cause de la fenêtre restée ouverte, et elle s'est empressée d'aller se pelotonner sous mes draps. Mon père devait être reparti dans sa sieste. J'ai rejoint Anna.

Elle a pris ma main dans la sienne. Quand je me suis retourné face à elle, elle dormait déjà. Je l'ai observée, immobile et paisible, étendue sur le dos, tout en l'écoutant respirer. Je voulais éteindre la radio mais Anna retenait fermement ma main. Dans le haut-parleur, une voix de femme égrenait tranquillement : « *Seis, siete, tres, siete, cero...* »

Le lundi suivant, nous avons reçu nos bulletins. J'avais obtenu les félicitations ; fidèle à elle-même, Anna alignait des D dans toutes les matières. Ses parents lui ont interdit de me voir jusqu'à ce que ses notes aient remonté. « C'est débile, m'a-t-elle expliqué par e-mail. J'avais déjà des notes minables avant de te connaître. »

« C'est peut-être à cause de l'échelle », lui ai-je répondu.

« Peu importe. » Cela importait peu, en effet ; nous avons continué à nous voir.

Anna me prévenait par SMS ou par MSN. « Sois au sous-sol dans une demi-heure. Ce sera ouvert. » Je me faufilais discrètement par la porte du jardin, et nous pouvions ainsi passer un peu de temps ensemble. « Mes parents ne sont pas aussi bornés ou stupides, d'habitude, m'a-t-elle dit. Je ne comprends pas pourquoi ils sont montés sur leurs grands chevaux. » Un jour, à la faible lueur qui régnait dans la pièce, j'ai noté qu'elle avait des ecchymoses sur les deux bras, juste en dessous des épaules. Quand elle a surpris mon regard, elle s'est assise pour renfiler son tee-shirt à manches longues et son pull.

« Ne me dis pas que tu as froid.

– Un peu. »

Cela se passait un soir où elle n'était pas censée se trouver au sous-sol. Elle était descendue me rejoindre en catimini après que ses parents étaient allés se coucher, et nous ne pouvions pas nous permettre d'allumer le poêle. Il faisait un froid glacial sur le canapé, mais ce n'était rien comparé à certains de nos autres lieux de rendez-vous secrets. « Retrouve-moi près du fleuve », me soufflait-elle au téléphone, et j'accourais jusqu'à son coin préféré, où nous nous embrassions et grelottions dans le froid jusqu'à ce que ça en devienne insupportable – les orteils paralysés, les oreilles et le nez gelés –, et nous devions à nouveau nous séparer.

Puis Anna a réussi son exam suivant, et la punition a été levée. « Ce n'était qu'un prétexte, a-t-elle marmonné. Mes parents ne se sont jamais souciés de mes notes. Il se passe autre chose.

– Ils ne m'apprécient pas.

– Ce n'est pas si simple, a-t-elle soupiré. Rien ne l'est jamais, avec eux. Mais pour ta gouverne, sache qu'ils t'aiment beaucoup. »

journal intime

Nous avions tous emménagé dans une grange à la campagne. C'était une vieille bâtisse immense, plus grande que la plupart de nos maisons familiales. Elle devait bien faire trois cents mètres de long et quinze de large, mais le plus impressionnant restait le toit, qui culminait à plus de vingt-cinq mètres de hauteur. Il y avait aussi un étage, avec trois trappes creusées dans le sol et autant d'échelles pour y accéder depuis le rez-de-chaussée en terre battue. Tout était en bois et sentait l'odeur du feu. Une fine couche de paille jonchait le sol des anciennes écuries. L'endroit semblait parfait.

Nous avions chacun construit nos propres chambres dans la grange. Les gothiques s'étaient installés à l'étage – telles des chauves-souris planquées sous les combles, ils nous scrutaient d'en haut dans leurs habits noirs – à l'exception d'Anna, qui était restée en bas avec moi. Carl avait été le premier à finir sa chambre. Pendant que nous montions les cloisons tous ensemble, que nous installions nos sommiers, nos matelas et nos affaires personnelles, il lisait tranquillement *La Science du shopping* sur son lit

Nous étions assez nombreux, vingt ou vingt-cinq occupants ; nous avions tous quitté nos foyers, nos parents. Personne ne savait à qui appartenait la grange. Nous avions de l'électricité, pour nous éclairer, mais c'était la seule touche de confort moderne. Des souris cavalaient dans les recoins et des oiseaux voltigeaient d'une échelle à l'autre quand ils ne descendaient pas en piqué depuis les poutres du plafond. Nous avions au moins une chouette en cohabitation avec nous. Tout cela n'était pas sans poser quelques problèmes, mais j'étais sûr que nous en viendrions à bout.

Et puis un jour, je suis revenu à la grange et Anna n'était plus là. Elle a disparu pendant deux jours, et personne n'a su me dire ce qu'il lui était arrivé. Je me faisais un sang d'encre, mais nul ne semblait s'inquiéter. Elle n'était ni chez ses parents ni au lycée ; elle semblait introuvable. Je me suis dit qu'elle s'était déniché un meilleur coin, quelque part, et qu'elle s'y était installée seule. Elle ne voulait personne d'autre avec elle. Elle ne voulait pas de moi.

Elle a fini par revenir à la grange pour récupérer ses affaires. Je l'ai suppliée de rester. « C'est impossible, m'a-t-elle répondu. Je dois partir. » Je lui ai dit que les choses allaient s'arranger. Que nous étions tous novices, que nous en apprenions un peu plus tous les jours. Que rien n'allait rester comme ça. J'en pleurais presque. « Essaie de t'accrocher, lui disais-je. Tout ira mieux, tu verras.

– Je ne peux pas rester », a-t-elle répondu.

Anna m'avait convaincu de noter mes rêves dans un journal. Celui-ci m'est revenu trois fois la même semaine, d'abord le 30 janvier, puis les 2 et 5 février.

mumler

« Alors, cette histoire de fantômes ? Ça avance ?

– Pas tellement. » Je m'étais escrimé dessus, mais je commençais à me dire que je n'étais pas fait pour ce genre d'exercices. Résultat, je n'avais rien de valable à lui montrer, mais plus je laissais passer le temps, plus ses attentes à elle grandissaient. J'y pensais, la nuit, assis devant ma fenêtre à contempler l'obscurité au-dehors, la neige scintillant au clair de lune, et à me demander le genre d'histoire qui serait susceptible de lui plaire, le genre d'histoire que j'aurais envie de lui raconter et celui que je serais capable d'écrire. Sans succès. Je me plongeais alors dans les livres qu'elle m'avait prêtés, de vieilles histoires de fantômes, mais cela ne faisait qu'empirer les choses parce que je ne trouvais rien qui n'ait déjà été fait. Je voulais écrire un texte qui la blufferait complètement.

« Tu manques peut-être d'inspiration », a décrété Anna.

Elle m'a alors raconté une légende à propos d'un lieu-dit baptisé Mumler, de l'autre côté du fleuve. On ne le trouvait sur aucune carte, et il ne s'agissait pas d'une ville, plutôt de quelques hectares de forêt. Je n'avais jamais entendu parler d'un endroit appelé Mumler avant qu'elle ne l'évoque. Elle m'a expliqué qu'il s'agissait d'une ville fondée il y a plus de deux cents ans et qui avait grandi et prospéré avant de connaître une série d'événements étranges et de s'étioler. Il ne restait plus aujourd'hui que des ruines, et une légende persistante. Le mystère de Mumler demeurait entier, et les bois alentours avaient la réputation d'être hantés.

Anna m'a alors montré quelques sites Web consacrés à l'histoire de Mumler. Les détails variaient de l'un à l'autre, mais les grandes lignes étaient toujours les mêmes. Il s'était passé quelque chose d'horrible de l'autre côté du fleuve, et les survivants avaient fini par quitter les lieux pour s'établir dans notre petite bourgade ou plus loin encore. La plupart des sites s'accordaient sur le fait que la ville avait été fondée par un certain George Tomias en 1737, avant d'être reprise en main quelques années plus tard par la famille Mumler. Un site précisait que les trois frères Mumler avaient fui l'Angleterre après l'échec d'un complot contre la Couronne et qu'on leur avait jeté un mauvais sort. Peu après leur arrivée dans leur nouvelle petite communauté, des drames avaient commencé à se produire. Le plus jeune des trois frères, Abel, était devenu fou, et un autre résident de Mumler, Grisham Pyn, avait fait une chute mortelle pendant la construction d'une grange. Selon un autre site, Pyn avait été assassiné, et Hiram Tanner, le propriétaire de la grange, considéré comme principal suspect. Tanner avait fini par sombrer dans la démence à la suite d'un mauvais sort lancé contre lui par sa propre sœur. Plusieurs familles avaient alors quitté Mumler, mais la malchance semblait s'être acharnée sur certaines d'entre elles. Ainsi, en 1760, les Carter avaient abandonné leur maison, autrefois propriété d'Abel Mumler, pour s'installer à Bighampton où ils furent massacrés par les Indiens. Aux alentours de l'an 1800, l'épouse du général Gideon Swann avait été tuée par la foudre, et le général avait perdu la raison peu après. Les plus récentes de ces anecdotes concernaient une certaine famille Proby, à la fin du XIXe siècle. William Proby avait d'abord perdu sa femme, morte de maladie, puis ses enfants, disparus dans les bois (ou dans les eaux du fleuve, selon les récits), avant de mettre le feu à sa maison, de tenter d'incendier le reste de la ville et de se volatiliser à son tour. En quelques années, Mumler avait été balayé de la carte, ses habitants étaient décédés ou partis vers des lieux plus cléments.

Un autre site montrait la photo d'une vieille route effacée courant autrefois à travers la ville et aujourd'hui envahie par la végétation. Sur la gauche apparaissait un bosquet avec un nuage blanchâtre flottant entre deux arbres. D'après le site, il s'agissait d'une sorte d'esprit capté par la pellicule photo. « C'est le genre de preuves que les sceptiques détestent », indiquait la légende. « De toute évidence, personne n'aurait pu créer ce nuage et pourtant il est bien là, saisi par l'objectif du photographe. »

« Tu y es déjà allée ? ai-je demandé à Anna.

– C'est une propriété privée, m'a-t-elle répondu.

– À qui appartient-elle ?

– À une association. Il n'y a personne sur place pour nous arrêter, si c'est ce qui t'inquiète.

– Je n'ai pas besoin d'y aller.

– Voyons... Tu ne peux pas décrire un lieu tant que tu ne

l'as pas vu de tes propres yeux, et que tu ne t'es pas imprégné de son atmosphère.

– Qui t'a dit que je voulais écrire sur ce coin ? Je trouve qu'on en a déjà assez dit, au contraire.

– Très bien, parle d'autre chose. Mais c'est le seul endroit que je connaisse qui ait la réputation d'être hanté. Tu comptes bien écrire une histoire de fantômes, non ? Alors, allons en dénicher quelques-uns. »

Anna m'a donc emmené à Mumler. Elle nous a préparé un panier pique-nique avec sandwichs, fruits, thermos de chocolat chaud et petite bouteille de brandy. Il faisait froid, il y avait de la neige partout. « On devrait peut-être attendre le printemps », ai-je suggéré. Nous avons traversé le pont sud, puis marché vers le nord sur un peu plus de deux kilomètres. C'était samedi après-midi, il ne restait plus qu'une heure avant la tombée de la nuit. Anna l'avait fait exprès. Elle voulait y aller de jour, mais rester sur place jusqu'à ce qu'il fasse noir. « J'ai une lampe torche, au cas où », a-t-elle précisé.

L'endroit n'était rien de plus qu'une vaste et dense étendue de forêt. Je l'avais vu des millions de fois sans y prêter attention. Personne ne m'avait jamais parlé de cette histoire, et Anna venait tout juste d'emménager dans cette ville. Un vieux sentier de randonnée serpentait entre les arbres, mais il était barré d'une chaîne avec un panneau « Défense d'entrer ».

« Ils croient vraiment que ça va arrêter les gens ? ai-je pouffé.

– Ils auraient plutôt dû marquer “Entrez à vos risques et périls”.

– Personne n'est venu ici depuis un petit moment, on dirait. »

Il n'y avait pas la moindre trace de pas dans la neige – ni la moindre empreinte animale, d'ailleurs.

Nous nous sommes péniblement enfoncés à travers bois, et nous avons fini par tomber sur un vieux tuyau de cheminée jaillissant de la couche neigeuse. Il était un peu en morceaux au sommet, mais plutôt bien conservé dans l'ensemble. Anna a déblayé la neige à la base de la cheminée pour dégager le foyer en pierre, puis l'a épousseté, a sorti une nappe de son panier pique-nique, l'a étendue et s'est assise dessus.

« Voilà un endroit excellent, a-t-elle décrété.

– Il ne fait pas un peu frisquet ? me suis-je inquiété.

– Si, mais tu as une autre solution ?

– Je pourrais nous allumer un feu, ai-je proposé.

– Quelqu'un pourrait voir la fumée et croire que la forêt est sous les flammes, a-t-elle objecté. Tiens, voilà pour te réchauffer. » Elle a avalé une gorgée de brandy avant de me tendre la flasque.

Je suis venu m'asseoir à côté d'elle, et nous avons siroté des rasades de brandy tout en mangeant les victuailles qu'elle avait apportées. Elle a découpé une orange et m'en a offert un quartier. Le croissant orange vif du fruit tranchait prodigieusement sur la blancheur de la neige. Tout était d'une netteté incisive, l'odeur du brandy, le froid piquant. J'aurais pu rester là pour toujours.

Il commençait à faire nuit. Le ciel était d'un bleu d'encre, et on distinguait déjà quelques étoiles. Ce serait la pleine lune. « Attendons les fantômes », a déclaré Anna en se collant à moi. Nous sommes restés pelotonnés l'un contre l'autre dans le froid glacé, aux aguets.

« Tu crois aux fantômes ? lui ai-je demandé.

– J'aimerais bien. Je voudrais croire qu'il existe quelque chose au-delà de cette vie, quelque chose qui nous lie. Ça rendrait le monde plus intéressant.

– Alors, à ton avis, cet endroit est hanté et tout ce que nous avons lu sur Mumler est vrai ?

– Ça m'étonnerait, a-t-elle répondu. Le voilà, le problème. Trop de gens ont pollué cet endroit avec leurs légendes, leurs canulars et leurs magouilles. »

Et puis elle m'a parlé d'Houdini.

« L'un des tours qu'il avait conçus, et même brevetés, mais jamais expérimentés, consistait à se faire geler dans un bloc de glace, ou du moins une représentation théâtrale de bloc de glace, et de s'en évader sans rien casser.

« La "Pagode chinoise de torture" était une sorte de cabine téléphonique remplie de soixante litres d'eau. Houdini se faisait enfermer dedans, à l'envers, et on tirait un rideau pour le cacher. Ses assistants restaient à proximité, bien en évidence, l'un d'eux avec une hache à la main pour briser le verre, au cas où. Houdini demandait au public de retenir sa respiration avec lui. Les gens attendaient, attendaient... certains hoquetaient bruyamment quand ils ne pouvaient plus retenir leur souffle. Mais rien ne se passait. On dit que certains spectateurs devenaient hystériques, qu'ils hurlaient aux assistants de libérer Houdini pour le sauver de la noyade, et quand la tension avait atteint son paroxysme, quand plus personne ne pouvait décemment retenir sa respiration, Houdini émergeait de derrière le rideau.

– Quelle performance, ai-je commenté.

– Et quelle mise en scène, surtout, a renchéri Anna. Houdini pouvait sortir de la pagode à tout moment. Certains affirmaient qu'il était assis derrière le rideau à lire son journal, attendant le bon moment pour faire sa réapparition. Le plus incroyable, c'est qu'il ne se passe strictement rien – les spectateurs fixent un rideau avec deux types postés de chaque côté. C'est ce qu'ils *imaginent* derrière le rideau qui les titille, les fait trépigner, s'impatienter, s'inquiéter, avant le moment de soulagement et d'émerveillement final. Le truc n'était pas tant de sortir de la pagode – Houdini avait tout prévu avant même de montrer son tour sur scène – mais de manipuler le public. Il y parvenait si bien que de nombreux charlatans reprenaient ses méthodes à leur compte. Et il le savait.

« Son grand ami, sir Conan Doyle, était le plus grand naïf de tous les temps. Il marchait aux pires attrape-nigauds. Il avait perdu son fils pendant la Première Guerre mondiale et voulait désespérément croire aux voyants et aux séances de spiritisme. Selon Houdini, un tel degré de désespoir était dangereux, car cela permettait aux escrocs d'exploiter le chagrin et les espoirs de son ami. Il a donc essayé de le convaincre que ces médiums n'étaient que d'habiles prestidigitateurs. Lettre après lettre, il lui décrivait en détail la nature de leurs trucages. Doyle, qui refusait de le croire, lui répondait qu'il n'avait pas l'esprit assez ouvert. Leur amitié a viré à l'affrontement, et Houdini a modifié son spectacle pour dénoncer les procédés des médiums.

« Le plus drôle, a conclu Anna, c'est que ces deux hommes

avaient soif de croire. Doyle voulait tant communiquer avec son fils qu'il accordait sa confiance à n'importe qui, et Houdini voulait tant entrer en contact avec sa mère défunte qu'il ne pouvait pas supporter les charlatans.

– C'est pour cela qu'il a établi un code ?

– Exactement. Il avait essayé de contacter sa mère par le biais de médiums américains, et l'un d'entre eux lui avait affirmé avoir reçu de ses nouvelles. Houdini lui avait demandé le contenu du message. "J'y suis. Enfin, j'y suis", lui avait répondu le médium. Or sa mère ne parlant pas un mot d'anglais, il avait compris que c'était du bluff, et c'est la raison pour laquelle il s'est créé un code secret avec sa femme. »

Nous nous sommes tus un moment, histoire de laisser aux bois une chance d'être à la hauteur de leur réputation. Il ne s'est rien passé. La nuit s'est seulement obscurcie davantage. Le ciel était sans lune, et je ne voyais pas à plus de trois mètres devant moi. Les troncs les plus proches ressemblaient à d'énormes colonnes, et tout ce qui se trouvait derrière eux n'était qu'un épais mur de ténèbres.

« Tu veux attendre la lune ? m'a demandé Anna.

– Pas vraiment. » Je claquais des dents. Elle m'a tendu la lampe torche. « Tu crois qu'on en a besoin ? » lui ai-je demandé, avant de m'éloigner d'elle de quelques pas. Elle était presque invisible, perdue dans l'obscurité, hormis le pâle chatoiement de ses cheveux blonds. Elle s'est avancée vers moi et m'a pris la main.

« Écoute », m'a-t-elle chuchoté en la serrant très fort.

Nous sommes restés debout quelques secondes dans le silence glacé.

« Quoi ? ai-je fini par murmurer.

– On entend presque cette chanson de Cure que je t'ai mise sur le premier CD... Tu ne trouves pas ? » a-t-elle répondu à voix haute avant de chanter le premier couplet et d'éclater de rire. J'ai allumé la lampe, et nous sommes lentement repartis de Mumler.

« Nous sommes maudits, à présent », a déclaré Anna lorsque nous avons enfin laissé les arbres, l'obscurité et Cure derrière nous.

« Je suis prêt, ai-je marmonné. J'ai déjà l'impression d'être maudit.

– Ce n'est pas très gentil, ça. » Elle s'est avancée vers moi pour m'embrasser, très vite, puis elle est repartie en courant. Je me suis lancé à sa poursuite, le halo de la lampe braqué sur son dos, la lumière épousant les contours de ses vêtements noirs. Elle a quitté la route, puis s'est enfoncée dans la neige, vers le fleuve. « Traversons-le à pied ! s'est-elle exclamée.

– Ce n'est pas une bonne idée, ai-je rétorqué. Pas quand on vient d'être maudit.

– Tu crois qu'on devrait attendre une demi-heure ?

– Comme quand on veut aller nager après le repas ? ai-je maugréé.

– C'est toi qui as lancé l'idée. » Elle a posé un pied sur la surface gelée.

« Attendons au moins qu'il fasse jour.

– C'est ce que font tous les autres. » Elle a esquissé quelques pas supplémentaires. J'ai posé un pied à mon tour et pointé le faisceau de ma lampe sur la couche de glace. Une mince pellicule de neige la recouvrait. Je ne distinguais ni eau, ni trous pour canne à pêche, ni failles éventuelles, mais ça ne voulait pas dire qu'il n'y en avait pas, attendant leur victime sous le fragile opercule de glace. Anna avait déjà parcouru six ou sept mètres. Elle s'est retournée face à moi et m'a observé, ses mitaines noires levées devant son visage pour protéger ses yeux. « Viens, m'a-t-elle lancé en me voyant toujours cramponné sur la terre ferme. Suis-moi. »

J'ai soulevé le panier à pique-nique et, avec un grand moulinet du bras, je l'ai jeté devant moi sur la glace. Je pensais le faire glisser jusqu'à Anna pour tester la résistance de la glace, même s'il ne pesait qu'une fraction de mon propre poids. Mais le panier a dérapé sur quelques mètres avant de s'immobiliser, ralenti par la neige.

« Tu es vraiment maudit », a raillé Anna. Elle m'attendait, mais je lui ai dit de continuer. Inutile de doubler notre poids. Je connaissais cet endroit ; j'y avais fait du patin à glace, je l'avais traversé à pied des centaines de fois, mais toujours en pleine journée. Anna évoluait comme la reine des glaces, marchant avec assurance comme si elle faisait cela toutes les nuits, tandis que j'avançais prudemment, pas à pas, scrutant chaque nouveau centimètre qui nous séparait de la rive d'en face. Mon cœur cognait dans ma poitrine, et je voyais déjà la glace se briser sous nos pas et nous faire sombrer dans les eaux tumultueuses juste en dessous.

Nous avons enfin atteint l'autre rive, et je me suis précipité pour m'écrouler dans la neige. J'avais beau avoir marché avec une lenteur infinie, j'avais l'impression d'avoir couru un cent mètres. J'étais essoufflé, en nage. J'ai pointé le faisceau de la torche vers Anna, agenouillée à côté de moi ; elle affichait un sourire radieux, et la lumière ricochait sur son visage tandis que les étoiles éclaboussaient le ciel d'encre derrière elle.

« Alors, c'était pas génial ? » Elle avait raison ; j'avais cru mourir de peur, mais c'était la chose la plus incroyable qu'il m'avait été donné de vivre depuis bien longtemps.

7 février

« J'ai fini mes nécrologies, m'a annoncé Anna.

– La ville au grand complet ?

– Absolument tout le monde. Tu veux voir la dernière ? » Elle a pris son cahier et l'a feuilleté pour me le tendre à la bonne page. « Je sais que tu l'aimes beaucoup, c'est pour cela que ça m'a pris si longtemps. »

C'était la nécro de Mr Devon :

> « William Devon, ancien professeur d'arts plastiques et entraîneur sportif du lycée, a été retrouvé mort à son domicile à la suite d'un incendie ayant éclaté vers quatre heures du matin. Sa petite amie (et ancienne élève), Jana Chapman, a réussi à s'échapper par la fenêtre du premier étage, mais les pompiers n'ont rien pu faire pour sauver Mr Devon, qui dormait sur un canapé au rez-de-chaussée lorsque le feu s'est propagé dans la maison. Les circonstances du sinistre sont encore floues, et la police d'Hilliker fouille activement les décombres du 32, Eddowes Street. “La thèse de l'incendie accidentel ne tient pas, a déclaré l'inspecteur George Godley, et nous continuerons à travailler avec les sapeurs-pompiers et à enquêter sur les lieux jusqu'à ce que nous soyons en mesure de déterminer la cause exacte de la catastrophe.”

« Né le 3 juin 1969 à Tacoma, dans l'État de Washington, d'un père charpentier itinérant, William Devon avait passé son enfance à déménager avec sa famille, d'abord au Nouveau-Mexique, puis en Arizona, au Texas, en Arkansas et en Floride, avant même l'âge d'entrer au lycée. Il avait ensuite développé ses talents pour le football américain, la course et le base-ball à la Fort Kelly High School. Il excellait particulièrement au football, au point d'être nommé *running back* dans l'équipe de championnat junior pendant deux années de suite, en première et en terminale. En 1983, il avait battu le record de distance totale parcourue ballon en main de son lycée avec un total de 1 283 yards. Il avait notamment marqué cent trente points au cours de cette saison, et parcouru un total de 307 yards ballon en main en un seul match contre Stride[1]. Pendant le premier quart-temps, Devon avait perdu quatre dents et son casque au cours d'une mêlée, mais avait continué à courir sur une quinzaine de mètres avant d'être taclé et de recevoir un coup de casque adverse en pleine bouche. Malgré sa blessure, Devon avait poursuivi le match jusqu'au bout.

« Diplômé de l'École de design de Rhode Island en 1992, il avait ensuite passé deux années à étudier et à voyager en Europe avant de rentrer aux États-Unis, où il avait débuté sa carrière dans l'enseignement en 1996.

« Mr Devon s'était vu contraint de quitter son poste après une série de scandales dans sa classe, et après que la section sport eut été jugée trop turbulente pour l'administration de l'établissement. Il venait tout juste d'effectuer un voyage de deux mois avant de s'installer avec miss Chapman dans Eddowes Street. »

---

1. Au football américain, le terrain est divisé en dix segments mesurant 10 « yards » chacun (1 « yard » correspondant à environ 1 mètre). Le but pour le joueur en possession du ballon est de franchir le plus grand nombre de yards sans se faire reprendre la balle par l'adversaire.

« C'est un peu raide, non ? ai-je commenté.

– Pas du tout, a répliqué Anna avant de me reprendre le cahier des mains. Je ne modifierai rien. Mes textes sont achevés. »

Je ne savais pas quoi dire. J'ai jeté un coup d'œil à sa pile de cahiers. « Combien, au total ?

– Mille cinq cent seize. C'est-à-dire tous les habitants de cette ville, lycée y compris, ainsi que les conducteurs de bus et tous ceux qui viennent travailler ici mais vivent ailleurs.

– Bien. Et maintenant ?

– Aucune idée. Ça a été beaucoup plus rapide que prévu. J'ai mis plus de temps, la dernière fois, mais il y avait plus de monde et je n'avais personne pour m'aider.

– Tu as déjà fait ça avant ? Et qu'est-ce qui s'est passé ?

– Les gens se sont mis à mourir exactement comme je l'avais décrit. »

Ses pupilles étaient noires, immobiles. Impossible de savoir si elle blaguait, et impossible de savoir si j'étais censé rire ou non. Je suis donc resté assis sans rien dire, son cahier posé sur mes genoux. Quand je le lui ai rendu, elle est devenue hilare.

« Je n'ai pas provoqué leur mort, allons ! Les gens meurent, c'est comme ça. Et dans ces cas-là, il leur faut une nécrologie. »

Je suis sorti par la porte du sous-sol un peu avant minuit. Anna m'a embrassé. « Avec ce baiser, je te passe la clé, m'a-t-elle murmuré.

– Qu'est-ce que ça veut dire ?

– C’est comme ça que les magiciens, Houdini par exemple, se procuraient la clé ou le crochet pour ouvrir la serrure pendant leurs tours. Leurs assistants leur faisaient un baiser à la dernière minute et leur refilaient discrètement la clé.

– Je n’ai rien reçu, ai-je objecté.

– La prochaine fois, peut-être. »

..

Il s’était remis à neiger. Une fine poudre sèche soufflait le long des rues et des trottoirs comme du sable et formait de mini-dunes contre les roues des voitures. J’ai repris mon trajet habituel, coupant à travers les jardins pour gagner du temps dans le froid mordant et laissant derrière moi une nette série d’empreintes. S’il neigeait toute la nuit, elles disparaîtraient peut-être. J’ai jeté le mouchoir en papier avec le préservatif et son emballage dans la poubelle de Mrs Owen. C’était devenu un rituel.

Je me suis réveillé en sursaut pendant la nuit. J’ai cru que mon téléphone avait sonné, mais quand j’ai vérifié, il n’y avait rien. Fausse alerte. Je suis descendu à la cuisine me chercher un verre d’eau. Il était quatre heures passées de quelques minutes, et pas moyen de fermer l’œil. Je suis remonté dans ma chambre pour lire jusqu’à me rendormir enfin.

Mon père est entré dans ma chambre pour me dire de me réveiller. J’ai soulevé ma tête de l’oreiller et regardé mon réveil. « Il est trop tôt, ai-je marmonné. Encore une heure.

– Mr et Mrs Cayne sont là, a-t-il rétorqué. Ils sont inquiets à cause d'Anna. »

Je me suis frotté les yeux et je les ai vus tous les trois au pied de mon lit, mon père devant et les parents d'Anna derrière. « Qu'est-ce qui se passe ? ai-je balbutié.

– Anna n'était pas à la maison, ce matin, m'a expliqué Mr Cayne. Nous aimerions que tu nous racontes ce que vous avez fait hier soir. »

Mrs Cayne a rapproché mon fauteuil de bureau du lit, et mon père a ôté les vêtements de mon autre fauteuil pour l'installer à côté. Mr Cayne s'est assis près de sa femme et ils m'ont regardé fixement, tous les deux. Je sais que c'est moche de penser à des trucs pareils dans les moments graves, et je ne devrais sans doute pas le raconter, au risque de donner une mauvaise image de moi, mais en les observant tous les deux plantés là devant moi, Mrs Cayne avec sa touffe de cheveux et Mr Cayne avec son crâne d'œuf, ça a été plus fort que moi : j'ai essayé de m'imaginer la tête de Mr Cayne avec les cheveux de sa femme. J'ai dû me détourner pour ne pas pouffer de rire devant eux, et je suis sûr qu'ils ont cru que je leur cachais quelque chose, ou que j'étouffais un sourire en coin au souvenir d'une anecdote secrète concernant leur fille. Je ne savais absolument pas de quoi ils parlaient.

« Je ne comprends pas, ai-je bafouillé. On était chez vous, hier soir. Je l'ai quittée là-bas.

– À quelle heure ? a voulu savoir Mr Cayne.

– Vers vingt-deux heures, par là...

– Elle n'est pas sortie avec toi, pour te raccompagner ou faire un bout de chemin ?

– Non. Je suis passé par la porte du sous-sol, et elle est restée à l'intérieur.

– T'a-t-elle dit si elle avait l'intention de se rendre quelque part ? m'a interrogé Mrs Cayne.

– Non, rien du tout.

– Tu n'as aucune idée de la raison pour laquelle elle ne se trouvait pas dans sa chambre, ce matin ?

– Non.

– Que faisiez-vous hier soir ?

– Rien de spécial. On est restés au sous-sol. On a écouté la radio, on a joué au billard, bu du soda...

– Vous ne vous êtes pas disputés, accrochés sur un sujet qui aurait pu la contrarier ?

– Non. On ne se dispute jamais.

– Il s'est passé autre chose, a insisté Mrs Cayne. Quoi donc ?

– Mais rien. » Je sentais le rouge me gagner depuis les tréfonds de mon estomac, et j'ai tenté de prendre une grande inspiration discrète pour empêcher la honte du mensonge de s'étaler sur mon visage.

« As-tu eu des rapports sexuels avec Anna ? m'a demandé Mrs Cayne.

– Non. » J'ai cru que j'allais m'évanouir, tomber de mon lit et rouler à terre, inconscient. J'aurais préféré que ça m'arrive, d'ailleurs. Ç'aurait sans doute été moins pire.

Mrs Cayne avait l'air furieux. Elle était restée relativement calme, tout compte fait – elle était nerveuse, angoissée par la disparition de sa fille, mais ce n'était pas comme si elle hurlait ou marmonnait des propos incohérents. Pourtant, cette fois, elle était vraiment hors d'elle.

« Qu'est-ce que c'est que ça, alors ? a-t-elle mugi pendant

que son mari sortait un emballage de préservatif déchiré de sa poche.

– Nous l'avons trouvé au sous-sol, près du canapé. Ce matin », a ajouté Mr Cayne.

Mon cerveau s'est paralysé. Pétrifié comme un ordinateur en plein bug, l'écran bloqué. Mon visage devait ressembler à un masque figé, écrevisse. Je voyais bien que mon père et les Cayne me voyaient rougir, mais mon esprit, lui, turbinait à toute allure. Comment avaient-ils pu trouver un emballage de capote ? Je l'avais emmené avec moi pour le jeter. Il n'y avait aucun doute possible. Je l'avais vu au fond de la poubelle. Une partie de moi voulait se ruer hors de ma chambre et de la maison pour fouiller la poubelle de Mrs Owen et confirmer ce que je savais être la vérité. Mais que fallait-il comprendre ? M'avaient-ils suivi ? Anna avait-elle vu quelqu'un d'autre après mon départ ? Avait-elle placé l'emballage exprès pour que ses parents le retrouvent ? Ou bien était-ce du bluff de leur part ? Rien n'avait de sens.

Mr et Mrs Cayne avaient toujours les yeux braqués sur moi. Mon père restait debout, lui aussi, à me regarder fixement. Ils n'étaient pas contents. Moi non plus.

« Eh bien, fiston ? a déclaré mon père. Nous savons tous ce qui s'est passé, alors agis en adulte et reconnais les faits.

– On prenait nos précautions », ai-je répondu en me tournant vers Mrs Cayne. Elle m'a giflé en pleine bouche et s'est mise à vociférer. Je savais que ce n'était pas la chose à dire, mais je ne m'attendais pas à une telle réaction. Je ne me rappelais pas m'être jamais fait frapper auparavant. Mes parents devaient bien me donner la fessée quand j'étais petit, mais je n'en ai gardé aucun souvenir. Je ne m'étais jamais battu à l'école, et je n'avais jamais rien fait pour m'attirer la rage ou les coups de qui que ce soit, encore moins d'une femme adulte. Et voilà que Mrs Cayne venait de me gifler de toutes ses forces, en pleine face, et que personne ne disait rien. J'ai posé ma main moite et glacée sur ma joue brûlante. Mon père n'a pas pipé mot, Mr Cayne non plus. Ils se contentaient de m'observer, assis là sur mon lit, la moitié gauche de mon visage écarlate et honteuse.

Mr Cayne a fini par reprendre la parole. « Y a-t-il autre chose dont tu puisses nous informer ? Un indice quelconque sur l'endroit où a pu se rendre Anna ?

– Je ne sais rien, lui ai-je répondu. J'aimerais, mais je ne sais pas quoi vous répondre. Elle ne m'a rien dit.

– A-t-elle déjà fugué comme cela, auparavant ? a voulu savoir mon père.

– Non, jamais.

– Son manteau a disparu, mais rien d'autre ne semble manquer dans ses affaires, a ajouté Mr Cayne. À part son téléphone, peut-être, mais elle ne décroche pas.

– Ou est dans l'impossibilité de le faire, a nuancé Mrs Cayne. Nous devrions peut-être alerter la police.

– Ils vont certainement vous conseiller d'attendre, a répliqué mon père. Au moins aujourd'hui. Pour voir si elle revient.

– Je préférerais quand même les appeler », a insisté Mrs Cayne.

Mon père les a emmenés vers le téléphone.

Il est revenu, seul. « Tu ne sais vraiment pas où elle se trouve ?

– Je t'ai dit que non. J'aimerais bien le savoir.

– Je t'ai entendu, cette nuit, a-t-il poursuivi. Vers quatre heures. Que faisais-tu ?

– Je suis allé boire un verre d'eau.

– En bas ?

– Je n'arrivais pas à dormir.

– Elle n'était pas ici, dis-moi ? Tu ferais mieux de m'avouer tout de suite ce que tu sais. Ce n'est ni une blague ni un jeu – c'est sérieux. La police est prévenue. Si tu la couvres ou si tu caches quelque chose, je te conseille d'arrêter immédiatement.

– Je te dis la vérité, p'pa. Je ne sais rien. »

Debout sur le pas de la porte, il m'a jeté un regard sombre, tâchant d'évaluer si je lui mentais ou non. « Très bien. Alors lève-toi et prépare-toi pour aller en cours. » Il a tourné les talons et est descendu au rez-de-chaussée.

J'ai attrapé mon portable pour composer le numéro d'Anna. Pas de réponse. J'ai vérifié l'historique des appels pour voir si elle avait tenté de me joindre.

Rien.

J'ai dû me traîner jusqu'au lycée et supporter chaque cours, du début à la fin. Personne n'écoutait vraiment, de toute façon ; tout le monde attendait que le proviseur fasse une annonce ou que quelqu'un déboule en annonçant qu'on l'avait retrouvée. Je ne pouvais pas m'empêcher de me dire qu'elle allait surgir en classe d'un moment à l'autre et nous prendre par surprise. Partout les gens parlaient, émettaient des hypothèses, mais personne ne m'adressait la parole. À l'exception de Carl. Il ne savait rien, mais d'après lui la plupart des gens pensaient qu'elle avait fugué de chez elle. D'autres parlaient de kidnapping. Certains même d'enlèvement extraterrestre. À en croire Carl, ils ne plaisantaient même pas. Il y avait aussi des gens qui pensaient que j'étais impliqué et que je n'avais rien à faire en cours. Que je devrais être bouclé au poste, avec les flics. Ça ne m'était pas venu à l'idée avant que Carl n'en parle. « Qui raconte ces conneries ? Melissa ? » Ce n'était pas Melissa. Elle ne disait rien.

La journée s'est achevée et les élèves ont commencé à rentrer chez eux. Il n'y avait toujours pas de nouvelles. Je me suis dirigé vers la classe de Mr Devon. Il était en train de charger des pellicules dans des appareils photo. Je me suis assis et je l'ai regardé faire un moment. Il ne disait rien, et moi non plus. C'est ce que j'appréciais chez lui.

J'ai fini par ouvrir la bouche. « Qu'est-ce que je peux faire ? »

Il comprenait parfaitement ce que j'entendais par là. Il a secoué la tête. « Attendre. C'est ce qu'il y a de plus difficile pour l'instant.

– Qu'en disent les profs ?

– Nous espérons tous un dénouement heureux. »

J'ai attendu, dans l'espoir qu'il lâche autre chose que ces stupides banalités officielles et politiquement correctes, mais il n'a pas ajouté un mot de plus.

« C'est de votre faute, ai-je déclaré.

– Comment ça ?

– Je l'avais rencontrée à la bibliothèque. »

Nous avons un peu ri tous les deux. Puis je suis reparti. « Si vous entendez parler de quoi que ce soit, vous me préviendrez ? lui ai-je demandé une fois sur le pas de la porte. Je sens que je vais être le dernier à savoir.

– Je t'appelle dès que j'ai du nouveau », m'a promis Mr Devon.

Il faisait presque nuit dehors quand j'ai repris le chemin de la maison. J'avais déjà franchi une ou deux intersections quand une voiture a brusquement pilé à ma hauteur et que son conducteur a baissé sa vitre. C'était Kevin Hermanson, un élève de terminale. « On a retrouvé ta copine près du fleuve, m'a-t-il lancé. Morte. » Il semblait tout excité, hurlant à moitié derrière le volant. Puis il a rentré sa tête à l'intérieur et a redémarré. Je suis resté là, sans bouger, fixant du regard l'endroit où venait de se matérialiser la tête de Kevin Hermanson.

Je suis reparti vers le lycée en courant. La porte que j'avais franchie il y a quelques minutes était déjà fermée, si bien que j'ai dû contourner le bâtiment pour rejoindre directement le bureau de Mr Devon. Il y avait encore de la lumière, j'ai cogné comme un fou à sa fenêtre. Il est apparu derrière la vitre et m'a fait signe de me rendre à l'entrée principale. Je m'y suis précipité pour l'attendre.

« Kevin Hermanson vient de me dire qu'on l'avait retrouvée morte près du fleuve. »

Mr Devon m'a pris dans ses bras et m'a serré contre lui. C'était l'un de ces gestes où il est impossible de dire si l'autre fait ça pour vous consoler ou pour se réconforter lui-même.

« Laisse-moi te ramener chez toi, m'a-t-il dit.

– Emmenez-moi là-bas.

– Ce n'est pas une bonne idée.

– Alors j'irai par mes propres moyens. »

Il n'avait aucune envie d'y aller, mais il ne tenait pas non plus à me voir m'y rendre seul. Lentement, il a enfilé son manteau tout en essayant de trouver une échappatoire. « Je devrais peut-être te ramener chez toi d'abord », a-t-il tenté. J'ai fait non de la tête. « Très bien », a-t-il soupiré. Et, ensemble, nous avons pris la direction du fleuve.

L'endroit était désert quand nous sommes arrivés. Je m'attendais à trouver des ambulances, des voitures de flic et une foule de gens venus voir le corps noyé d'Anna, mais il n'y avait que le fleuve. Il faisait déjà nuit noire, et Mr Devon a continué à rouler jusqu'à ce que nous apercevions un véhicule de police garé le long de la route, juste au-dessus de la rive. Il s'est arrêté et m'a ordonné de rester là, puis est allé parler à l'agent assis dans sa voiture. Quand il est revenu, quelques secondes plus tard, il m'a dit : « Suis-moi. » Il a laissé ses phares allumés et a pris une lampe de poche.

Nous avons descendu le petit talus jusqu'au rivage. Des rubans de plastique jaune zigzaguaient entre les arbres, bloquant l'accès aux abords immédiats du cours d'eau gelé. Mr Devon a balayé la glace du faisceau de sa lampe et nous avons aperçu un trou, quasiment à mi-largeur. La couche de neige qui recouvrait la glace laissait apparaître une multitude de traces et d'empreintes de pas, signe d'une activité intense entre le trou et l'endroit où nous nous trouvions.

Au bout de quelques minutes, j'ai entendu quelqu'un venir vers nous. Le halo d'une seconde lampe torche nous a aveuglés avant d'aller éclairer la glace. C'était un autre policier.

« Nous allons te ramener chez toi », m'a-t-il déclaré.

...

J'ai tout expliqué aux flics ; eux ne m'ont quasiment rien dit. Je leur ai raconté que nous avions traversé le fleuve gelé à pied en pleine nuit. Je leur ai parlé d'Anna et moi, de notre dernière soirée ensemble avant sa disparition. Je leur ai parlé du préservatif, et de l'emballage que Mr Cayne avait sorti de sa poche comme par magie. Nous étions assis dans le salon pendant que ma mère faisait du café pour ces messieurs. Elle a reporté le dîner à plus tard, et je leur ai tout dit. Presque tout. Je ne leur ai pas parlé du code.

Mon père voulait faire appel à un avocat pour officialiser les choses, mais je n'en voyais pas l'intérêt. Je n'avais rien à cacher. « Dès que tu parles à la police, c'est terminé, a-t-il rétorqué. Ta version est inscrite noir sur blanc. Tu ne peux plus revenir dessus. Tu connais la réplique "Tout ce que vous direz pourra être retenu contre vous" ? C'est exactement ça. »

Je n'avais qu'une seule version à raconter, la vérité. Pourquoi revenir dessus ? Je voulais me rendre utile. Je me disais que ça pourrait aider.

Je leur ai parlé de ses cahiers, et du fait qu'elle passait son temps à écrire des nécrologies. Ils semblaient très intéressés par ce détail. Ils m'ont demandé à quoi ressemblaient ces cahiers, combien il y en avait, ce genre de choses. Ils ne les avaient pas retrouvés dans ses affaires. Je me suis demandé si elle les avait emportés. À moins qu'elle ne les ait cachés, ou détruits.

Je leur ai parlé des marques bizarres que j'avais aperçues

sur son corps, les bleus, les cicatrices. Je ne leur ai pas parlé des entailles sur ses bras. Ils devaient déjà le savoir, s'ils avaient vu son cadavre. Ils devaient penser qu'elle avait des tendances suicidaires. Je refusais de souscrire à cette hypothèse. Ça n'avait aucun sens. Anna était d'une curiosité insatiable. Elle lisait sans arrêt, elle écoutait de la musique, regardait des tonnes de films et était constamment sur le Net pour se chercher de nouveaux bouquins à lire, de nouveaux disques à écouter, de nouvelles choses à voir. Il n'existait rien au monde qu'elle n'ait pas envie de connaître. Je voyais mal quelqu'un doté d'une telle soif d'explorer le monde tout faire pour le quitter. Ça ne collait pas.

Ma mère s'est tournée vers les policiers. « Qu'en pensez-vous ? » leur a-t-elle demandé. Ils n'ont pas répondu. « Pourquoi ne pas vous rendre chez les Cayne pour leur poser toutes ces questions ?

– Nous parlons à tout le monde », a rétorqué l'un deux. Ma mère était sur le point de répondre, mais la main de mon père sur son épaule l'a stoppée dans son élan.

« Que pouvez-vous me dire sur ce qui s'est passé ? » leur ai-je demandé.

L'un des officiers de police prenait des notes dans un carnet à spirales. La tête baissée, il continuait à griffonner puis, d'un clic, il a refermé son stylo, l'a glissé dans les spirales de son carnet et a remisé le tout dans la poche de son blouson en cuir. J'ai réalisé que je n'avais pas ôté mon manteau. Je n'avais pas chaud ; en fait, j'avais toujours aussi froid. Je crois aussi que j'avais envie de café, mais je n'en avais jamais bu de ma vie et je ne pouvais me résoudre à en réclamer une tasse. Je devais attendre la réponse de l'officier. Il s'est appuyé d'une main, la droite, sur la table et a longuement observé son poignet comme pour analyser la façon dont il supportait le poids de son corps tout entier. Il a ensuite dévisagé son coéquipier, puis mes parents.

« Ça n'a rien d'officiel, a-t-il déclaré, mais nous pensons qu'Anna Cayne s'est noyée. Nous avons entamé les recherches pour retrouver son corps.

– Hein ? Mais je pensais que vous l'aviez déjà retrouvée...

– Non. Pas encore.

– Alors qu'y avait-il sur la glace ? »

Ils n'avaient absolument pas retrouvé son corps. Seulement sa robe, soigneusement étalée au bord d'un trou creusé au milieu du fleuve, dans la position de quelqu'un qui s'est allongé pour regarder dans l'eau. « Comme c'est étrange », a bredouillé ma mère. L'officier n'a pas répondu, mais ses yeux sont passés de ma mère à moi.

« Elle s'est donc suicidée, a conclu mon père.

– Nous n'avançons aucune hypothèse à ce stade, est intervenu l'autre policier. Il nous faut d'abord retrouver le corps, et alors seulement l'enquête pourra commencer. »

Ils sont partis, et ma mère a ramené les tasses à la cuisine. Mon père est resté assis à table, ses deux mains pressées devant lui. « Tu ne sais rien de plus ? m'a-t-il demandé.

– Quelqu'un m'a dit qu'on avait retrouvé le corps, lui ai-je répondu.

– Tu pensais qu'ils le retrouveraient ?

– Je ne pensais rien du tout. Je ne sais rien. J'aimerais bien, mais je ne sais rien.

– C'est ta version officielle ?

– Ce n'est pas une *version*, ai-je rétorqué.

– Je t'ai vu mentir devant les Cayne ce matin, a répliqué mon père. J'espère ne pas t'avoir vu mentir devant la police ce soir.

– J'ai dit la vérité. Tout ce que je sais, et tout ce qui est arrivé.

– Espérons-le. »

...

J'ai fait un rêve à propos d'Anna. Ou d'un livre. Ou les deux. Il y avait un livre dans mon rêve, et son prénom apparaissait à l'improviste sur chaque page avant de s'effacer. Je tournais une page et son nom était là, sautillant dans tous les sens, comme un corps flottant qui se déplace dans votre œil chaque fois que vous essayez de le fixer, fuyant et tremblotant, avec toujours un cran d'avance sur vous. Le livre n'avait ni queue ni tête, les chapitres et les pages étaient dans le désordre, mais je le feuilletais obstinément dans l'espoir d'y trouver une signification, un sens. Carl et Claire étaient dans mon rêve eux aussi, ils me demandaient tout à coup ce que j'étais en train de faire. J'essayais de leur expliquer pour Anna, mais ils ne comprenaient pas de quoi je parlais. « Tu ne lis pas », me disait Claire. « Tu ne sais pas lire, renchérissait Carl.

– C'est faux, protestais-je. On a lu Sherlock Holmes ensemble.

– Je m'en souviens. À ton avis, qui est le plus intelligent, Sherlock Holmes ou sir Arthur Conan Doyle ?

– Tu n'arrives pas à concevoir quelqu'un de plus intelligent que toi, hein ? raillait Claire.

– Non », lui répondais-je, et quand je baissais le regard, les pages du livre étaient vides.

En ouvrant les yeux, le lendemain, j'étais stupéfait. Choqué que le monde continue à tourner, choqué de me réveiller comme chaque matin. Je n'ai pas pensé une seconde que la journée de la veille n'avait été qu'un rêve, ou ce genre de salade ; j'étais bien trop conscient de ce qui s'était passé. Elle était partie. Elle m'avait été enlevée. Elle avait disparu. Peut-être morte, ou peut-être que non, mais elle n'était plus là. Voilà ce qui me paraissait choquant. Autour de moi, tout semblait d'une banalité discordante. Comment le monde pouvait-il continuer sa course comme si de rien n'était, alors qu'il venait de se produire un événement si terrible ? Les choses auraient dû s'arrêter, le temps que la situation s'éclaircisse. Tout le monde devrait être au bord du fleuve en train de fouiller, de briser jusqu'au dernier centimètre de glace et de filtrer la moindre goutte d'eau jusqu'à ce qu'on la retrouve. Mais ça ne se passait pas comme ça. Mon père finissait de se préparer dans la salle de bains, comme tous les matins, peignant soigneusement ce qui lui restait de cheveux, ajustant sa cravate et époussetant son costume. Ma mère était dans la cuisine, à boire le café que mon père avait programmé la veille pour être lancé à sept heures trente précises. Tout semblait programmé, d'ailleurs. Mon père s'est douché, rasé et il est parti au travail comme à l'ordinaire, ma mère s'est activée ou non aux tâches auxquelles elle s'activait ou non d'habitude, et j'ai dû me rendre au lycée. Un cataclysme avait ébranlé le monde hier, mais aujourd'hui le monde retrouvait son cours normal. Peut-être le monde était-il déjà trop blasé. Pourtant, à mes yeux, il n'était pas assez malheureux.

J'avais peur de n'être pas assez malheureux.

Avant ce jour, je m'étais toujours figuré qu'il fallait de la force pour se relever d'une tragédie, mais je découvrais à présent que c'était plutôt une question de faiblesse. Refusant d'affronter ce qui s'était passé, ou de seulement me l'imaginer, je me suis efforcé de tout ignorer. Je ne suis pas monté au second étage avant le début des cours ; je n'avais aucune envie d'entendre les élucubrations de Bryce. À la place, j'ai arpenté le rez-de-chaussée à la recherche de Bill Godley. Il se rendait en salle d'appel, et je l'ai arrêté pour lui demander ce qu'il savait. « Oh, pas grand-chose », m'a-t-il répondu. Il en savait quand même un peu plus que les autres. Il m'a appris qu'un groupe de gens travaillait d'arrache-pied aux abords du fleuve, flics, pompiers volontaires ainsi que deux équipes de secours des villes avoisinantes, tous lancés à la recherche d'Anna. D'après lui, son père était intrigué par le fait qu'ils n'aient retrouvé que sa robe. « Pas de manteau, pas de chaussures, a ajouté Billy. Et pas de cadavre. Mais c'est peut-être une bonne nouvelle. »

le chagrin, ça vous flingue

Je n'y étais pas, et pourtant impossible de m'enlever l'image de la tête. Dans un film ou un comics, cela aurait donné un plan en hauteur du fleuve recouvert de neige avec la robe noire soigneusement étendue sur la glace, le bas de la jupe arrondi en un arc majestueux et les bras levés de chaque côté. Une sorte d'ange noir dans la neige, le cou posé au bord du trou déchiqueté dans la glace, comme pour attirer l'attention sur le courant tumultueux en dessous. C'était une vision superbe, et – je peux le dire, la connaissant – Anna l'aurait admirée, elle aussi ; j'ai repensé à cette mise en scène, à la composition parfaite de cette image, et je me suis demandé si elle n'y était pas un peu pour quelque chose. Je restais perplexe, cela dit. Pourquoi manquait-il sa veste et ses chaussures ? Elle n'aurait pas fait tout ce trajet dans la neige depuis chez elle et sur le fleuve gelé, pieds nus et sans manteau. « Ils sont peut-être partis avec elle », avait suggéré Billy. Il voulait dire par là qu'elle avait fugué, mais je ne pouvais m'empêcher de la voir disparaître dans ce trou, telle Alice basculant à travers le miroir, et s'enfoncer lentement dans l'eau glacée, emportée par le poids de ses bottes.

Après les cours, je suis parti marcher le long du fleuve. Carl m'avait promis de m'accompagner, mais il avait été retenu par un deal de dernière minute, et Bryce emmenait Claire et les autres gothiques en bagnole. Je n'avais aucune envie de monter avec lui. Un cortège de voitures semblait se diriger exactement au même endroit, élèves de terminale, parents et toutes sortes de gens qui n'avaient rien à faire là non plus. Tous venaient jouer les voyeurs, même s'il n'y avait plus grand-chose à voir. La robe avait été enlevée, et le trou dans lequel était tombée Anna avait disparu. Seules restaient les bandelettes en plastique jaune. Les flics avaient dû installer des barrières pour maintenir la foule à distance. L'équipe de secours avait fait venir une excavatrice afin de percer la couche de glace et envoyer des Zodiacs sur le fleuve pour commencer les recherches. Les Zodiacs étaient déjà là quand je suis arrivé, avec à leur bord des hommes en veste rouge qui enfonçaient de grandes perches dans l'eau tout en scrutant attentivement la surface. Quelqu'un a dit qu'ils étaient là depuis le matin. Un autre qu'ils ne reviendraient pas le lendemain. Un autre encore que l'eau gèlerait de nouveau pendant la nuit. Sur ce point, il se trompait ; la couche de glace s'est bien reformée, mais seulement quelques jours plus tard, au point que le promeneur non averti n'aurait jamais soupçonné qu'il s'était passé quelque chose à cet endroit : plus de foule, plus de barrières, plus de bandelettes jaunes, plus de trou. Il ne restait que la glace, la neige et le froid. Le paysage avait repris son apparence initiale, comme si nous avions remonté le temps, avant que tout bascule.

Le casier d'Anna s'est transformé en autel. Les gens venaient y scotcher des poèmes, des prières et des morceaux de rubans jaunes. Des fleurs et des bougies jonchaient le sol. Cet amoncellement a fini par prendre une telle ampleur qu'un communiqué a expressément demandé aux élèves de ne plus entraver la circulation dans le couloir. Une zone officielle a été désignée devant le bureau du proviseur pour recueillir toute la détresse du lycée : une grosse boîte en carton surmontée d'un panneau « A. Cayne » écrit à la main. C'était à mourir de rire. Carl a surpris le concierge en train de déménager les objets qui se trouvaient au pied du casier d'Anna dans le carton avec une pelle. « La même que celle qu'il utilise pour déblayer la neige du trottoir, a-t-il précisé.

– Anna va balancer tout ça dès son retour, c'est sûr. »

Une veillée a été organisée sur la berge du fleuve. Malgré la température glaciale, largement en dessous de zéro, près d'une centaine de personnes sont venus jeter des bouquets de fleurs sur le fleuve ou les empiler sur le rivage enneigé. J'ignore qui avait organisé l'événement, ou encore comment les gens s'étaient passé le mot, mais ils étaient là. Les flics tentaient d'éloigner la foule du bord, mais Bryce s'est forcé un passage pour aller poser une bougie allumée sur la glace. D'autres l'ont suivi, et bientôt des dizaines de flammèches se sont mises à vaciller dans le noir, non loin de l'endroit où elle avait disparu. Finalement, l'un des agents est intervenu. « Veuillez reculer jusqu'à la rive, s'il vous plaît. Reculez jusqu'à la rive. Nous ne voulons pas d'autres accidents. » Le message est passé, visiblement.

Mr et Mrs Cayne étaient là. Ils sont d'abord restés un peu à l'écart, puis Mrs Cayne est descendue jusqu'au bord et s'est immobilisée devant les barrières bleues. Les flammes des bougies au milieu de la foule projetaient une lueur pâle sur son visage. En sanglotant, elle a pris la parole pour remercier les gens de leur présence et de leur soutien à elle et à son mari. « Nous avons encore l'espoir qu'Anastasia soit en vie, a-t-elle déclaré. Nous avons encore l'espoir qu'elle nous soit rendue saine et sauve. »

Bryce est venu jusqu'à elle et l'a enveloppée d'un bras rassurant. On aurait dit une immense tour sombre plantée juste derrière elle, avec son long manteau et sa casquette noire vissée sur son crâne rasé. Il avait eu la présence d'esprit de ne pas se mettre du côté de la folle crinière de Mrs Cayne. « Je voudrais juste assurer aux Cayne que nous sommes de tout cœur avec eux », a-t-il déclaré, mais il était clair qu'il parlait pour lui et pas au nom d'un groupe. Il a évoqué son accident de voiture, le fait que tout le monde considérait comme miraculeux qu'il en soit sorti presque indemne, et qu'il était sûr qu'un tel miracle se produirait pour les Cayne.

Je n'en croyais pas mes oreilles. J'avais à la fois honte de lui et pour lui. Il n'avait rien à faire là. Et puis j'ai réalisé que les gens s'attendaient peut-être à ce que je prononce quelques mots. J'ai senti le rouge me monter aux joues et je me suis éclipsé à l'arrière de la foule, en priant pour que personne ne fasse la moindre remarque. Personne n'a rien dit, et l'attroupement a commencé à se disperser très lentement. Certaines personnes s'approchaient des Cayne au passage pour leur parler tout bas, l'air grave.

J'avais regagné la route et je m'apprêtais à prendre le raccourci habituel pour rentrer chez moi quand j'ai entendu la voix de Mr Cayne : « Tu as besoin qu'on te ramène ? »

En levant les yeux pour voir à qui il s'adressait, j'ai réalisé qu'il m'observait derrière le volant de sa voiture. Comme je ne faisais pas mine de bouger, il m'a fait signe d'approcher avec son gant. Je n'avais aucune envie de monter avec lui ; pour moi, sa femme et lui étaient en partie responsables de ce qui était arrivé à Anna. Pas directement, certes, mais ils s'étaient mal occupés d'elle, l'avaient mal surveillée, mal protégée. N'était-ce pas le rôle des parents ? Mr Cayne m'a de nouveau fait signe, et je me suis dirigé vers sa voiture à contrecœur. Mrs Cayne était assise à côté de lui, le regard figé droit devant elle.

« Il fait trop froid pour marcher », m'a dit Mr Cayne.

Incapable de trouver un prétexte, je suis monté à l'arrière. Mrs Cayne n'a pas bougé. Nous avons roulé sans un mot jusqu'à ce que Mr Cayne brise le silence.

« C'était bien.

– C'était si gentil de la part de Bryce, a ajouté Mrs Cayne.

– Y a-t-il du nouveau ? » leur ai-je demandé.

Ils ne savaient rien que je ne savais déjà, ou en tout cas ne m'en ont pas parlé. Je ne pouvais m'empêcher de me sentir suspicieux, de me méfier du moindre de leurs propos et de leurs gestes. J'étais celui qui leur avait menti, et voilà que je ne leur faisais pas confiance. La différence étant que je savais que je n'avais rien à voir avec la disparition d'Anna ; pour eux, c'était loin d'être le cas. Je ne savais rien. Et au fond je ne savais rien d'eux.

Mr Cayne s'est garé devant chez moi, et je suis sorti de la voiture. Il est sorti à son tour et m'a rejoint sur le trottoir en passant devant le double faisceau des phares.

« Ma femme n'a encore pas digéré le choc, m'a-t-il déclaré en s'excusant presque.

– C'est bien normal. »

Il a acquiescé rapidement. « Je ne dis pas que je l'ai digérée. Ma colère contre toi, je veux dire. Pour l'autre soir. Mais je tiens à ce que tu saches que nous pensons à toi, et que nous savons que c'est dur pour toi aussi.

– Merci. Je peux vous poser une question ?

– Bien sûr.

– Savez-vous si Anna a emporté quelque chose avec elle ?

– Je dirais que non. Même son sac à dos est resté suspendu à sa chaise. Mais nous ne pensons pas qu'elle se soit enfuie. C'est ce que tu penses, toi ?

– Non. » De toute évidence, j'aurais mieux fait de me taire.

« Nous te préviendrons si nous avons du nouveau, et nous espérons que tu feras la même chose.

– C'est promis. » Il a tendu le bras et m'a brièvement tapoté l'épaule avant de regagner précipitamment sa voiture. Mrs Cayne regardait toujours fixement droit devant elle.

J'ai réalisé qu'il existait désormais un point commun entre mes parents et les Cayne : ils avaient tous perdu une fille. Cela aurait peut-être dû les rapprocher – et pourquoi pas ? ai-je pensé. Mes parents seraient peut-être même en mesure de les réconforter, mais il ne fallait sans doute pas trop en demander. J'ignore moi-même si mes parents avaient trouvé l'apaisement, au bout du compte. Les Cayne se débrouillaient sûrement mieux tout seuls. Je les imaginais s'inspirer du modèle de mes parents et devenir peu à peu comme eux, passifs, repliés sur eux-mêmes, tranquillement retirés du monde.

Je suis entré, j'ai avalé mon dîner et suis monté dans ma

chambre. Au bout d'un moment, ma mère est venue et m'a annoncé que Mr Cayne me demandait au téléphone. « Je voulais te dire que je viens de fouiller une nouvelle fois la chambre d'Anna, m'a-t-il expliqué. Il est possible qu'elle ait pris son sac à main et son téléphone. J'ai vérifié auprès de la police, et ils n'ont retrouvé ni l'un ni l'autre près du fleuve. » Il a ajouté qu'il avait appelé son portable et n'avait obtenu aucune réponse – mais fallait-il s'en étonner ? ai-je songé. J'ai passé la nuit à composer son numéro, rien que pour écouter le son de sa voix répéter : « Désolée de ne pas pouvoir vous répondre pour l'instant, mais laissez-moi un message et je vous rappellerai. » Ça sonnait comme une promesse.

à jamais,

Restait le problème du corps. On ne l'avait toujours pas retrouvé, et je me demandais encore combien de temps cela prendrait. Si Anna était tombée dans le trou, que pouvait-il bien lui être arrivé ? Avait-elle été emportée par le courant sous la glace ? Jusqu'où le fleuve était-il gelé ? J'ai consulté une carte et suivi le cours indolent de la Furniss River vers le sud-est, étudié ses lacis paresseux entre les étendues de jaune et de vert à travers la campagne, jusqu'à ce qu'il s'élargisse et se jette dans la mer. Le fleuve faisait plus de trois cents kilomètres de long. Gelait-il en entier l'hiver, sur toute la longueur ? Et si oui, le courant était-il assez fort pour charrier un corps sous la glace jusqu'à la mer ? On aurait dit un énoncé de maths : si un corps pèse cinquante kilos et que le courant avance à vingt-quatre kilomètres à l'heure, combien de temps faut-il au corps pour parcourir trois cents kilomètres ? La question aurait au moins mérité qu'on se penche dessus pour trouver la réponse avant de reprendre les recherches.

Je me suis fait violence pour ne pas y penser trop longtemps. Ça me vidait. Je restais assis dans ma chambre à observer ces images qu'elle m'avait envoyées. Elle avait transformé mon mur en la réplique exacte du sien, chaque carte postale, chaque photo positionnée au même endroit. Nos murs étaient quasi identiques. Comme un double dactyle. Cette pensée m'a fait sourire.

Mon regard s'est posé sur une carte postale scotchée sur un côté de l'écran de mon ordinateur. Elle ne contenait que cette simple phrase, inscrite de sa main : « La seule façon de résoudre un problème dans la vie est de vivre de manière à ce que ce problème disparaisse. » Les mots étaient de plus en plus petits et formaient une spirale enroulée autour du point final. Le mot « disparaisse » était si minuscule qu'il fallait une loupe pour le lire.

J'avais à me débattre avec les options qui s'offraient à moi, choisir celle qui me semblait la plus acceptable : morte mais amoureuse de moi, ou vivante et m'ayant rayé de la carte ? Si elle vivait, pourquoi était-elle partie ? Pourquoi m'avoir abandonné ? Qu'avais-je donc fait pour mériter de me faire plaquer ou pour lui donner envie de fuir ? Mais si elle était partie, il restait toujours une chance qu'elle revienne, qu'elle change d'avis ou me donne au moins de ses nouvelles. Nous nous étions créé un code. Pourquoi faire une chose pareille si vous n'avez pas l'intention de vous en servir ?

Il lui arrivait de conclure ses messages, ses lettres ou ses cartes postales par la formule « À jamais, » avant de signer d'un nom fantaisiste. Elle utilisait rarement le sien et, au début du moins, jamais le mien. Ces messages s'adressaient bien à moi, mais Anna m'appelait souvent par un nom en rapport avec le contenu du texte. « Cher E. W. », inscrivit-elle un jour au dos d'une carte postale consacrée à Houdini, pour la terminer par « À jamais, B. » – en allusion au vrai nom du magicien, Ehrich Weiss, et à celui de sa femme, Bess. Je devais parfois faire des recherches pour comprendre. « Cher Seldon », débutait une autre de ses lettres avant de s'achever par « Ton amie, Lily Bart. » Je me disais parfois que sans Google, notre histoire n'aurait pas tenu plus d'une semaine. Parfois, même le Net ne m'était d'aucune aide. « Cher K. », m'avait-elle ainsi écrit le 4 janvier, avant de se lancer dans la description d'une petite île grecque où elle espérait que nous irions ensemble, un jour, pour contempler la lune. « Peut-être me croiseras-tu là-bas. Peut-être viendras-tu me chercher et te lancer avec fièvre sur mes traces, de peur que je sois tombée dans un puits de l'île. Il n'y a pas de puits, professeur. Ne crains rien. Je t'aime, Sumire. » J'ai interprété le « K » comme une référence à Kafka, ou à Kerouac. La carte postale représentait un Spoutnik russe fusant à travers un faux ciel bleu. Le premier Spoutnik avait été lancé le 4 octobre 1957 pour retomber au sol le 4 janvier 1958 ; mais je n'ai jamais compris à quoi correspondait « Sumire ».

J'ai contemplé les autres cartes postales qui ornaient mon mur, et j'ai repensé aux événements qui avaient marqué nos quelques mois passés ensemble. Les nombres 4 et 14 revenaient constamment. Elle avait disparu à quatre heures du matin (du moins d'après le compte rendu de la police) le 08/02 (8/2 = 4), non loin de la Route 521 (5 – 2 + 1 = 4). Notre premier rencard avait eu lieu le 4 octobre (octobre est le dixième mois de l'année, 10 + 4 = 14). Nous étions sortis ensemble pendant 4 mois et 14 jours. Son vrai prénom possédait 4 lettres ; le nom qu'elle s'était inventé, « Anastasia Cayne », en comptait 14. La signification du chiffre 4 résidait peut-être dans ses initiales (A = 1, C = 3). L'expression « entre quat'z-yeux » revenait 14 fois en tout dans ses messages. Le code qu'elle nous avait inventé comprenait quatre mots. Telles sont les occurrences du chiffre 4 que j'ai repérées ce jour-là ; il y en avait peut-être davantage. C'était soit un hasard incroyable, soit un détail planifié à l'avance. J'avais besoin de savoir. Et si elle l'avait fait exprès, il y avait forcément une signification derrière tout cela. Elle essayait de dire quelque chose, or je devrais être la personne le plus à même de comprendre. Je voulais y voir des indices, des signaux ; je voulais analyser toutes ces coïncidences et en dégager le sens.

carte au trésor

Deux jours après la disparition d'Anna, j'ai reçu un plan par la poste. Je n'ai d'abord pas pensé que le courrier puisse venir d'elle, pour la bonne raison qu'il y avait un vrai timbre collé dessus, mais une fois l'enveloppe ouverte je n'ai plus eu le moindre doute. Ironie du sort : la seule fois où elle avait collé un vrai timbre, sa lettre avait mis plus de temps à me parvenir. Il n'y avait rien d'autre dans l'enveloppe à part le plan. Elle l'avait dessiné à la main, et je n'avais jamais vu un plan pareil de toute ma vie ; en fait, sur le coup, je n'ai même pas compris de quoi il s'agissait. C'était une simple feuille de papier pliée en deux et recouverte de points, de lettres et de numéros. Les points allaient généralement par groupes de deux, de trois ou de quatre. Certains d'entre eux étaient accompagnés de numéros suivis d'une ou plusieurs lettres, par exemple 14EC ou 19ABH.

Je n'avais aucune envie de me lancer là-dedans ; je ne me sentais pas d'humeur à supporter un de ses petits jeux. Mais plus j'y pensais, plus cela m'intriguait. Et si c'était la dernière chose qu'elle cherchait à me dire ? Et si ce puzzle contenait la clé, le pourquoi de ce qui lui était arrivé... s'il y avait là une réponse à toutes mes questions ? Je ne pouvais pas fermer les yeux. J'ai donc commencé l'inévitable et douloureux processus de décryptage.

J'ai commencé par les nombres, puisque seuls quatre revenaient sans arrêt : 5, 14, 19 et 15. Les points étaient bien alignés par rangées, verticales ou horizontales, avec leurs numéros et leurs lettres généralement inscrits juste en dessous. Le 5 et le 15 étaient les plus fréquents, zigzaguant entre les alignements de points jusqu'à un point marqué d'une petite croix. C'est là que j'ai compris qu'il s'agissait d'une carte.

Anna m'indiquait des directions. Le 5, le 14, le 19 et le 15 correspondaient respectivement à l'est, au nord, au sud et à l'ouest. Si elle utilisait des chiffres à la place des lettres, les lettres représentaient probablement des chiffres, ai-je analysé. Si bien qu'EC signifiait « 53 ». Cinquante-trois centimètres ? cinquante-trois pas ? cinquante-trois mètres ? Difficile à dire. Mais j'ai fini par en déduire qu'elle avait écrit à l'envers, dans le sens inverse, et qu'il fallait donc retourner la carte pour la lire. Il me restait maintenant à comprendre où les distances commençaient et s'arrêtaient. C'est là qu'intervenaient les points. Ils symbolisaient les maisons. Ou plutôt le nombre d'habitants dans chacune d'elles. J'ai commencé par ma rue, en essayant de voir si elle figurait sur la carte. Non, bien sûr que non. Ç'aurait été trop simple pour Anna. Je n'ai même pas cherché la sienne, ni celle de Claire ou de quelqu'un de trop évident. Il m'a fallu un petit moment pour résoudre cette partie de l'énigme, mais je suis parvenu à la conclusion que la carte débutait à la première rangée de maisons qu'on apercevait depuis la bibliothèque du lycée, en regardant vers le sud. À partir de là, c'était un jeu d'enfant.

Je suis sorti de chez moi et, en suivant les indications de la carte, j'ai traversé la ville plein sud pour m'enfoncer dans les bois, non loin de l'endroit où nous avions croisé Carl la main sur son œil. La nuit tombait, et j'ai pressé le pas tout en continuant à calculer. En m'approchant du but, j'ai aperçu ce que j'étais censé trouver. Au pied d'un arbre, émergeant à peine de la neige, était enfoncé un petit bâton avec la photo d'Anna agrafée au sommet. On ne voyait guère que son visage, découpé comme un masque, gondolé et mouillé par la neige. Elle avait collé des cœurs roses sur ses yeux et marqué en travers de son front : « Creuse ici. » Je n'avais bien sûr pas amené de pelle ou d'accessoire susceptible de m'aider dans cette entreprise. J'ai d'abord ôté la neige, puis tenté de percer le sol avec mes gants, mais la croûte de terre était gelée, trop dure. J'ai mis la photo d'Anna dans mon sac et j'ai entièrement déblayé la neige autour du bâton, histoire de retrouver facilement l'endroit le lendemain matin. De retour chez moi, j'ai accroché sa photo au mur afin qu'elle rejoigne ma collection de portraits.

Je n'ai pu fermer l'œil, trop obsédé par la pensée de ce qui pouvait bien être enterré là-bas. Ce devait être quelque chose d'important – une clé, une solution, une réponse à mes questions. Peut-être était-ce l'amorce d'un jeu de piste élaboré ; peut-être trouverais-je un numéro de téléphone que je composerais ensuite pour l'entendre éclater de rire et se moquer de tous ceux qui l'avaient crue disparue, après quoi elle reviendrait parmi nous. Je me faisais toutes sortes de films sur son retour ou, mieux encore, je l'imaginais m'invitant à la rejoindre là où elle se cachait, nous deux ensemble, loin de ce trou. C'était stupide, je sais, mais c'était plus fort que moi.

Le lendemain matin, j'ai décollé le plus tôt possible, bien avant l'heure habituelle. J'avais emporté une pelle, cette fois. Arrivé au bois, j'ai retrouvé l'endroit sans problème en m'aidant de la carte, et j'ai creusé jusqu'à ce que ma pelle heurte un objet métallique, situé à trente centimètres de profondeur environ. C'était une boîte rouillée pour matériel de pêche. Je l'ai tirée hors du sol d'un coup sec et j'ai ôté le couvercle. À l'intérieur se trouvaient une enveloppe cachetée et un paquet de forme carrée enveloppé dans du papier rouge. J'ai ouvert l'enveloppe et découvert une carte de Saint-Valentin ultra-kitsch. « Quel trésor enfoui pourrait bien t'échapper ? Tu me trouveras, moi. Tu seras à moi. Je t'embrasse, Anastasia. » Elle avait dessiné un cœur exact sur le plan anatomique, percé d'une flèche tout aussi réaliste et portant mon nom. Son courrier n'était pas arrivé en retard ; il m'était en fait parvenu trop tôt. À moins qu'elle n'ait pensé qu'il me faudrait plus de temps pour décrypter sa carte. Le paquet rouge contenait une nouvelle compil gravée à mon attention. La photo de pochette en noir et blanc représentait un couple enterré jusqu'au cou sur une plage de sable et essayant de s'embrasser. Le titre de l'album était « Reste enterré ». La pochette arrière montrait des bonbons en forme de cœur avec des inscriptions comme « À toi » et « Pour toujours ». Les titres des morceaux étaient imprimés par-dessus :

1. Björk – violently happy
2. The Get Up Kids – valentine
3. My Bloody Valentine – when you sleep

4. Cab Calloway – hep cat's love song
5. Robert Johnson – from four till late
6. Matt Sugs – western zephyr
7. The Byrds – one hundred years from now
8. Jeff Buckley – i know we could be so happy baby (if we wanted to be)
9. The Cure – the walk
10. Felt – all the people i like are those that are dead
11. Elvis Costello – my funny valentine
12. Hole – softer, softest
13. The Band – whispering pines
14. Bright Eyes – a perfect sonnet
15. Kate Bush – Houdini
16. The Sisters of Mercy – valentine
17. Bob Dylan – blackjack davey
18. The Stanley Brothers – meet me by the moonlight
19. The Smiths – asleep
20. The Flatlanders – keeper of the mountain
21. The Handsome Family – don't be scared
22. The Beach Boys – be still

J'ai failli tout remettre en place et reboucher le trou. Je me sentais trahi. Je m'attendais à davantage. Le plan, la carte de Saint-Valentin, le CD... rien de tout cela n'avait le moindre rapport avec sa disparition ; ça ne m'apprenait absolument rien. Il n'y avait là qu'une carte idiote qui n'était même plus drôle. Si Anna était encore là, j'aurais adoré le coup de la carte au trésor, du message ringard de Saint-Valentin et de la compil, j'aurais savouré ce suspense, ce jeu de piste mystérieux, et elle aurait applaudi en me voyant trouver la solution, mais en cet instant précis je haïssais ses jeux stupides, son sens de l'humour macabre et sa musique. Je ne voulais rien de tout cela, je voulais seulement que les choses redeviennent comme avant, et elle m'attendrait dans le couloir du lycée pendant que je brandirais fièrement son cadeau en me moquant d'elle parce que je l'avais trouvé plus vite que prévu. Et qu'elle s'était plantée dans ses calculs. J'ai tout jeté en vrac dans mon sac et je suis parti en cours.

encore du courrier

Deux jours après le plan, sa nécrologie est arrivée par la poste. Le pli semblait tout ce qu'il y a de plus normal : une simple enveloppe blanche avec mon nom et mon adresse imprimés dessus. Il n'y avait pas l'adresse de l'expéditeur, et le tampon de la poste avait bavé. On pouvait presque y lire deux chiffres, mais c'était difficile à dire. Le courrier avait été oblitéré à Hilliker, ce qui en soi ne m'avançait pas tellement ; tout le courrier de la région passait par le bureau de poste d'Hilliker.

Le texte pouvait avoir été écrit de sa main. C'était un document rageant, frustrant et morbide, tapé en lettres d'imprimerie sur une page de bloc-notes comme ceux qu'Anna avait l'habitude d'utiliser. On y apprenait une foule de détails que j'ignorais d'elle, ce qui signifiait soit qu'il s'agissait d'un tissu de mensonges, soit que je ne la connaissais pas si bien que ça. Mais il y avait aussi des oublis flagrants ; aucune allusion à son décès ou aux circonstances exactes de sa mort. Le texte indiquait seulement qu'elle « nous avait quittés », ce qui pouvait impliquer tout un tas de choses. C'était un nouveau puzzle au cœur d'un puzzle déjà existant. Je me suis demandé combien de temps ce petit jeu allait durer. J'ai lu et relu le texte en détail, en quête d'indices ou de détails supplémentaires :

« Anastasia Cayne nous a quittés. Elle est née en plein orage le 28 mars à Charlottesville, Virginie. Sur la route de l'hôpital, son père était tombé en panne et avait dû laisser sa mère seule dans la voiture afin d'aller chercher de l'aide. Il avait couru jusqu'à l'habitation la plus proche pour appeler une ambulance et, quand il avait regagné son véhicule, sa femme tenait leur fille nouveau-née dans ses bras. "Je ne me souviens pas de la pluie, mais je me souviens du sang", disait Anastasia chaque fois que ses parents évoquaient cette histoire.

« Elle avait reçu le nom d'Anna Cayne, mais tous ceux qui l'aimaient l'appelaient Anastasia. C'était la plus jeune des filles de Nicholas et Alexandra Cayne. Son père avait émigré de Russie à l'adolescence et sa mère était arrivée d'Allemagne après le bac afin de poursuivre ses études aux États-Unis. Dès l'enfance, Anastasia parlait couramment le russe et l'allemand. Elle avait trois sœurs aînées, Olivia, Tatiana et Maria, ainsi qu'un petit frère, Alex, mort d'une hémorragie cérébrale à l'âge de quatre ans. Peu après son décès, la famille Cayne avait déménagé à Oyster Bay, dans l'État de Long Island. Les deux sœurs aînées d'Anastasia, Olivia et Tatiana, ont rejoint la Croix-Rouge comme infirmières. Son autre sœur, Maria, a fugué du domicile parental le 16 juillet 2000, et sa famille n'a plus jamais entendu parler d'elle ni retrouvé sa trace, malgré les recherches entreprises par un détective privé engagé spécialement à cet effet. Anastasia possédait une petite cicatrice à l'épaule droite, à l'ancien emplacement d'un grain de beauté, une deuxième en forme d'étoile sous son pied gauche et une troisième derrière l'oreille gauche. Elle en possédait également une autre à la base de son index gauche, souvenir du jour où son frère avait accidentellement refermé une portière de voiture sur sa main.

« Ses amis racontent qu'elle aimait les canulars et les coups montés mais qu'elle pouvait se montrer insatiable, obstinée et méfiante envers ceux qui l'entouraient. G. l'appelait Anna. »

La dernière phrase m'a fait l'effet d'un coup de poignard. L'auteur de ces mots, quel qu'il soit, savait parfaitement le mal qu'il me faisait. Si c'était Anna, que fallait-il comprendre ? Qu'elle doutait de mes sentiments pour elle ? « Tous ceux qui l'aimaient l'appelaient Anastasia », « G. l'appelait Anna »... Pourquoi insinuer une telle chose ? Mais si c'était quelqu'un d'autre, ça n'avait aucune importance. Qui savait quoi que ce soit sur nous, du reste ? Tout s'est mis à hurler dans ma tête, interminable choc atroce et métallique de mes certitudes contre le doute, de ma vérité contre ses mensonges, de mes espoirs contre les exceptions les plus inconcevables, de tout ce à quoi j'aspirais contre ce que je n'aurais jamais souhaité à mon pire ennemi, et des sentiments qui me déchiraient contre ceux que je n'avais aucune envie d'éprouver.

...

À force de comparer l'Anna Cayne de la nécrologie avec celle que je connaissais, cette dernière ne me semblait plus qu'une apparition, une présence obsédante entourée de secrets voilés, une créature fuyante disparue dans le brouillard nocturne. Elle avait toujours été un fantôme.

Impossible de dormir, de me concentrer. C'était comme si je venais de succomber au syndrome de l'hyperactivité, une sensation que j'éprouvais autrefois avant chaque match : tension, nervosité, trop-plein d'adrénaline, d'impatience et d'appréhension, dans l'attente de l'action. Je restais étendu sur mon lit, complètement épuisé, m'efforçant de trouver le sommeil mais désespérément éveillé. Je me levais pour faire les cent pas dans ma chambre ou me connecter sur Internet et surfer de site en site, incapable de lire la moindre suite de phrases mais tout aussi incapable de rester inactif. J'appelais le portable d'Anna pour écouter sa voix en boucle, jusqu'au moment où j'ai paniqué à l'idée que le message finisse par s'effacer d'une manière ou d'une autre, si bien que je l'ai enregistré sur mon ordinateur et je me suis mis à le bidouiller pour en créer différentes versions, ôtant un mot par-ci par-là, tâchant de former des phrases plus longues, de lui faire dire plus de choses à mon oreille. Mais je finissais toujours par revenir à son message initial, voire juste à la dernière partie : « Je vous rappellerai. »

Le départ d'Anna m'a plongé dans une sorte de confusion hébétée, comme dans les eaux opaques d'un aquarium où tout bouge au ralenti. L'intérieur de mon corps semblait lesté par du plomb, ou lentement changé en plomb lui-même. J'avais du mal à respirer, à voir correctement, et les tâches les plus simples exigeaient de ma part un effort et une concentration inouïs. Le lycée n'était plus qu'une longue sonnerie interminable et un ballet de silhouettes passant devant moi. J'allais m'asseoir en classe mais je ne comprenais pas un mot de ce que j'entendais. Je faisais mes devoirs mais je m'en souvenais à peine. Je noircissais des pages entières mais ce que j'écrivais n'avait que peu de rapport avec les cours. J'écrivais à propos d'Anna, de ce qui lui était arrivé ou de ce qui avait pu lui arriver. Mrs Wyrick, la prof d'anglais, organisait des sessions d'écriture libre tous les vendredis, où chacun passait l'heure à rédiger sur le sujet qu'il voulait. J'ai profité d'une de ces séances pour envisager l'hypothèse qu'Anna ne revienne jamais, qu'elle ait été tuée. J'ai même dressé une liste de suspects :

« 1. Mr et Mrs Cayne. Ils méritent tout naturellement de figurer en première place. D'après certaines infos glanées sur le Net, seuls quatorze pour cent des meurtres sont commis par des inconnus – bien que ce chiffre augmente pour les victimes mineures. Il n'empêche que les Cayne, ou une de leurs connaissances, sont très certainement impliqués s'il s'avère qu'Anna a été assassinée.

« 2. Bryce Druitt. Un parfait connard, donc à sa place dans cette liste. Même si c'est un peu plus compliqué que ça. Anna et lui étaient proches, certes, mais après l'accident de Bryce j'ai commencé à noter une tension réelle entre eux. Ils se parlaient de moins en moins, et lui semblait l'éviter. J'avais même l'impression qu'ils ne s'appréciaient plus du tout. Il m'est souvent arrivé de penser que s'ils n'avaient pas eu le même look et n'appartenaient pas à un clan aussi restreint, ils n'auraient jamais rien eu à se dire. Je n'ai jamais eu la moindre raison de croire que Bryce voulait faire du mal à Anna, mais il en aurait été physiquement capable, c'est certain.

« 3. Un inconnu. Sans doute l'hypothèse la moins crédible. Pour commencer, il n'y a pas d'inconnus dans cette ville. Quelle serait la probabilité pour qu'un inconnu passe justement devant chez les Cayne et réussisse à attirer Anna hors de la maison ? À la limite, il aurait pu la croiser près du fleuve, mais cela paraît peu probable. Ce qui pose la question de l'emploi du temps d'Anna après mon départ de chez elle. S'est-elle rendue seule sur les berges, comme elle le faisait souvent, ou a-t-elle fait autre chose ?

« 4. Anna Cayne. Suicide. Mais si elle avait voulu se tuer, elle aurait trouvé cent autres manières de le faire, et en mieux.

« 5. Personne. Elle n'a pas été tuée du tout. C'était un accident. Voulant sauver quelqu'un en difficulté, elle se serait élancée dans l'eau glacée, aurait bu la tasse et se serait noyée. À moins qu'elle n'ait essayé de récupérer quelque chose ; par exemple ses cahiers, qu'elle aurait balancés à l'eau avant d'avoir des regrets. Ou peut-être voulait-elle tester combien de temps elle pouvait rester sous l'eau froide, en apnée, le corps blindé, et repousser ses limites comme Houdini. Peut-être avait-elle défié la mort et perdu la partie.

« 6. C'est un coup monté. Personne n'a basculé ou sauté dans le trou au milieu de la glace. Elle a monté cette mise en scène de toutes pièces, et elle est partie. Elle peut se trouver n'importe où ailleurs, loin d'ici, mieux qu'ici. »

Écrire ne m'a pas aidé ; ça n'a fait que me rendre encore plus à cran. J'avais un mal fou à rester assis, à lire, à écouter de la musique ou à regarder la télé. Je m'efforçais de faire toutes ces choses, mais au final je ne tenais pas plus de cinq minutes. Je me sentais atrocement mal, et je faisais encore plus peur à voir. Mon regard était fou, vitreux. J'avais le teint cireux, pire : comme suintant de cire. Et mon visage ne ressemblait plus à rien. Je ne pouvais m'empêcher de triturer l'armada de boutons qui avaient fait irruption sur mon menton. Je les grattais et les arrachais sans réfléchir. « Vais-je devoir t'attacher les mains dans le dos ? » me demandait ma mère le soir à table. Ça ne m'aurait pas dérangé.

Au bout du troisième jour sans sommeil, désespéré, j'ai demandé à Carl de me vendre un truc. « Jamais », a-t-il rétorqué. Il voulait m'aider, mais il m'a plutôt conseillé d'aller voir un médecin. « Je n'ai pas besoin d'un toubib, lui ai-je répliqué. Tout ce que je veux, c'est dormir. » Finalement, le cinquième jour, il m'a refilé quelque chose, une gélule dans un sachet alimentaire en plastique. « Avale ça une demi-heure avant de te coucher », m'a-t-il expliqué. Je me foutais de me transformer en drogué accro aux cachetons. Je me foutais de devenir dépendant de Carl et des pilules dont il faisait son trafic. Tout ce que je voulais, c'était un peu d'apaisement. Je n'ai pas hésité une seconde ; j'ai avalé la gélule.

J'ai dormi la majeure partie de la nuit, mais je ne me sentais pas tellement mieux au réveil. « Ça a marché, du moins pendant un moment, lui ai-je raconté le lendemain. C'était quoi, ton truc ?

– Du sucre, m'a-t-il répondu. C'est ce que je vends le mieux. Ton cerveau croit que c'est un calmant, parce que c'est ce que tu veux croire. Les gens achètent le produit qu'ils veulent, mais ce n'est pas ce que je leur vends. La plupart d'entre eux ne voient même pas la différence. Je ne suis pas vraiment dealer, à vrai dire. Je m'occupe plutôt de gestion du mental.

– Alors pourquoi me l'avouer ?

– Pour te prouver que tu n'en as pas besoin. Tu vas t'en sortir comme un chef. Ça va aller.

– Que sais-tu de tout ça ? Que racontent les autres à propos d'Anna ?

– Personne ne sait rien, m'a-t-il répondu. Ce ne sont que des rumeurs, tu le sais bien. Il y en a toujours eu. Souviens-toi que tu connais Anastasia mieux que personne. N'oublie jamais ça. Tu la connais, eux non. »

saint-valentin

Anna avait disparu depuis une semaine ; j'appréhendais chaque journée comme un calvaire, et celle-ci plus que les autres. Mes parents m'ont tous les deux conseillé de rester à la maison, mais ç'aurait sans doute été pire. J'avais besoin de penser à autre chose. Pour quelqu'un d'habitué à l'indifférence des autres, je n'étais pourtant pas préparé à être ignoré à ce point. Je n'étais qu'une épave accidentée sur le bord de la route ; les gens qui me croisaient ralentissaient pour m'observer avant d'accélérer de plus belle. Ils ne me disaient pas un mot, se contentaient de me jeter un coup d'œil et de repartir. Juste pour constater l'étendue des dégâts. Et le jour de la Saint-Valentin, ç'a été pire. Tout le monde m'évitait ostensiblement, détournant brusquement le regard à mesure que j'avançais dans le couloir. Quand je suis arrivé devant mon casier, quelques minutes avant le début des cours, je l'ai trouvé débordant déjà d'enveloppes et de cartes.

Je n'avais jamais vraiment aimé la Saint-Valentin ni jamais eu de raison de la fêter. Je distribuais quelques cartes, j'en recevais toujours quelques-unes, mais cette année c'était très différent. J'ai ramassé les enveloppes qui formaient un monticule blanc au pied de mon casier (d'autres avaient été glissées par les fentes de la porte) et je les ai rangées à l'intérieur pour les ouvrir plus tard. J'avais presque peur de les lire. Mais le soir, dans ma chambre, j'ai réalisé que la plupart d'entre elles contenaient des messages de sympathie. Je les ai séparées en deux tas. Il y avait la pile des « Bon courage » et celle des « Ne perds pas espoir », à peu près de tailles égales. Ces formules revenaient si souvent que les mots finissaient par paraître vidés de leur sens, et je refermais machinalement chaque carte pour la poser sur la pile correspondante après l'avoir lue. La plupart des gens débutaient par « On ne se connaît pas très bien, mais... » avant de se lancer dans l'expression de leur compassion sincère. Certains racontaient des histoires de personnes disparues depuis des mois, kidnappées ou fugueuses, et rentrées saines et sauves chez elles. J'aurais dû me sentir touché par le fait que tous ces gens aient pris le temps de me déposer une carte dans mon casier, mais cela me rappelait aussi que les choses en resteraient là, que tous ces bons sentiments et ces marques de sympathie se limiteraient à ces cartes, que personne ne viendrait me parler dans les couloirs, et qu'aucun de ceux qui avaient écrit « Je ne te connais pas très bien » ne ferait le moindre effort pour changer la donne.

Je préférais presque la petite poignée de cartes haineuses rédigées par des gens suffisamment honnêtes pour reconnaître que l'absence d'Anna leur faisait plaisir. Ils ne souhaitaient pas nécessairement sa mort, mais ils étaient heureux qu'elle soit sortie de leur vie pour toujours, que je me retrouve seul et que nous ayons souffert tous les deux. Certains disaient même que c'était de ma faute, et l'un d'entre eux citait la Bible en affirmant qu'un jour je rejoindrais Anna en enfer. Honnêtes, donc, mais jusqu'à un certain point – ils ne signaient pas leurs messages.

Parmi les cartes anonymes en figurait une à part, faite à la main : un cœur découpé dans du carton noir et orné de minuscules fleurs blanches, avec en son centre une horloge blanche elle aussi, dépourvue d'aiguilles mais aux heures tracées à l'encre claire. Au milieu du cadran apparaissait la phrase suivante : « L'amour n'est qu'une excuse pour se faire du mal. Et pour en faire aux autres. » En haut à droite de la carte était collé un vieux timbre à trois cents représentant le buste d'Abe Lincoln. On devinait même la devise oblitérée en travers : « L'eau est précieuse, faites-en bon usage. » Tout en bas, dans la pointe du cœur, apparaissaient les lettres NYCS, tracées à l'encre blanche. Quelqu'un s'était vraiment donné du mal pour fabriquer cette carte, et cela ressemblait à du Anna tout craché. À moins que ce ne soit l'œuvre de Claire. Mais j'avais reçu une autre carte de sa part. Elle y avait recopié un passage de la Bible que j'avais déjà lu quelque part : « Et j'ai appliqué mon cœur à connaître la sagesse, à connaître l'inconstance et la folie ; j'ai compris que cela aussi était la poursuite du vent. » Impossible de me rappeler où j'avais lu cet extrait, qui aurait pourtant dû faire tilt. J'ai rangé ces deux cartes dans leurs piles respectives.

Il y avait aussi un mot de Melissa. « Je suis sincèrement désolée de ce qui t'arrive, m'écrivait-elle gentiment. J'imagine l'épreuve que tu dois endurer. Si je peux faire quoi que ce soit, n'hésite pas. Vraiment. » C'était très gentil, mais son écriture me rappelait celle d'une autre carte. L'une des anonymes. Je les ai longuement comparées, guettant la moindre ressemblance dans la formation des lettres ou leur inclinaison sur la page. Il y avait bien certaines similitudes, mais j'en ai simplement conclu que c'était de la parano. Je voulais désespérément savoir qui m'avait écrit ces mots haineux, et tous les tuer. Je voulais montrer ces cartes au proviseur ou à la police, et voir leurs auteurs se faire arrêter ou virer du lycée. J'aurais préféré ne rien recevoir du tout. Je voulais quitter cette ville. Au lieu de ça, je me suis rendu jusqu'au fleuve.

Quelqu'un avait tracé un gigantesque cœur maladroit dans la neige. Il devait bien faire six mètres de long, depuis le sommet jusqu'à la pointe étroite. Mon prénom et celui d'Anna étaient inscrits au milieu, gravés avec le talon ou une pelle. J'ignore s'il fallait y voir un hommage ou une insulte moqueuse.

Ça n'avait pas d'importance.

Quand je suis rentré, mon dîner m'attendait sur la cuisinière. J'ai présumé que mon père était dans son bureau et que ma mère regardait la télé ou était partie se coucher. Mais ils ont tous les deux fait irruption dans la cuisine avant même que j'aie eu le temps d'enlever mon manteau. Ma mère m'a préparé une assiette, et je me suis assis à table pour manger. « Quand tu auras fini, viens faire un tour dans mon bureau », m'a proposé mon père.

Je suis allé le rejoindre. Il était assis dans son grand fauteuil en cuir, en train de lire le journal. Il portait une paire de ces lunettes demi-lunes qu'on achète en pharmacie, et en me voyant entrer les a ôtées pour les poser entre le coussin et le bras du fauteuil. Il s'est levé et m'a fait signe de m'asseoir. « Veux-tu quelque chose à boire ? » m'a-t-il demandé en se servant un scotch. Ces mots ont flotté dans la pièce tels des nuages immatériels, changeant de forme et de sens, et le temps que je réalise qu'il me proposait vraiment de l'alcool, j'avais déjà décliné son offre. Il a reposé la bouteille de scotch sur le bar qui occupait le coin de la pièce. « Je ne reposerai pas la question. Un soda ? »

La pièce elle-même me faisait l'effet d'un territoire étranger. Au mur étaient affichées des photos de gens que je n'avais jamais vus de ma vie, ou dont les visages ne me disaient rien, certains posant avec mon père sur un *green*, bras dessus, bras dessous, et souriant à l'objectif. Parmi les livres qui ornaient ses étagères, la plupart dédiés au golf ou à la comptabilité, j'ai essayé de retrouver des ouvrages que j'aurais pu apercevoir dans la chambre d'Anna, mais j'avais beaucoup de mal à me concentrer. J'ai noté l'existence d'une porte donnant sur le jardin de devant. Je ne l'avais jamais remarquée. Dire que j'avais vécu dans cette maison toute ma vie et qu'elle m'était encore étrangère. J'avais envie de sortir de là, de fuir vers un endroit familier où je me sentirais chez moi, à l'abri. Mais je suis resté assis immobile, en me contentant d'observer les déplacements de mon père.

Il s'est dirigé vers un meuble fermé et a ouvert la façade pour révéler une énorme télé et une chaîne stéréo. Puis il a glissé une VHS dans le magnétoscope en affirmant : « Ça va te plaire. »

C'était une série de documentaires éducatifs sur le golf avec Bobby Jones au début des années trente. J'ignore pourquoi mon père s'était mis dans la tête que j'y trouverais un quelconque intérêt, mais lui était fasciné. Il faisait des commentaires au fur et à mesure. « Là, c'est James Cagney », « Ça, c'est la Côte d'Azur », « On ne pourrait plus jouer comme ça, de nos jours », « Il est complètement à l'intérieur de la balle ». Je ne savais pas trop comment interpréter la plupart de ces informations, mais j'ai commencé à me prendre au jeu.

Bobby Jones était plutôt raide devant la caméra – il avait parfois du mal à lire son texte sur les pancartes – mais son *swing* était superbe à observer. Moi qui me contrefichais du golf, d'habitude, je me suis surpris à questionner mon père sur Bobby Jones.

« C'était un vrai autodidacte, m'a-t-il expliqué. Il n'est jamais devenu pro. Il gagnait sa vie comme avocat, mais c'était un as du *green*. Regarde-moi ça. Son swing est totalement unique. Personne ne jouait comme lui. Une technique pareille, ça ne s'apprend pas, ça ne sert à rien, mais avec lui, ça marchait. C'était sans doute le plus grand golfeur de tous les temps, et il est mort dans des conditions atroces. Une maladie rare qui lui a rongé le système nerveux. »

Mon père se parlait plus à lui-même qu'il ne s'adressait à moi. Puis il n'a plus rien dit, et nous avons continué à regarder Bobby Jones en noir et blanc nous montrer sa technique pour sortir sa balle d'un terrain sablonneux. Il n'y avait ni montage, ni prise supplémentaire, juste un long plan séquence de Bobby Jones replaçant indéfiniment sa balle au même endroit. Il y avait comme un je-ne-sais-quoi d'apaisant à le voir contrôler si aisément ses gestes, avec sa petite chemise et sa cravate. Je me suis renfoncé dans mon fauteuil et j'ai senti mon corps se détendre, pour la première fois depuis très longtemps. J'aurais pu m'endormir. J'ai jeté un coup d'œil à mon père, qui avait légèrement tourné la tête de l'autre côté. Il pleurait. J'ai voulu dire quelque chose, mais je suis resté là sans bouger et, au bout de quelques minutes, je dormais à poings fermés.

Le vendredi, une soirée avait lieu au lycée. Je n'avais aucune envie de m'y rendre mais Carl m'a convaincu. « Qu'est-ce que tu comptes faire, rester tout seul à bouder chez toi ? Tu peux faire ça n'importe quel autre soir. » Sa mère nous conduirait.

Mrs Hathorne a signalé son arrivée par un coup de klaxon en se garant devant chez moi, et elle est restée dans la voiture pendant que Carl venait frapper à la porte. Il a salué mes parents et ils ont discuté quelques instants pendant que sa mère continuait à klaxonner.

Le gymnase était orné de banderoles et de cœurs rouges et blancs. Heureusement, il faisait assez sombre, ce qui permettait de ne pas trop voir la laideur des lieux. Un DJ se tenait à un bout du terrain de basket, et un buffet occupait l'autre extrémité. Entre les deux, tout le monde dansait. Je n'avais nullement l'intention de faire comme eux.

Carl, bien sûr, avait de tout autres raisons pour venir. Qui disait bal du lycée disait bonnes affaires en perspective. Mais ce soir-là, les chaperons étaient plus nombreux que d'habitude. Mrs Crenshaw, une prof d'algèbre, était postée à l'une des portes et surveillait soigneusement qui sortait, ou tentait de le faire. Carl a vite compris qu'il lui faudrait une bonne raison pour justifier ses sorties du gymnase. « J'ai cru qu'elle allait me suivre », m'a-t-il raconté. L'excuse de « je vais juste prendre l'air » ne semblait pas trop marcher avec elle. Mr Davies, le prof d'histoire, faisait le guet près des toilettes des garçons, empêchant Carl d'effectuer toute transaction dans le secteur. Mr Devon et Mrs Wyrick arpentaient le gymnase, de même que le proviseur, Mr Vorhees. Voilà qui compliquait singulièrement le job de Carl. « C'est ta faute, j'en suis sûr, m'a-t-il lancé.

– Patrouille antisuicide, ou antifusillade genre Columbine ? ai-je rétorqué.

– L'un ou l'autre. Quoi qu'il en soit, évite les gestes brusques. » Il est parti se balader à travers la foule, saluant presque tout le monde au fur et à mesure. On aurait dit un politicien distribuant sourires et poignées de mains. Je l'entendais presque répéter : « Je compte sur votre vote. »

Mr Devon est venu à ma rencontre. « Content de te voir ici.

– Merci.

– Je crois que Mrs Crenshaw veut t'inviter à danser. » Elle devait avoir quatre-vingt-dix ans.

« Seulement pour les slows, alors, ai-je répondu.

– Je lui transmettrai.

– Ne m'obligez pas à passer la soirée planqué sous les gradins, s'il vous plaît. » Il a hoché la tête et nous nous sommes tus un moment.

« Comment va ta main ?

– Ça va. Elle est comme neuve.

– Tant mieux. Je t'attends dans l'équipe de base-ball au printemps, dans ce cas.

– Bien sûr. »

Mr Devon est resté encore un moment avant de s'excuser. « Si tu as besoin de quoi que ce soit, n'importe quoi, viens me voir. Compris ?

– Merci. »

Il a tendu le bras et m'a tapoté l'arrière du crâne. Je l'ai regardé se diriger vers l'une des sorties et s'arrêter pour échanger deux mots avec Carl. Ensemble, ils sont passés devant Mrs Crenshaw et ont franchi la porte. Pendant que j'attendais leur retour, Claire a fait son entrée dans le gymnase.

« J'ai téléphoné chez toi, on m'a répondu que tu étais là, m'a-t-elle dit.

– Je ne voulais pas venir au départ, mais Carl m'a convaincu. Désolé de ne pas t'avoir appelée. » Pour être honnête, ça ne m'avait même pas traversé l'esprit. Je m'attendais à ce qu'elle vienne en bande. Je ne pensais pas que notre amitié était vouée à durer. « Tu attends du monde ?

– Aucune idée, m'a-t-elle répondu. On n'en a pas vraiment parlé. Je suis comme toi : je n'avais pas prévu de venir. »

Carl est revenu et nous sommes tous les trois allés nous chercher un verre, que nous avons siroté en regardant les gens danser. Il y avait quasiment tout le monde sur la piste, et presque toutes les filles essayaient d'inviter Carl, qui déclinait poliment à chaque fois.

Les premières notes d'un slow ont retenti et la piste s'est vidée, à l'exception des couples. « Viens », m'a dit Claire en se tournant vers moi. Elle m'a entraîné sur le terrain de basket, s'est serrée contre moi et nous avons commencé à tournoyer en petits cercles.

C'était mon premier contact physique avec qui que ce soit depuis la disparition d'Anna, et j'ai aussitôt senti une foule d'émotions me submerger. Je me sentais nerveux, gêné. Je me disais que tout le monde nous regardait, mais je ne voulais pas que ça s'arrête. C'était un soulagement ; je savais que les choses allaient s'arranger. Nous avons continué à tourner tout doucement l'un autour de l'autre. Mes pensées flottaient dans le noir, comme dans une douce rêverie alcoolisée, les lumières tamisées balayant la piste, les ombres des danseurs oscillant en rythme avec la musique. Je ne regardais même pas Claire, j'essayais seulement de m'imaginer qu'elle était Anna et que nous dansions ensemble, tous les deux. Ça ne nous était jamais arrivé. J'ai alors réalisé que Claire pleurait. Elle ne faisait aucun bruit, mais j'ai senti son corps trembler contre le mien et ses larmes mouiller ma peau à travers le tissu de ma chemise. Quand elle a relevé la tête, j'ai senti l'humidité sur ses joues. « Pardonne-moi, m'a-t-elle dit.

– Ce n'est rien. » Je l'ai serrée un peu plus fort, et avant de comprendre ce qui m'arrivait je pleurais moi aussi. Nous continuions à danser tout doucement au son de la musique, accrochés l'un à l'autre en sanglotant. À la fin de la chanson, Claire s'est précipitée aux toilettes et je suis parti à la recherche de Carl.

« Qu'est-ce que vous fabriquiez, tous les deux ? m'a-t-il demandé.

– À ton avis ?

– Ç'avait l'air intense, en tout cas.

– Elle s'est mise à pleurer, et du coup ça m'a fait chialer. Ça s'est vu ?

– Je ne crois pas que les gens aient compris que vous pleuriez.

– Et merde...

– Les temps sont durs pour tout le monde », a rétorqué Carl.

Claire est revenue des toilettes. « Me suis-je totalement donnée en spectacle ? a-t-elle voulu savoir.

– D’après Carl, nous sommes le clou de la soirée.

– Je n’ai pas dit ça, a-t-il protesté.

– Qu’as-tu dit, alors ?

– Il fait trop sombre, a-t-il grommelé. Qui peut bien y voir quoi que ce soit, ici ?

– Plus tu parles, plus tu dis n’importe quoi.

– Je passe une soirée horrible. C’était une mauvaise idée, OK ? Pourquoi m’avoir traîné ici ? » Sur ces mots, il est parti.

« Je suis désolée, m’a dit Claire.

– Il n’y a pas de quoi.

– On a vraiment fait jaser tout le monde ?

– Je ne sais pas. Ça n’a aucune importance. Quoi qu’on fasse, il y aura toujours des gens pour parler. Je n’aurais pas dû venir. Je rentre chez moi. »

Je suis allé au vestiaire récupérer mon manteau, et je m’apprêtais à sortir quand Mr Devon m’a rattrapé.

« Mrs Crenshaw va être drôlement déçue, tu sais.

– Dites-lui l’année prochaine, peut-être.

– Au fait, je vais à New York pour une expo demain. Ça te dirait de m’accompagner ? m’a-t-il demandé.

– Pas de problème.

– Amène quelqu’un, si tu veux. Tu crois que ça intéresserait Claire ?

– Oui, pourquoi pas ? Je lui en parlerai.

– Super. Je passe te prendre vers dix heures. »

en s'éloignant un peu

Le lendemain matin, Mr Devon a klaxonné en arrivant devant chez moi. Il faisait un froid de canard, et peut-être pire encore à l'intérieur de son pick-up. Je voyais mon souffle former des nuages de vapeur au sortir de ma bouche et de mes narines. « Je crois qu'il y a de l'air chaud par là », a déclaré Mr Devon en agitant son gant devant l'un des ventilateurs. J'avais l'impression qu'il avait allumé la clim. Je ne m'étais pas préparé à ça. J'avais seulement enfilé un treillis, un pull à col roulé noir, et je n'avais même pas pris mon manteau le plus chaud. Tout en claquant des dents, je m'efforçais de me renfoncer dans mon écharpe.

« Y a-t-il d'autres invités ? m'a demandé Mr Devon.

– Non, juste nous deux.

– Dommage. On aurait eu plus chaud. Tu vas donc devoir te contenter de ma technique : résous mentalement un problème de maths, et tu n'auras plus froid.

– Vous voulez rire ?

– C'est très sérieux. La zone du cerveau qui capte le froid est aussi celle qui résout les problèmes mathématiques. Si tu lui donnes un bon petit exercice à se mettre sous la dent, tu la distrais du reste. »

J'ai essayé. J'ai cessé de grelotter, mais j'avais toujours aussi froid. Mr Devon m'a observé du coin de l'œil et a éclaté de rire. « Ne t'inquiète pas. On va prendre le train. Je t'invite. »

Il s'est assis en face de moi, dans le wagon. Il portait un pantalon en velours côtelé marron et une chemise en jean épaisse. La fermeture Éclair de son blouson en cuir noir était entrouverte sur une veste bleu marine. Un appareil photo pendait autour de son cou. Il a fouillé dans son sac à dos et en a sorti une bouteille thermos. « Tu bois du café ? » m'a-t-il demandé.

J'ai fait oui de la tête, et il m'en a versé une tasse. J'ai ôté mes gants pour profiter de la chaleur du plastique. « Je crois que je ne me réchaufferai plus jamais, ai-je marmonné.

– Attends donc le trajet de retour en pick-up, a-t-il rétorqué. On devra peut-être mettre le feu au tableau de bord. »

J'avais emmené un bouquin, une biographie d'Houdini que m'avait prêtée Anna, ainsi que mon lecteur CD dans mon sac à dos, mais Mr Devon a parlé pendant presque tout le trajet.

« Qu'est-ce que je t'ai raconté, sur cette expo ?

– Pas grand-chose.

– Et est-ce que je t'ai dit qu'on y voyait certains de mes chefs-d'œuvre ?

– Non.

– Bon, pas de quoi crier victoire mais j'ai quelques trucs exposés. Nous sommes tout un petit groupe qui nous connaissons depuis des années, et nous louons régulièrement un espace ensemble pour y exposer nos travaux et essayer de les vendre. Il y a des choses vraiment bien, qui te plairont sûrement. Pas les miennes, mais d'autres. Le thème de l'expo devrait pas mal te brancher aussi. Ça s'appelle « En s'éloignant un peu ». Chaque œuvre est censée s'inspirer d'une autre déjà existante.

– Lesquelles avez-vous choisies ?

– Ça, c'est à toi de le deviner, m'a-t-il répondu. J'espère juste que ça te plaira. Et que je ne t'ai pas gâché ton samedi.

– Je n'avais rien de prévu.

– Ça ne doit pas être facile, j'imagine.

– Non, pas trop.

– Ils veillent à te tenir au courant des avancées de l'enquête ?

– Je crois, oui. Mais je ne suis pas sûr qu'il y ait eu tellement de progrès.

– Personnellement, je n'ai rien appris de nouveau, m'a dit Mr Devon. Mais tout le monde garde espoir. » J'ai hoché la tête. « Je ne vais pas te dire que je sais exactement ce que tu ressens, mais j'ai une petite idée quand même. J'ai perdu ma copine, moi aussi.

– Ah oui ?

– Dans un incendie. Elle s'est endormie sur le canapé avec une cigarette allumée à la main. Je dormais à l'étage. » Il a posé son pied gauche sur la banquette et relevé sa jambe de pantalon : une cicatrice blanc rosé lui courait le long du mollet, depuis le bas de sa chaussette jusqu'au-dessus du genou. « C'est un peu à cause de ça que je me suis retrouvé à enseigner ici. Après l'accident, j'ai voulu disparaître un moment. »

Il a rabaissé sa jambe de pantalon par-dessus sa chaussure et reposé son pied à terre.

– Je suis désolé de l'apprendre. Je ne savais pas.

– Peu de gens sont au courant. Ce n'est pas quelque chose que je tiens à ébruiter, si tu vois ce que je veux dire. Mais bref, comme je te l'ai dit, c'est en partie la raison pour laquelle j'ai atterri ici, histoire... non pas d'oublier – ce n'est pas le terme – mais de reprendre le cours de ma vie, d'avoir un peu de recul sur tout ça. »

J'ai acquiescé et nous n'avons plus rien dit.

Nous sommes sortis de la gare dans la lumière crue de la mi-journée et nous sommes mis en route vers l'exposition. Je crois que je m'attendais à un musée, avec murs blancs immaculés et gardiens postés un peu partout pour s'assurer que personne ne touchait à rien. Un environnement d'hôpital, calme et stérile. Ça n'avait rien à voir. Quand j'ai poussé la porte de la galerie, je suis tombé sur une grande pièce avec deux canapés posés au milieu, comme au hasard. Sur la gauche, un couloir étroit donnait sur une salle de projection équipée de quelques rangées de sièges repliables et même de fauteuils qui semblaient rescapés d'une benne à ordures. Dans un coin, un escalier permettait d'accéder à une autre pièce en sous-sol, plus petite. Nous avons déposé nos manteaux dans un bureau près des marches. Il devait y avoir une vingtaine de personnes dans le studio à notre arrivée ; les gens squattaient les canapés, ou restaient debout avec une cigarette, une bière ou un café à la main.

Mr Devon m'a présenté aux cinq autres artistes qui exposaient en même temps. Ils étaient tous plus jeunes que lui, genre ex-étudiants à peine sortis de la fac, et cultivaient un look délibérément négligé. Ils avaient des trous dans leurs vêtements, et l'un d'eux avait rafistolé avec du gros Scotch ses vieilles bottes de para éculées. Certains arboraient des boucs maigrichons, et tous avaient les mains sales, tachées par la peinture ou le tabac. Ils étaient plutôt sympas, mais après les avoir rencontrés je me suis mis à espérer ne plus jamais avoir à discuter avec eux. Du moins pas de leur travail artistique.

La plupart des œuvres exposées ressemblaient à ce qu'on pouvait faire en cours avec Mr Devon, et seules quelques-unes surpassaient vraiment les trucs que m'avait envoyés à Anna. C'étaient mes préférées, justement. Un bateau brisé trônait au milieu de la pièce entre les deux canapés. Ses planches éclatées jaillissaient du plancher comme une cage thoracique fracturée et chacune d'entre elles était peinte pour représenter une scène différente, par exemple une bande d'Indiens rôdeurs, un ciel nocturne étoilé, ou bien des extraits de poèmes. L'œuvre était intitulée *Le Bateau ivre*. « C'est un poème de Rimbaud, m'a expliqué Mr Devon. Tu connais Rimbaud ?

– Je sais qui c'est, mais je ne connais pas ce poème.

– Eh bien, le voici », a rétorqué Mr Devon en désignant du menton la carcasse.

Le reste de l'expo n'avait pas grand intérêt. Mis à part ses œuvres à lui, qui étaient les meilleures de toutes. Il y avait d'abord une série de photos en noir et blanc, des images très dures montrant des dos nus, des épaules et des bras brûlés. La plupart étaient des corps de femmes, de toute évidence, sauf pour un cliché représentant un couple nu enlacé et dont on ne voyait que les bras et les épaules couverts de cloques et de cicatrices. Mr Devon m'a expliqué qu'il s'agissait d'un hommage à un film baptisé *Hiroshima mon amour*.

« Je ne l'ai pas vu, ai-je avoué.

– Tu le verras un jour. À la fac, probablement. »

Après cette série venait un collage. On y voyait une photo de Mr Devon en personne au milieu d'autres photos de filles du lycée pendant le cours de gym, en plein étirement, le dos courbé. Elles avaient les traits crispés sous l'effort et le collage était ainsi fait que Mr Devon, les bras croisés contre sa poitrine et un sourire patibulaire sur les lèvres, semblait en train de les torturer, ou du moins être le responsable de leurs souffrances et en tirer un certain plaisir.

« Anna aurait beaucoup aimé, ai-je commenté.

– Ça apporte une touche de gaieté, tu ne trouves pas ?

– Mais je crois que je préfère encore ça », ai-je poursuivi. La dernière œuvre de Mr Devon était un aquarium contenant un verre à vin, une pipe, une collection de vieux bocaux, des bouchons en liège et autres objets suspendus dans une solution transparente et solide. Des morceaux de journaux, de plans touristiques et de cartes postales flottaient à la surface. L'installation s'intitulait *Lycidas*.

« Je ne vais peut-être pas essayer de la vendre, tout compte fait, a-t-il déclaré. Oui, je crois que j'y suis trop attaché pour m'en séparer. »

...

Mr Devon avait besoin de rester encore un moment à la galerie et il m'a conseillé d'aller faire un tour. C'était précisément mon intention. Mais avant cela, je tenais à aller voir le film projeté dans la salle d'à côté. J'ai donc attendu la projection suivante. Ça s'appelait *Bébé Berceau Ventilateur Fenêtre,* et ça représentait la vision d'un bébé depuis la nacelle de son berceau. La caméra se balançait d'avant en arrière au ralenti, braquée sur un carreau de fenêtre incrusté d'un ventilateur, derrière lequel on distinguait des branches feuillues caressant la vitre sous l'effet de la brise. Tout était flou, avec des taches de couleur dansant lentement à l'écran. Je m'étais assis dans l'un des fauteuils, et il m'a suffi de quelques minutes pour m'endormir.

À mon réveil, j'étais un peu désorienté, plus trop sûr de l'heure qu'il était ou de l'endroit où je me trouvais. Le bébé se balançait toujours, les lames du ventilateur bougeaient à peine, et les branches oscillaient lentement en travers de l'image. Difficile de savoir s'il s'agissait de la même séance où si le film était reparti de zéro. Je me suis levé et je suis sorti de l'auditorium. En regagnant la salle principale, j'ai aperçu Mr Devon adossé contre le mur près de l'escalier, avec une femme dont il tenait la main pour écrire quelque chose à l'intérieur de sa paume. J'ai cru qu'il s'agissait de Claire – mêmes cheveux noirs et raides, même long manteau noir –, mais la fille a tourné la tête en riant et j'ai réalisé mon erreur. Ce n'était pas elle. L'inconnue avait à peu près le même âge, cela dit, peut-être un tout petit peu plus vieille.

J'ai voulu les éviter, mais il était trop tard : Mr Devon m'a vu et est venu à ma rencontre. « Déjà de retour ? m'a-t-il lancé.

– Je ne suis pas sorti, en fait. Je me suis endormi devant le film.

– Ça fait cet effet-là à tout le monde. » Il a regardé sa montre. « Tu as faim ? Allons manger un morceau. » Il a récupéré nos manteaux et nous sommes allés dans un bar à quelques rues de là.

Mr Devon n'avait pas l'air de bien réaliser la nature de l'endroit où il m'emmenait, et je me suis bien gardé de lui dire quoi que ce soit. C'était la première fois que je mettais les pieds dans un bar. J'ai été déçu. La salle était sombre, avec quelques clients attablés ici et là et d'autres alignés le long du comptoir en bois, penchés par-dessus leurs verres et suivant un match de basket sur les téléviseurs accrochés dans les coins. Nous avons pris une banquette vers le fond, et Mr Devon s'est installé de manière à pouvoir regarder la rue.

« Ça vous embête si je commande une bière ?

– S'ils te la servent, tu peux la boire. Mais je refuse de te ramener chez toi bourré ou malade. »

Nous avons tous les deux commandé un hamburger avec supplément de frites. J'ai bu deux bières, et Mr Devon a avalé cinq ou six vodkas. Nous avons bien failli rater le train.

Il faisait déjà noir quand le train a quitté la gare. Le wagon était baigné d'une lumière blanche, antiseptique. J'aurais aimé pouvoir la braquer vers l'extérieur et scruter la nuit. Mon siège dégageait une odeur de lit d'hôpital, du désinfectant pour mieux masquer l'urine. Le train tout entier me faisait l'effet d'un hôpital ambulant, calme et stérilisé. Mr Devon était de nouveau assis face à moi ; il semblait tendu, agité. Il croisait et décroisait les bras, déplaçait sans arrêt ses pieds comme pour chercher une position confortable, en vain. Sa lèvre inférieure saillait en une moue mécontente. Il m'a jeté un regard oblique et a vu que je l'observais.

« Alors, tu as passé une bonne journée ?

– Oui, lui ai-je répondu. Merci encore de m'avoir invité.

– Qu'as-tu préféré ?

– J'ai trouvé que vos œuvres étaient les meilleures, de loin. Surtout l'installation avec l'aquarium. » Nous avions déjà eu cette conversation dans le bar.

« Elle s'appelle *Lycidas*. Comment as-tu trouvé les photos ?

– Dérangeantes. Je vais tâcher de voir ce film dont vous m'avez parlé. »

Il a acquiescé très vite. « Laisse-moi te raconter une chose que j'ai confiée à très peu de gens. Je t'ai parlé de ma petite amie et de l'incendie. Mais ce que je ne t'ai pas dit, c'est que le rapport officiel n'a pas conclu à un incendie accidentel.

– Je ne comprends pas...

– Je sais, poursuivi Mr Devon. C'est la raison pour laquelle je t'en parle. Certains éléments ont permis de prouver que le feu n'avait pas été déclenché par sa cigarette allumée sur le canapé, mais provoqué délibérément, avec une allumette. C'est ce qui s'appelle y aller par la manière forte, tu ne trouves pas ? Surtout avec moi endormi à l'étage.

– Vous comprenez qu'elle ait pu faire une chose pareille ?

– Comment savoir ce que les gens ont vraiment dans la tête ? a-t-il soupiré. J'essaie de me convaincre que ça n'a aucune importance, que ça ne fait aucune différence... Je ne cherche pas à te donner des conseils, mais ce que je dis n'est pas complètement idiot non plus.

– Vous croyez au paradis et à tous ces trucs ?

– Je ne pense pas être la bonne personne à qui poser ce genre de questions, a-t-il répondu. Mais je te répondrai simplement que pour moi, l'histoire ne s'arrête pas là. Je crois intimement que les gens, surtout ceux qui comptent vraiment, ne vous quittent jamais. Et je ne parle pas seulement de souvenirs, je veux dire par là que les gens restent avec vous, au sens physique du terme. Tu me prends peut-être pour un fou, mais même la science conforte cette théorie. Il y a une loi physique qui affirme que l'énergie ne peut être ni créée ni détruite. Elle peut seulement changer de forme. Or c'est un fait biologique que le corps humain contient de l'énergie. Nous valons à peine mieux qu'un assemblage de tubes à éprouvette sur pattes ou de produits chimiques réagissant entre eux et distillant de l'énergie à l'intérieur de notre organisme. Et à notre mort, eh bien... notre enveloppe physique disparaît mais notre énergie, elle, doit bien aller quelque part. Forcément. Elle ne peut pas être détruite, alors où va-t-elle ?

« C'est là que nous commençons à nous éloigner un peu de la science, mais d'un pas seulement. » Il ne me quittait pas des yeux ; son regard restait fixement accroché au mien pendant qu'il me parlait de sa voix douce et mesurée ; c'était hypnotisant. « Maintenant, écoute-moi bien. Il y a des ondes. Des fréquences. La lumière et le son se déploient le long d'un spectre dont seul un faible pourcentage nous est perceptible. Nous devons recourir à des instruments spéciaux pour capter la lumière et les sons qui existent en dehors de ce pourcentage limité. Le tableau périodique est un autre spectre, avec ses éléments arrangés dans un certain ordre, de l'hydrogène – qui n'a qu'un seul proton – au lawrencium, qui en possède cent trois. Tout au bout de ce spectre, là où il y a le plus de protons, se trouvent des éléments qu'on ne pouvait pas voir jusqu'à récemment, et certains d'entre eux peuvent seulement s'observer dans des conditions de laboratoire pendant un laps de temps très court. Il y a aussi des particules atomiques dont nous connaissons aujourd'hui l'existence mais qu'on ne pouvait pas voir il y a vingt ans, et dont on ne soupçonnait même pas l'existence il y a un siècle.

« Tout cela est véridique. Il existe certains aspects de notre univers fondamental que nous ne pouvons entrevoir que pendant un temps très limité, dans des circonstances particulières, ou par l'intermédiaire d'instruments spécifiques. Personne ne remettrait cela en question. Pourquoi ne pourrait-on pas l'appliquer également à nous-mêmes ? Pourquoi notre énergie ne changerait-elle pas simplement de fréquence, d'onde sur le spectre ? Pourquoi ne pourrions-nous pas continuer à exister dans un espace du monde physique encore non visible ou mesurable par l'homme, ou seulement détectable dans des cas très précis, mais existant bel et bien ? Si tu observes un réacteur d'avion à l'arrêt, tu vois parfaitement toutes ses lamelles, mais lorsque le réacteur fonctionne, ses lames disparaissent. Il existe un tas de choses dans le monde que nous ne voyons ni n'entendons. D'autres mondes que nous ne rencontrons jamais. Pourquoi est-ce si difficile de croire que cela pourrait aussi s'appliquer à nous ? Bref, tout cela a-t-il le moindre sens pour toi ?

– Un peu.

– Eh bien, pour moi c'est limite. Est-ce que j'avais l'air de déblatérer ?

– Un peu.

– Je vais m'arrêter, dans ce cas. »

Il a croisé ses bras contre sa poitrine et a fermé les yeux. Il s'est renfoncé contre son siège, et bientôt sa tête s'est mise à dodeliner d'avant en arrière au rythme des mouvements du train. Je l'ai regardé s'affaisser et sombrer dans le sommeil. J'ai imaginé sa petite amie assise sur le canapé, s'endormant exactement de la même manière, sa cigarette coincée entre les doigts. J'avais du mal à comprendre comment quiconque pouvait s'assoupir avec une clope allumée à la main. Le laps de temps était trop court, vous étiez forcé de vous réveiller en sentant la brûlure, ai-je pensé. En admettant qu'elle l'ait fait exprès, délibérément lâché une allumette sur le canapé pendant que Mr Devon dormait à l'étage, cela me semblait une manière bien douloureuse et compliquée pour mettre fin à ses jours.

J'avais moi-même souvent réfléchi à la méthode à employer : asphyxie, arme à feu, overdose, poison, pendaison, me jeter du sommet d'un bâtiment élevé (ce qui impliquerait sans doute de me rendre jusqu'à Hilliker), lacération des poignets, noyade... tant de moyens plus simples que le feu. Je me disais que les gens penseraient à moi différemment une fois que je me serais donné la mort, qu'ils regretteraient de ne pas s'être montrés plus cool avec moi. Et puis je réalisais que si je me suicidais, les gens seraient soulagés de ne pas avoir été amis avec moi ; après tout, qui a envie de fréquenter un futur candidat au suicide ? Ils n'éprouveraient pas une once de chagrin ; ils se foutraient de moi, s'amuseraient à m'humilier, même, alors que je ne serais plus là. Je n'avais plus repensé à tout ça depuis bien longtemps, depuis avant Anna – sauf une fois, en janvier, lorsqu'elle avait elle-même abordé la question.

« À ton avis, c'est un péché de se suicider ? m'avait-elle demandé.

– C’est toi qui as une Bible dans ta chambre, lui avais-je répliqué. À toi de me dire.

– Je ne crois pas que la Bible dise le moindre mot là-dessus.

– « Tu ne tueras point », ça ne te dit rien ?

– Mais regarde le nombre de meurtres commis dans la Bible ! Et Dieu y est souvent pour quelque chose, d’ailleurs. Il tue les gens à tour de bras. Même son propre fils. »

J’ai voulu répondre, mais elle m’a coupé la parole.

« Si on veut entrer dans les détails techniques, on peut affirmer que Dieu a tué son fils, mais on peut aussi dire que Jésus s’est suicidé.

– Explique-moi ça !

– Eh bien, Jésus savait ce qui allait lui arriver et il a laissé faire. Il aurait pu stopper Judas, s’enfuir ou tenter quelque chose. On parle d’un type qui réalisait des miracles, quand même ! Marcher sur l’eau, changer l’eau en vin, nourrir les foules... mais là, il n’a rien fait. Il savait qu’il allait être mis à mort, et il les a laissés faire. Ce n’est pas si différent du mec qui se jette sous les roues d’une voiture ou qui se couche sur des rails de train.

– Il me semble qu’être un martyr n’a rien à voir avec s’allonger sur des rails. C’est plus une attitude de soldat engagé dans un combat, une mission.

– Oui. Des “missions suicides”, comme on dit, a répliqué Anna. C’est le terme qu’on emploie. Tu peux appeler ça “être un martyr”, mais c’est juste un nom différent pour désigner la même chose. Il a mis fin à sa vie, au lieu de la laisser suivre son cours naturel.

– Mais c’était son cours naturel, avais-je rétorqué. La raison même de sa naissance. » Je m’étais tu. Elle m’observait, ses yeux bleus luisant joyeusement dans la lumière chaleureuse du sous-sol, m'encourageant du regard, savourant cet échange. « Voilà pourquoi il ne faut jamais parler religion avec qui que ce soit, avais-je soupiré. On en vient toujours à couper les cheveux en quatre ou à aborder des problèmes insolubles, genre combien-fait-on-tenir-d'anges-sur-une-tête-d'épingle. C'est à se demander pourquoi la religion est un truc aussi compliqué, avec autant de failles et de contradictions.

– Ce n'est pas simple, hein ? La Bible ne cesse de se contredire. Elle est truffée de mystères, d'ambiguïtés... C'est pour ça qu'elle me fascine. Et c'est sans doute la raison pour laquelle elle existe encore aujourd'hui et continue à être lue. Les gens veulent essayer de comprendre, et chacun est libre de l'interpréter comme il le sent. Si son message était limpide et cristallin, accessible du premier coup, ça n'intéresserait personne. Ce serait ennuyeux. »

Elle était déjà prête à passer à autre chose, mais nous n'avions même pas abordé vraiment la question.

« OK, avais-je déclaré. Juste pour mettre les choses au clair, si le suicide n'est pas un péché, alors...

– Alors tu t'y prendrais comment ? a-t-elle répliqué.

– Moi ? Je ne m'y prendrais d'aucune manière.

– Pourquoi pas ? Tu ne trouves pas que nous vivons dans un monde horrible, rempli d'événements et de gens tout aussi affreux ?

– Sûrement. Mais je ne suis pas vraiment au courant de ces choses, dans le fond. Je n'ai rien vu du monde.

– On en entend parler tous les jours ! Ne te défile pas. Tu

sais très bien ce qui se passe dans le monde. Aurais-tu envie d'élever un enfant dans un endroit pareil ?

– Non. Certainement pas.

– Tu n'es qu'un enfant, pourtant. Que fais-tu ici ?

– Si j'avais le choix, je crois que j'aurais préféré ne pas naître, avais-je rétorqué. Maintenant que je suis là, autant rester, histoire de voir comment les choses évoluent.

– Donc tu ne partirais pas de ton plein gré ?

– Pas pour l'instant, non. Si c'est quelque chose qu'on peut décider de faire à tout moment, pourquoi se presser ?

– Tu passeras ta vie dans l'attente.

– Peut-être, avais-je concédé.

– Tu es si terre à terre... Mais c'est ce que j'aime chez toi. Sérieux.

– À ton tour, maintenant.

– Mon tour ?

– Ouais. Tu t'y prendrais comment ?

– J'en sais rien. Franchement, je n'en ai aucune idée. Parfois je me dis que je pourrais mettre fin à tout ça, mais il faut une telle force, un tel courage, sans savoir ce qui va se passer ensuite... Frank O'Hara disait qu'il aimerait avoir la force de se suicider, mais que s'il avait ce genre de force en lui, il n'aurait sans doute plus besoin de le faire.

– Qu'est-il devenu ?

– Il s'est fait renverser par un buggy sur une plage de Fire Island. S'il avait su qu'il mourrait aussi jeune, je me demande s'il aurait vu les choses de la même façon.

– C'est-à-dire ?

– Si tu savais que tu allais te faire écraser par une voiture, mettrais-tu toi-même fin à tes jours, par tes propres moyens ou bien attendrais-tu la voiture ?

– Je ne suis pas sûr que ce soit si important.

– Moi non plus, avait-elle renchéri. Et c'est sans doute pour ça que tu n'as pas de réponse à cette question. À moins d'avoir un cancer ou une maladie mortelle, ça reste un mystère. Alors autant rester pour voir comment les choses bougent, au lieu de sauter directement à la dernière page et gâcher le suspense. »

Voilà la partie que je me repasse en boucle. Voilà les mots que je décortique dans tous les sens, encore et encore. Comme tant des propos d'Anna, du moins ceux dont je me souviens, ces paroles permettaient toutes les nuances, toutes les interprétations. Anna était rarement catégorique. Avec elle, rien n'était jamais tout noir ou tout blanc. Elle avait des idées très tranchées, mais elle pouvait aussi bien sur n'importe quel sujet défendre les deux points de vue opposés avec la même conviction apparente. « Persuade-moi », disait-elle. Alors que je ne parvenais pas à me persuader moi-même.

Elle était une énigme. Voulait-elle tout gâcher ?

...

La tête de Mr Devon a basculé en avant, et il m'a regardé avec les yeux écarquillés. « Tu crois qu'elle va m'appeler ?

– Qui ça ?

– Cette fille, là. » Il s'est frotté le visage et a jeté un regard circulaire au reste du wagon. « À propos de mes photos, je veux dire.

– Je sais pas. Vous avez pris des photos, aujourd'hui ? »

Il a contemplé son appareil photo comme s'il le remarquait pour la première fois. « Non. Je le porte autour du cou pour me rappeler d'en prendre, mais je ne le fais jamais. » Il l'a fait passer par-dessus sa tête et me l'a tendu. « Tiens, prends-moi en photo. » Au moment où j'ai calé le viseur devant mon œil, il s'est écrié : « Non ! » Je tenais encore l'appareil posé contre mon visage quand il a bondi de son siège pour me l'arracher des mains. « J'ai dit non. »

Il s'est rassis et il m'a photographié. Il n'y a pas eu de flash. « Ça devrait aller, a-t-il déclaré. Il y a assez de lumière, ici. » Il a ensuite délicatement repassé la lanière autour de son cou et laissé l'appareil pendre contre sa poitrine. « J'aurais dû te prendre comme photographe de l'équipe, cette année. C'était nul de ma part. Et l'année prochaine, je te veux sur le terrain. Tu y seras, hein ?

– J'en sais rien, ai-je répondu. Je serais peut-être plus utile à l'équipe en prenant des photos.

– On verra. Une seule année peut faire toute la différence. » Il a rappuyé sa tête en arrière, et quelques minutes plus tard sa bouche s'est ouverte, la lèvre inférieure pendante.

Mr Devon s'est seulement réveillé quand notre train est entré en gare. Il était redevenu lui-même. Nous sommes allés récupérer son pick-up. « Prions pour qu'il démarre », a-t-il lancé. Le moteur a vrombi sans problème, mais le chauffage ne marchait toujours pas. Nous avons passé le trajet à grelotter tout en riant de nos dents qui claquaient et de nos petits nuages d'haleine blanche. « Si tu as une allumette, c'est le moment de la craquer, m'a-t-il dit. Mets le feu à quelque chose, n'importe quoi – bouquin, fauteuil, manteau... ce que tu veux. As-tu jamais eu aussi froid de ta vie ?

– Vous devriez peut-être essayer les maths », ai-je répondu. Il n'a pas eu l'air de trouver ça drôle. Le reste du trajet s'est effectué en silence.

« Ça ne valait pas vraiment le coup, hein ? a-t-il fini par me demander.

– Si, au contraire. J'ai passé une bonne journée. Merci pour l'invitation et tout le reste.

– Je pensais qu'il y aurait d'autres gens du lycée avec toi. Des jeunes de ton âge. J'imagine que ça faisait trop loin.

– Pas tant que ça, ai-je objecté.

– L'expo dure encore une semaine.

– Je ferai la pub autour de moi.

– Évite juste d'ébruiter cette histoire de bar, m'a-t-il demandé. Mais c'était chouette, non ?

– Oui, très. »

Cette nuit-là, impossible de fermer l'œil. J'ai allumé le poste à ondes courtes pour la première fois depuis le départ d'Anna, et j'ai réentendu ces voix étranges que nous écoutions autrefois délivrer leurs messages incompréhensibles à l'attention de quelqu'un, ou de personne. Dès qu'une émission s'arrêtait ou devenait inaudible, je changeais de fréquence, juste histoire de tuer le temps.

Je suis tombé sur une voix de femme à peine perceptible récitant une liste de nombres. Le son était faible, lointain, presque noyé sous la friture, mais j'ai aussitôt reconnu cette voix. Aussi clair que si elle m'avait hurlé dans l'oreille. C'était celle d'Anna. Aucun doute, ça ne pouvait être qu'elle. Je me suis redressé dans mon lit et j'ai tenu le poste au-dessus de ma tête à bout de bras pour tâcher d'obtenir une meilleure réception, un signal plus limpide. Le son s'est à peine amélioré. Je ne distinguais que certains nombres. « Dix-neuf, neuf, treize... quinze, treize, treize... cinq, neuf, sept, cinq. » Et puis plus rien. La voix s'est tue, cédant définitivement la place aux grésillements. Il était vingt-trois heures vingt. J'ai bondi hors de mon lit et allumé la lumière, noté l'heure, la fréquence et les nombres dont je me souvenais. Je ne sais même pas si je retranscrivais la liste dans le bon ordre, mais je griffonnais à toute allure, le plus fidèlement possible.

Le lendemain, je recevais un e-mail indiquant la fréquence que j'avais écoutée la veille ainsi que le message « 2310 est ». C'était une adresse sur Yahoo. « Qui êtes-vous ? ai-je répondu. Avez-vous un message pour moi ? », mais ces questions sont restées lettre morte.

Ce soir-là, à vingt et une heures, j'ai rallumé le poste sur la même fréquence, mais il n'y avait rien à entendre, hormis de la friture. À vingt-trois heures dix, la voix est revenue, celle qui ressemblait tant à celle Anna, pour réciter le message suivant : « Comptez. Dix-neuf, neuf, treize, seize, douze, cinq. » Pause. « Trois, quinze, treize, treize, cinq. » Pause. « Douze, un. » Pause. « Quatorze, cinq, neuf, sept, cinq. » La voix a répété le message plusieurs fois avant de s'éteindre.

Un e-mail en provenance de la même adresse Yahoo m'attendait dans ma boîte le lendemain : « Qu'est-ce que ça veut dire ? »

« C'est ce que je voudrais savoir, ai-je répondu. Qui est là ? »

J'ai réécouté la fréquence les deux soirs suivants, et encore davantage acquis la conviction qu'il s'agissait bien de la voix d'Anna. Les messages étaient chaque fois identiques, comme s'ils étaient enregistrés. Je n'ai plus reçu d'autres e-mails.

J'ai commencé à me focaliser un peu moins sur les émissions et un peu plus sur les nombres. Que pouvaient-ils bien signifier ? Je les ai écrits sur une feuille pour les observer. Rien. Je les ai examinés à nouveau. Toujours rien. Je les ai ensuite répartis en quatre groupes, correspondant aux quatre segments du message séparés par des pauses. Le premier groupe comptait six nombres, le deuxième cinq, le troisième deux, et le dernier cinq. Les deuxième et quatrième groupes contenaient chacun cinq nombres. Le chiffre cinq arrivait à la fin de chaque groupe, sauf pour le troisième. Quelle était sa signification ? Qu'était-il censé représenter ? J'ai de nouveau regardé la liste, puis ma retranscription de l'émission. Le message commençait par le mot « Comptez ». Sur une feuille à part, j'ai noté toutes les lettres de l'alphabet et les ai associées chacune à un numéro, 1 pour le A, 2 pour le B et ainsi de suite. La cinquième lettre de l'alphabet était le E. Le troisième segment, le plus court, signifiait « la ». La suite n'était qu'un jeu d'enfant. Mon système fonctionnait. « Simple comme la neige. » Tel était le contenu du message. Anna avait envoyé le code.

Il me fallait absolument retrouver la provenance géographique de cet enregistrement. Je me suis branché sur Internet et j'ai cherché des infos sur le moyen de localiser la source d'une émission en ondes courtes, mais il n'y avait pas grand-chose, et le peu de conseils disponibles était trop technique pour moi. J'avais besoin d'aide, et la seule personne susceptible de m'aider était Mr Cayne. Ça ne m'enchantait guère, mais je n'avais pas d'autre choix. Je l'ai appelé et je lui ai demandé si je pouvais passer le voir pour qu'il m'éclaire sur un problème précis.

« J'ai capté des messages étranges sur mon poste, lui ai-je expliqué une fois chez lui. Ça va vous paraître dingue, mais la voix ressemble à celle d'Anna.

– Que dit le message ?

– C'est une suite de nombres.

– Anastasia récitant une suite de nombres ?

– Je sais que ça n'a aucun sens, ai-je insisté, mais on dirait vraiment Anna. En fait, je suis certain que c'est elle. J'aimerais que vous m'aidiez à localiser la provenance de l'émission. »

Il m'a regardé bien fixement. Ça me fichait toujours un peu la trouille quand il dardait ses deux yeux chauves sur moi. « Que signifient ces nombres, à ton avis ?

– Je ne sais pas. Mais si nous identifions la source et l'émetteur du message, nous pourrons peut-être le déchiffrer.

– Je ne crois pas que ça nous aidera.

– Pourquoi dites-vous une chose pareille ? »

Il s'est tu un long moment, puis a fini par déclarer : « Parce que c'est moi qui ai envoyé ce message.

– Vous ?

– Oui. J'espérais que quelqu'un m'aiderait à le décrypter. Je l'ai trouvé sur l'ordinateur d'Anna. Elle l'avait enregistré quelques jours avant... avant son départ, a-t-il expliqué. Je l'ai écouté plusieurs fois, et j'ai décidé de chercher de l'aide.

– Alors c'est vous l'auteur des e-mails ?

– Je les ai envoyés à tous ses amis. Tous les membres de sa liste de contacts, le moindre nom, la moindre personne susceptible de la connaître... Je me disais que j'aurais plus de chance en restant anonyme.

– Et ça a marché ?

– Non. Je dois absolument comprendre la signification de ces nombres.

– Je la connais, moi, lui ai-je répondu.

– Mais tu viens pourtant de me dire le contraire...

– Oui, mais je crois que je sais. Le message s'adressait à moi.

– Qu'est-ce que c'est ?

– Je ne peux pas vous le dire, Mr Cayne.

– Je te l'ordonne !

– Impossible. Ce n'était pas vraiment un message. C'est juste une introduction, un signal. Une phrase que nous avions choisie comme code, notre secret à tous les deux. Au cas où on serait séparés un jour. Je ne peux pas vous révéler le contenu de cette phrase.

– Comment ça, au cas où vous seriez séparés ? »

Je lui ai expliqué l'idée d'Anna de nous inventer un code, comme Houdini et sa femme. « La phrase nous est venue par hasard, ai-je ajouté. Et puis il y a eu ça. » Je lui ai tendu la nécrologie d'Anna, celle que j'avais reçue par la poste. Il l'a lue une première fois, puis une seconde. « C'est toi qui as écrit ça ?

– On me l'a envoyé.

– Qui ?

– Aucune idée. Je me disais que c'était peut-être Anna.

– Non, a-t-il répondu d'un ton cassant. Ce n'est pas d'elle.

– Comment pouvez-vous en être aussi sûr ? »

Il m'a dévisagé avant de reprendre la parole d'un ton circonspect. « Il y a là des choses qu'Anna ne pouvait pas savoir.

– Lesquelles ? » Mr Cayne n'a pas répondu ; il gardait les yeux baissés sur la feuille. « Aviez-vous une autre fille qui a fugué ? ai-je insisté.

– Ça n'a rien à voir avec cette histoire, m'a-t-il rétorqué.

– Je croyais qu'elle était fille unique.

– C'est ce qu'elle t'a dit ?

– Il me semble, mais je n'en suis plus si sûr. Qu'y a-t-il d'autre de vrai, là-dedans ? »

Il m'a rendu la feuille. « Ça n'aidera personne. Tu ferais mieux d'oublier ça.

– On devrait peut-être en parler à la police, non ?

– Si tu veux », m'a-t-il répondu d'un ton laissant clairement entendre qu'il savait que je n'en ferais rien. J'ai replié la feuille et je l'ai glissée dans ma poche. Il n'avait répondu à aucune de mes questions ; il s'exprimait presque comme Anna, ne disant que ce qu'il voulait bien et ignorant copieusement le reste. Une ombre triste et inquiète a soudain assombri ses traits, et j'ai cru qu'il allait se mettre à pleurer. Il ne me regardait pas vraiment, il fixait plutôt un vague point sur le sol entre nous. « Elle ne reviendra pas », a-t-il lâché.

Je n'en croyais pas mes oreilles. Il l'avait dit. À voix haute. Nous l'avions tous pensé – c'était l'idée que nous nous efforcions de repousser, contre laquelle nous luttions tous en permanence – mais jusqu'ici personne ne l'avait jamais formulée. Et je n'aurais jamais cru l'entendre en premier de la bouche de son père. Je l'ai observé, médusé ; j'ignorais ce qu'il attendait de moi, approbation ou objection. J'étais seulement venu lui demander de l'aide. Je suis resté planté devant lui, incapable de prononcer un mot. J'avais trop peur de l'entendre me dire qu'elle était morte.

La tentative de contact de Mr Cayne et sa main tendue dans le vide m'ont donné envie de faire pareil. J'ai appelé une voyante par téléphone. J'avais un peu honte, et je n'en attendais pas grand-chose, mais la femme à l'autre bout du fil était sympathique, et quelque chose dans sa façon de parler me faisait du bien. Elle était calme, rassurante, positive. Elle m'a affirmé que l'avenir me réservait de bonnes choses. Pendant quelques minutes, elle a presque réussi à me convaincre que je n'étais ni déprimé ni désespéré, ou du moins que je ne le serais pas pour toujours.

« Je vois un changement dans votre vie très bientôt, m'a-t-elle assuré. Vous n'allez pas rester longtemps au même endroit. Votre horizon va s'élargir, s'épanouir vers un lieu de chaleur, au soleil, où des gens vous aiment et veilleront sur vous. Tout va s'arranger. Je vous le promets, pour bientôt.

– Où vais-je aller ? lui ai-je demandé.

– C'est un lieu marqué par le rouge. Il y a des tigres. Et il fait chaud. Vous quittez l'eau pour rejoindre l'eau. Il y a là une sorte de connexion.

– C'est vague, quand même.

– C'est tout ce que je sais, m'a-t-elle répondu. Je peux essayer de vous en dire plus, mais vous devrez rester en ligne. »

J'ai refusé.

« Quel est votre prénom ? lui ai-je demandé en la rappelant le lendemain soir.

– Cassandra. Et vous ?

– Carl, ai-je répondu. Et votre vrai prénom ?

– Toujours Cassandra.

– Au revoir, Cassandra. »

J'ai remis ça le troisième soir. Quand « Cassandra » a décroché, j'ai tout de suite compris qu'il ne s'agissait pas de la même personne. J'ai rappelé plusieurs fois avant de tomber sur la voix que j'attendais. Elle m'a répété la même chose que les fois précédentes, et je me suis demandé si elle ne ressortait pas cette histoire d'exil au soleil à tout le monde. Puis elle m'a pris au dépourvu :

« Vous avez déjà appelé », a-t-elle déclaré.

Je n'ai rien dit.

« J'ignore de quelle ville il s'agit, mais ça revient au même, a-t-elle poursuivi. Ne vous inquiétez pas, Carl, tout va s'arranger. »

Nous avons discuté un moment, mais plus du tout de trucs de prédictions d'avenir. Juste de choses et d'autres. Pendant cinq ou six soirs d'affilée, je suis resté allongé sur mon lit à l'écouter parler. C'était comme une sorte de coup de foudre adolescent ; je m'étais amouraché de l'univers que me décrivait Cassandra. J'aimais l'entendre me raconter toutes les choses formidables qui m'attendaient – ou qui attendaient Carl, plus exactement. Ça au moins, je pouvais y croire.

« Je te rappelle demain.

– D'accord.

– Mais je veux te parler à toi. Donne-moi ton vrai nom.

– Je n'ai pas le droit, m'a-t-elle répondu.

– Alors je n'appellerai plus. »

Elle s'est tue un instant. « Je ne peux pas te donner mon nom, mais que dirais-tu d'un code ?

– Quel genre de code ?

– Quand tu appelleras, demande Cassandra et ajoute que tu cherches à joindre le poste treize.

– Ça n'a rien d'un code, ai-je objecté.

– Je sais, mais ça sonne mieux. » Elle a lâché un petit rire. Elle trouvait ça drôle. Mon cœur cognait dans ma poitrine.

Je lui ai parlé encore un peu, puis j'ai fini par lui avouer : « Je ne m'appelle pas Carl.

– Je sais.

– J'essaie de retrouver quelqu'un. J'attends un message.

– Je ne peux rien pour toi, m'a-t-elle rétorqué.

– Je veux savoir ce qui est arrivé à quelqu'un de mon entourage.

– Je ne peux pas t'aider.

– Ce n'est pas ce que tu es censée dire.

– Je sais, mais c'est la vérité. »

Je ne voulais pas la vérité. J'y avais droit tout le reste de la journée. Je n'appelais pas pour entendre la vérité. « Dis-moi ce que tu es censée dire, alors. » Elle ne voulait plus. « C'est moi qui paie », ai-je ajouté. (En fait c'était surtout mon père, mais elle n'avait pas besoin de le savoir.)

Elle a commencé à tenir des propos vagues, mais ça ne fonctionnait plus. Le ton de sa voix avait changé. Tout avait changé. Je l'ai interrompue.

« Elle avait un message pour moi, ai-je insisté. Quelque chose de très précis. »

Il y a eu un silence à l'autre bout du fil.

« Tu dois me dire ce que c'est.

– Je ne sais pas ce que c'est, a protesté Cassandra.

– Allez, dis-le-moi.

– Je ne suis au courant de rien.

– Dis-moi.

– Elle dit que tout va s'arranger. Elle dit qu'il ne faut pas avoir d'inquiétude. Surtout ne pas s'inquiéter.

– Je croyais que tu pourrais m'aider, ai-je marmonné.

– Je croyais être en train de le faire, a-t-elle rétorqué. Ça ne change rien à ce que je t'ai dit avant. Les choses vont s'arranger.

– Il ne faut pas mentir aux gens », ai-je lâché. Je n'étais pas en colère. Seulement triste. Je voulais continuer à l'appeler. Je voulais avoir mes quelques minutes de réconfort par jour. Voilà que je me retrouvais exactement comme avec Melissa : tout d'un coup, la magie avait disparu. Je ne savais plus ce qui m'attirait en elle.

« Je ne t'ai pas menti. J'essayais juste de t'aider.

– Eh bien, c'est raté. » Et j'ai raccroché.

J'ai été réveillé au milieu de la nuit par un bip sur mon portable. En ouvrant les yeux, j'ai aperçu une diode verte clignotant à quelques centimètres de mon visage ; j'avais dû m'endormir avec mon portable sur le lit. Je n'en avais gardé aucun souvenir, mais il était bel et bien là. Je venais de recevoir un SMS. Je l'ai ouvert. Le message était le suivant : « Scln. » C'était tout. Ça n'avait aucun sens.

J'ai jeté le téléphone par terre et enfoncé ma tête dans mon oreiller pour me rendormir. Puis tout à coup, je me suis redressé. « Simple comme la neige. » Non, c'était impossible.

J'ai ramassé mon téléphone et relu le message. « Scln. » Le numéro de l'expéditeur était caché. Il n'y avait rien sur l'écran, hormis la petite icône en forme d'enveloppe sur la gauche. Le SMS m'était parvenu à quatre heures du matin.

Je n'ai pas pu refermer l'œil. Les idées tournoyaient dans ma tête, poursuivant une piste imaginaire... ou réelle ? Fallait-il voir dans ce message une étrange coïncidence, une mauvaise blague ou un véritable indice ? Ça ne pouvait pas être une blague. Le code était notre secret. Anna n'en aurait jamais parlé à qui que ce soit. En outre, pourquoi monter un canular avec les initiales, et non la phrase entière ? Ce n'était pas le code dont nous étions convenus. Mais ça n'en restait pas moins proche, très proche du véritable code, au point de me maintenir éveillé le restant de la nuit. J'ai fixé le message pendant des heures. J'y ai même répondu : « Allô ? ? ? ? ? » Plus j'y repensais, moins cette histoire avait de sens. Si c'était de la part d'Anna, pourquoi n'avait-elle pas respecté le code que nous avions fixé ? Et si elle était en mesure d'envoyer des SMS, pourquoi le faire sur mon portable à moi, et pourquoi ce message-là seulement ? Mais qu'est-ce que j'en savais, après tout ? Elle ne pouvait peut-être pas en dire plus – ne pourrait peut-être jamais en dire plus. D'un côté, je me faisais tout un film à cause d'une simple coïncidence, d'un détail troublant, certes, mais insignifiant. De l'autre, je devais continuer à tenter d'établir le contact. Après la mort d'Houdini, sa femme avait essayé de le joindre pendant dix ans, attendant patiemment qu'il lui envoie le code.

le canal

La mère de Carl nous a conduits à la gare. Je ne sais plus ce qu'on lui avait raconté, peut-être que ma mère était déjà à New York et que Carl et moi devions la retrouver pour qu'elle nous balade pendant la journée. Quoi qu'il en soit, la mère de Carl lui a donné le feu vert.

Une fois arrivés à Manhattan, nous avons marché jusqu'au studio où avait lieu l'enregistrement de l'émission *Le Canal*. L'animateur, Gerald Preen, est un médium qui transmet aux membres du public des messages de leurs chers disparus. Il y a beaucoup de gens qui pleurent, c'est un programme très populaire. J'avais rempli un formulaire de présélection sur le site Web de l'émission ; je voulais savoir s'il y avait moyen d'entrer en contact avec Anna par le biais du médium. J'étais bien sûr assez sceptique, voire méfiant, mais je tenais à tenter toutes les voies possibles. Le questionnaire demandait pas mal de détails, mais je m'étais efforcé de fournir des réponses aussi brèves et générales que possible. J'ai insisté sur nos âges et sur le mystère de la disparition d'Anna. « J'ai peur qu'il soit arrivé quelque chose de grave à une personne de mon entourage, avais-je écrit. Suicide, meurtre, ou pire encore.

Cette personne croyait fermement en l'existence d'une vie après la mort, et dans la possibilité de communiquer à travers *Le Canal*. Je suis sûre qu'elle essaie de me faire parvenir un message. Notre petite ville tout entière l'attend. »

Le lendemain, j'ai reçu une réponse m'invitant à me rendre à l'enregistrement. « Nous avons tant de demandes, disait l'e-mail, que nous ne pouvons pas vous garantir une session avec le médium ni même une place dans le public. Mais si vous vous présentez au studio à la date et à l'heure indiquées, nous considérerons votre dossier avec la plus grande attention. »

J'avais imprimé des plans sur MapQuest, et Carl et moi les avons étudiés dans le train afin de savoir exactement quelle direction prendre à la sortie de la gare, au lieu de ressembler à deux abrutis de touristes. Manhattan était une ruche, une fourmilière. La foule se pressait le long des trottoirs avec cet air résolu des gens qui savent exactement où ils vont. Cette agitation avait quelque chose de stimulant. Quand nous sommes arrivés au studio, Carl a essayé de me planter dans la file d'attente. Il voulait aller faire un tour. « Tu n'as pas besoin de moi », a-t-il argué. Je le voyais déjà aller s'adresser aux vrais hommes d'affaires, ces types qui squattaient Central Park et alpaguaient des passants en chuchotant, spécialisés dans le cash et les secrets en tous genres. À moins qu'il ne prenne lui-même la place de l'un d'entre eux, afin d'effectuer quelques deals et de rentrer à la maison avec une petite poignée de billets facilement gagnés.

« Allez, ai-je insisté. J'ai besoin de ton soutien moral. »

Il est donc resté, et nous avons poireauté ensemble dans l'espoir d'être sélectionnés. Plus j'attendais, plus je savais que c'était idiot. Anna m'avait expliqué qu'Houdini avait passé sa vie à mettre les gens comme moi en garde contre ces arnaques, mais j'étais quasiment prêt à y croire. Le froid du bitume s'infiltrait à travers mes semelles, jusque dans mes os. Un assistant m'a tendu un formulaire et m'a demandé de le remplir, bien que j'aie déjà répondu aux mêmes questions. Là encore, je me suis efforcé de faire des réponses courtes et vagues ; je ne voulais laisser filtrer aucun indice ni faire le boulot de l'équipe à sa place. Finalement, quelqu'un est venu nous faire entrer.

Une vingtaine de personnes avaient été sélectionnées pour faire partie du public. On nous a emmenés dans une petite salle d'attente qui ne contenait qu'un canapé et quelques chaises ; ceux d'entre nous qui n'avaient plus de place se sont assis par terre ou sont restés debout. Carl et moi étions de loin les deux plus jeunes. Un collaborateur de l'émission est venu me demander où se trouvait mon père, ma mère ou mon « tuteur légal ». « J'ai dix-huit ans », lui ai-je rétorqué. L'homme a observé Carl un long moment avant de nous tendre une brassée de formulaires supplémentaires. « Lis et signe », a-t-il soupiré.

Des assistants entraient et sortaient, comme des serveurs, pour nous apporter boissons et amuse-gueules. Ils nous demandaient si nous avions besoin de quoi que ce soit et commençaient à papoter avec nous. Malgré les instructions recommandant de ne pas trop s'épancher avant l'émission, certaines personnes se sont mises à évoquer les proches qu'ils cherchaient à joindre, les circonstances de leur mort et autres détails qui tombaient on ne peut plus facilement dans les oreilles de leur auditoire.

Au bout d'une heure environ, on nous a escortés dans le

studio et indiqué où nous asseoir. Il y avait encore pas mal de sièges vides, et je me suis demandé pourquoi ils avaient refusé autant de monde dans la file d'attente. Quelques minutes plus tard, un second groupe d'une quinzaine de personnes est venu se joindre à nous. C'étaient soi-disant des candidats, comme nous, mais après l'enregistrement quelqu'un de mon groupe a affirmé les avoir vus arriver ensemble en minibus. Les gens de ce groupe étaient très expansifs et posaient beaucoup de questions. Je savais que je devais me montrer plus bavard, sous peine de ne pas être choisi par l'animateur, mais je pesais soigneusement chacun de mes mots. « J'y crois pas comme c'est long, marmonnait Carl. J'aurais pu m'occuper d'un tas de trucs en attendant. »

Enfin Gerald Preen a fait son apparition. Il était plus petit en vrai qu'à la télé. « Ça fait toujours cet effet-là », m'a expliqué Carl plus tard. Preen faisait assez jeune, disons comme mon frère, sauf qu'il devait être plus âgé. Ses cheveux brun foncé étaient coupés très court, et plaqués vers l'avant de son crâne pour dissimuler une calvitie naissante. Il portait un pull noir à col roulé avec un pantalon de laine gris, et s'exprimait d'une voix douce et calme. C'était censé être apaisant, mais il parlait si vite qu'on avait du mal à le suivre. Son débit me rappelait la première fois qu'Anna m'avait adressé la parole, à la bibliothèque ; les mots sortaient de sa bouche en un flot dense et envoûtant. Il y avait une grosse différence, toutefois : lui n'avait rien d'intéressant à dire. Il nous a expliqué le déroulement de l'émission, puis a scruté le public. « Quelqu'un ici m'a-t-il déjà rencontré ? Quelqu'un ici m'a-t-il déjà vu ou parlé directement ? » Apparemment, ce n'était le cas de personne, ou en tout cas de personne ne souhaitant l'admettre, et l'enregistrement a commencé.

Preen a commencé par des trucs faciles, sans risques, et en usant de méthodes classiques que j'avais vues décrites dans les livres d'Anna ou sur Internet. « Je sens un J. J'ignore ce que ça signifie. Un prénom masculin. John, Jonathan, Jack... Quelqu'un qui est passé de l'autre côté, qui se trouve parmi nous aujourd'hui ou qui fait partie de vos proches. » Plusieurs mains se sont levées. Mais qui n'avait pas un John dans son entourage ? Certains des articles que j'avais lus expliquaient que les médiums s'appuyaient souvent sur les probabilités et les statistiques (comme le fait que de nombreux prénoms masculins commencent par la lettre J, ou de nombreux prénoms féminins par la lettre M). Ils avaient recours à deux grandes techniques de divination, baptisées « froide » et « chaude ». La méthode froide consiste à partir du général pour se resserrer progressivement autour de détails précis, en se fondant au fur et à mesure sur les révélations et les réactions du sujet. La méthode chaude consistait à s'appuyer sur des informations recueillies à l'insu du sujet et formulées devant lui, à sa grande stupéfaction. J'avais entendu parler de médiums ayant enrôlé des complices chargés de se rendre au domicile de la personne en se faisant passer pour des représentants de commerce ou d'un quidam en détresse ayant besoin d'un téléphone, afin de noter toutes sortes d'informations sur l'individu et sur sa maison. Pendant les séances, les médiums étaient ainsi en mesure de fournir des détails extrêmement précis sur leurs interlocuteurs, tout en affirmant : « Nous ne nous sommes jamais rencontrés, et je ne me suis jamais rendu chez vous. » Preen semblait recourir à un mélange de ces deux techniques.

Il a continué à poser des questions et à débiter des généralités avant de passer à des détails plus précis, rétrécissant peu à peu son champ d'investigation jusqu'à un membre du public en particulier. À présent, il se concentrait exclusivement sur « John ». Il n'y avait là rien d'extraordinaire, mais c'était exactement le genre de tactiques dont j'avais entendu parler. C'était captivant à observer en vrai, comme d'assister à un tour de magie en connaissant le truc. Mais la performance de Preen était si convaincante qu'on en venait presque à oublier que c'était bidon. Il opérait avec un magnétisme irrésistible ; comme un aimant, plus il se rapprochait de vous et plus vous vous sentiez attiré par lui. L'aspect le plus fascinant de sa méthode était sa réaction lorsque le sujet réfutait l'argument qu'il venait d'avancer. Au lieu de changer de propos, il insistait en disant qu'il avait raison et que c'était son interlocuteur qui se trompait. « Vous n'étiez peut-être pas au courant de ce détail », rétorquait-il. Ou bien : « Les choses ne se sont peut-être pas déroulées ainsi, mais le disparu l'aurait souhaité. » Si ces remarques ne marchaient pas, il passait généralement à quelqu'un d'autre.

Au bout du sixième candidat, le regard de Preen s'est posé sur moi.

« Vous essayez de retrouver quelqu'un, a-t-il déclaré. Vous cherchez à lui transmettre un message, un message d'une très haute importance. Le nom commence par un C.

– Nom ou prénom ? » lui ai-je rétorqué, tout en me faisant violence pour ne pas acquiescer et lui offrir la réponse sur un plateau.

Il a hésité. « Nom. » Quand j'ai fait oui de la tête, un murmure ébahi a retenti dans le public, comme si Preen venait de résoudre un problème incroyable, alors qu'il avait tout simplement deviné correctement un truc pour lequel il avait une chance sur deux.

« Le prénom est plus compliqué, a-t-il repris. Cette personne n'aime pas qu'on l'appelle par son vrai prénom. Je vois quelque chose de long, avec beaucoup de syllabes. »

Ça s'est éternisé. J'aurais aimé qu'il aille droit au but, mais il jouait avec le public pour faire monter la sauce. « Je vois un A. »

Il a débité tout un tas de déductions d'ordre général, mais véridiques. « C'est le prénom d'une femme. Quelqu'un de proche de vous, mère, sœur, petite amie... C'était votre petite amie. Elle est partie subitement, récemment. Ça s'est passé très vite. »

Il s'est ensuite lancé dans une série de déclarations erronées, puis est repassé à la question du nom – qu'il n'a jamais révélé en entier, seulement ses initiales – et j'ai eu peur qu'il me laisse tomber. Il essayait de me manipuler, de m'entraîner dans son sillage, et je faisais la même chose. Je n'avais nullement l'intention de l'aider ; j'étais convaincu qu'il n'était rien de plus qu'un escroc, un disciple habile de l'art tant décrié par Houdini, ou par le Dr James Ryan, un célèbre « traqueur de médiums », et par bien d'autres encore. Le Dr Ryan avait même proposé une confrontation publique à Preen, l'invitant à démontrer ses talents dans un cadre contrôlé, supervisé par Ryan lui-même. Il lui promettait de lui offrir un million de dollars s'il parvenait à prouver « l'existence de n'importe quel pouvoir paranormal, surnaturel ou occulte ».

À en croire le site du Dr Ryan, Preen n'avait jamais répondu à l'invitation.

Mais je voulais qu'il continue à me parler ; il restait un infime degré d'espoir qu'il ait quelque chose à m'apporter. Il m'a demandé à voir des photos de la disparue ou un quelconque objet lui ayant appartenu. Sachant qu'il s'agissait d'un truc classique des faux médiums, j'avais pris soin de ne rien apporter avec moi. Contrarié par ce détail, il a toutefois continué : « Vous cherchez à dire quelque chose à cette personne. Elle cherche à vous dire quelque chose. C'était convenu entre vous. » Brusquement, il s'est tu et a changé d'angle, comme si une idée soudaine venait de le frapper. « Il y a un pacte », a-t-il déclaré. J'ai tout fait pour devenir une pierre, une page blanche, mais j'ai dû me trahir sans le vouloir – un détail dans mon regard ou dans le plissement de mes lèvres – et il a sauté sur l'occasion. « Il y a un code », a-t-il annoncé. Ça devenait dangereux. Si je confirmais cette information, tout le monde saurait pour le code secret entre Anna et moi. Tous les spectateurs seraient au courant, et le reste ne serait plus qu'un jeu de devinette. J'ai attendu sans rien dire pendant que Preen ne me lâchait pas du regard, ses prunelles telles deux brûlures imprimées au fer rouge au fond des miennes, en quête d'un indice, n'importe lequel, et me suppliant presque. Au final, j'ai concédé un tout petit « non » de la tête et il m'a sorti une autre assertion erronée avant de passer à un autre membre du public, l'air de rien.

C'était classique. Au total, il n'a obtenu que quinze à vingt pour cent d'infos correctes pendant toute la durée de l'enregistrement. Il mettait fin à certaines lectures encore plus abruptement qu'avec moi, et passait tout simplement au candidat suivant. Après un bide cuisant, il s'adressait généralement à l'un des membres du second groupe arrivé après nous dans le studio, ce qui semblait corroborer la thèse selon laquelle il s'agissait de complices. Je me suis demandé ce que ça donnerait à la diffusion ; quand j'ai vu l'émission quelques semaines plus tard, la plupart de ses bourdes avaient été supprimées tandis que les séquences réussies avaient été trafiquées au montage pour paraître plus théâtrales.

Après l'enregistrement, pendant que nous sortions du studio, un assistant s'est avancé vers moi et m'a demandé de le suivre. Carl m'a dit qu'il attendrait dehors ; sans poser de questions, j'ai accepté. Il m'a conduit jusqu'à la loge de Preen. L'animateur m'attendait sur un canapé en cuir, une tasse de thé à la main. Il n'a même pas levé la tête lorsque je suis entré. « Pourquoi m'avoir menti ? m'a-t-il demandé en dardant soudain son regard sur moi.

– Je ne...

– Il y a un code, a-t-il insisté. Tu as fait non de la tête quand je l'ai mentionné. Pour qui travailles-tu ? le Dr Ryan ?

– Non.

– Mais tu lui as parlé, non ? Il t'a aidé, t'a briefé avant de venir ?

– Non, ai-je répondu. Il a refusé de me rencontrer. » C'était la vérité. Je lui avais envoyé un e-mail pour lui raconter mon histoire et lui dire que j'allais participer à l'émission, mais il ne m'avait jamais répondu.

– Qu'est-ce que tu veux ?

– Je crois qu'on cherche à me transmettre un message, ai-je expliqué. Certains événements me font penser qu'il y a eu comme une tentative, une ébauche de contact, mais rien de plus. Je veux entrer en relation avec cette personne. Établir un vrai contact. Je veux savoir ce qui se passe et ce qui s'est passé. »

Preen a reposé sa tasse de thé sur la table basse. Il s'est levé pour venir vers moi et a posé sa main sur mon épaule. « Je peux t'aider.

– Comment ?

– Sais-tu ce qui est arrivé à cette personne ?

– Non. » Une légère contrariété m'a submergé – je venais de lui avouer mon ignorance.

Il a fixé sa tasse un long moment, puis a de nouveau tourné sa tête encadrée de cheveux sombres vers moi. « Elle est décédée. C'est comme cela que je sais ce que je m'apprête à te dire.

– Vous en êtes sûr ?

– Je suis navré, a-t-il poursuivi. Elle est morte, mais elle cherche quand même à te transmettre un message. »

Comment pouvait-il savoir qu'elle était morte ? Il fallait un sacré culot pour balancer un truc pareil, et je regrettais qu'il l'ait fait. Je ne savais pas trop où cet échange allait nous mener. Je ne savais même pas pourquoi il me racontait tout ça ; peut-être pour sauver la face, ou m'inciter à revenir dans l'émission. Difficile à dire. Là encore, je me suis efforcé de garder mon calme, mais j'étais curieux d'entendre la suite. Curieux d'entendre ce qu'Anna avait à me dire. « Que cherche-t-elle à me faire comprendre ?

– Elle trouve que tu ne te donnes pas assez de mal. Que tu ne fais pas assez d'efforts. Voilà ce que je reçois.

– Qui ? Qui me dit tout cela ?

– A. C.

– Comment s'appelle-t-elle ? »

Il s'est tu, et il a fermé les yeux. « Serait-ce Anne, Abby, ou Alice ?

– À vous de me le dire », lui ai-je rétorqué. Je n'allais pas lui fournir la moindre réponse.

Il m'a de nouveau fixé avec ses petits yeux perçants. « C'est Anna.

– Qu'essaie-t-elle de me dire ?

– Que tu ne fais pas assez d'efforts.

– Quoi d'autre ? »

Il a de nouveau fermé les paupières, et son visage s'est légèrement comprimé sous l'effet de ce qui était censé être une concentration intense. Quand il a rouvert les yeux, il semblait avoir eu une révélation soudaine. Il semblait surpris.

« C'est quelque chose de simple, a-t-il déclaré. Ce qu'elle cherche à te dire. C'est simple. » Il a marqué une pause, pour se concentrer davantage. « C'est le code. Quelque chose de simple, comme... »

Il m'a regardé, comme pour obtenir une confirmation. Je voulais qu'il poursuive. Qu'il aille jusqu'au bout. Qu'il me dise tout. Mais il n'y avait plus rien à dire ; il avait terminé.

« Quoi d'autre ? » Je le suppliais presque de trouver la solution.

– Le code est simple. N'est-ce pas ?

– Vous devez parler. Que dit-elle ?

– Accepterais-tu de revenir ?

– Vous ne pouvez pas me dire ce que j'ai besoin de savoir, ai-je rétorqué.

– Je crois que si. Mais ce n'est ni le moment ni l'endroit. Avec un peu plus de préparation et de réceptivité de ta part, je crois que nous pouvons nous aider l'un l'autre, et permettre à Anna de délivrer son message. »

J'étais au pied du mur. Je voulais qu'il continue ; j'ai cru un instant qu'il allait trouver le code, décrypter le début du message. Il était à deux doigts de le faire. Comment pouvait-il échouer si près du but ? Je voulais qu'il continue, mais il avait fini. Il avait bien failli me convaincre, et j'aurais même accepté de revenir. Mais j'ai réalisé qu'il cherchait seulement à gagner du temps, afin d'enquêter auprès de mon entourage, de se renseigner sur la disparition d'Anna et d'utiliser ces renseignements à son profit. Je voyais déjà les informateurs de Preen quadrillant discrètement la ville, fourrant leurs nez dans nos vies et déterrant assez de scoops pour impressionner un public de show télévisé.

« Je ne peux pas, ai-je fini par déclarer. J'ai déjà eu beaucoup de mal à venir aujourd'hui. C'est non. »

Preen a baissé un regard affligé vers sa tasse. « J'en suis navré. » Il m'a raccompagné jusqu'à la porte. « Laisse-moi te confier une dernière chose. Le plus beau cadeau que tu puisses faire à Anna est d'accepter sa présence immuable à tes côtés. » C'était l'une de ces grandes déclarations qui paraît très profonde au moment où vous l'entendez mais qui, à bien y réfléchir, sonne totalement creux. Une vie entière passée aux côtés de mon père m'avait préparé à ce genre de dictons. Preen ne m'avait apporté aucune réponse, seulement un amas de mensonges et de platitudes.

Carl m'attendait près de la porte quand je suis ressorti de l'immeuble. « Alors, ça s'est passé comment ?

– Bizarre. » Je lui ai résumé ce qui venait de se passer. « Qu'est-ce que tu penses de ce type ?

– Il a réalisé quelques performances assez incroyables, je dirais.

– Ah oui ? Tu crois vraiment qu'il communique avec les morts ?

– J'en sais rien. Mais s'il est possible d'entrer en contact avec les morts, pourquoi pas Preen ?

– Comment crois-tu que ce soit possible ?

– Certaines personnes sont dotées de sens plus affûtés, ou captent des choses que personne d'autre ne remarque. Comme les chiens qui perçoivent les ultrasons, par exemple. Le plus dingue à propos de l'esprit humain, c'est qu'il est capable de bien plus qu'il ne peut le concevoir lui-même. Et toi, t'en penses quoi ?

– J'en sais trop rien. Je crois surtout que j'ai perdu mon temps.

– Faux. Tu as essayé. Je n'appelle pas ça perdre son temps. »

Les lumières se sont éteintes quand le train s'est ébranlé pour sortir de la gare. Les longues rangées d'ampoules nues accrochées à la voûte du tunnel jetaient un halo blafard qui éclaboussait à peine le sol mais faisait luire les rails dans le noir. De l'eau gouttait par endroits. Je me suis demandé d'où elle provenait. Y avait-il une nappe d'eau juste au-dessus de nos têtes, ou bien était-ce de l'eau de pluie ou de la neige fondue tombée du ciel qui allait s'immiscer patiemment à travers les lézardes et les fissures pour rejaillir enfin libre, sous terre, où elle s'élançait un bref instant dans le vide avant de rester prisonnière sur le sol du tunnel ? À moins qu'elle ne continue son chemin, rejoignant goutte à goutte les immenses fleuves souterrains qui s'écoulaient sous nos pieds, ou une geôle encore plus grande, passant d'une prison à une autre – s'évadant à peine d'un cachot pour atterrir dans un autre, encore et encore, jusqu'à ce qu'elle s'évapore et regagne l'air pour recommencer le processus de zéro.

Pendant le trajet du retour, j'ai essayé de faire le point sur ce qui venait de se passer. Mr Preen avait-il seulement eu beaucoup de chance ou avait-il réellement capté un indice ? Lui-même ne semblait pas vraiment savoir lequel. À quatre reprises il avait tourné autour du mot « simple », sans avoir l'air de comprendre.

Après la découverte de la robe d'Anna, j'avais cessé de fréquenter le dernier étage du lycée tous les matins. J'y allais encore une ou deux fois dans la semaine, juste pour voir Claire, mais je ne supportais plus de me retrouver en présence de Bryce et de l'écouter raconter sa vie ou ses pensées profondes. Après l'enregistrement de l'émission, j'ai cessé d'y aller tout court. J'avais opté à la place pour l'extrémité est du premier étage, où j'allais bavarder avec Billy Godley. Il savait que je lui parlais uniquement au cas où il aurait du nouveau par le biais de son père, mais il avait au moins la gentillesse de me tenir au courant le cas échéant. Claire se joignait à nous de temps en temps ; il n'y avait rien de tel pour faire fuir les autres élèves du couloir, qui s'éparpillaient aussitôt comme un essaim d'oiseaux effarouchés.

Personne ne recherchait Anna, m'a expliqué Billy. Elle était considérée comme une personne disparue parmi tant d'autres, et la police la soupçonnait d'avoir fugué.

« Je n'en crois pas un mot, a rétorqué Claire. Pourquoi aurait-elle monté un scénario si élaboré, avec la robe, le trou dans la glace et tout le bazar ? »

Billy a haussé les épaules. Nous avions déjà eu cette conversation des dizaines de fois. Parfois, je me disais que j'étais le seul à encore parler d'elle. Je devais fatiguer ce pauvre Billy, lui qui n'avait jamais connu Anna personnellement. Il nous connaissait déjà à peine, Claire et moi. Il nous a écoutés patiemment jusqu'à la sonnerie, puis nous sommes chacun partis en cours. Parfois, ces histoires me fatiguaient moi-même ; j'aurais préféré passer mes journées à discuter d'autre chose, mais cesser de parler d'Anna ou de penser à elle reviendrait à la faire disparaître pour de bon, et le peu d'espoirs qui me restaient d'entrer en contact avec elle se verraient alors anéantis, perdus à jamais.

Environ deux semaines après l'enregistrement de l'émission, un proche collaborateur de Gerald Preen a appelé chez moi. « Nous nous demandions si vous seriez tenté par un rendez-vous avec Mr Preen, m'a-t-il expliqué.

– Non, pas vraiment. » Je ne voyais pas l'intérêt.

« Nous avons pourtant en notre possession un document susceptible de vous intéresser, a insisté l'homme.

– Et qu'est-ce que c'est ?

– Une photo de vous et votre copine. »

Anna et moi ne nous étions jamais pris en photo ensemble.

« Vous en êtes sûr ?

– C'est la raison pour laquelle nous aimerions vous rencontrer. Nous pensons que ce cliché ne vous laissera pas indifférent. »

L'homme s'exprimait d'une voix sombre, comme s'il me menaçait. Pensait-il pouvoir me faire plus de mal que tout ce que j'avais déjà encaissé ? Dans ce cas, bonne chance, ai-je songé. Je lui ai répondu que je le rappellerais, mais je n'en ai rien fait. Il m'a de nouveau téléphoné le lendemain, puis le surlendemain. Après, ç'a été une femme. Elle avait un ton très différent. Apparemment, ils avaient besoin de moi. Pourquoi ce type n'avait-il pas été fichu de me le dire, au lieu de faire tant de mystères et d'insinuations ? La femme m'a expliqué que les gens de l'émission avaient besoin de mon aide concernant une photo sur laquelle je semblais figurer. J'ai accepté de les rencontrer, et nous avons fixé un rendez-vous.

Cette fois, mon père m'a accompagné. Je ne savais pas trop ce que l'équipe de Preen manigançait, et je m'étais dit que la présence de mon père ne serait pas de trop. Je lui ai parlé de l'enregistrement et de ma conversation avec Preen dans sa loge.

« Et qu'est-ce qu'ils te veulent, maintenant ?

– Aucune idée. Je ne sais pas quoi en penser. »

Nous y sommes allés un samedi, et ils nous ont fait poireauter dans le hall de l'immeuble pendant vingt minutes. Mon père était déjà prêt à repartir au bout de dix. « Ils ne sont même pas foutus de prendre leurs rendez-vous à l'heure ? maugréait-il. On n'est pas chez le médecin, bon sang ! » J'avais bien fait de ne pas l'emmener avec moi pour l'enregistrement. Il faisait les cent pas dans le hall. Enfin, quelqu'un nous a fait entrer dans le bureau de Mr Preen. Trois de ses assistants, vêtus à l'identique – pantalons noirs et cols roulés assortis –, nous attendaient. Preen, lui, n'était pas là. Ils nous ont fait signe de prendre place sur le sofa.

« Quel âge a votre fils ? a demandé l'un d'eux à mon père.

– Seize ans.

– Il a perdu quelqu'un récemment, quelqu'un de très proche.

– Oui, a reconnu mon père. Venez-en aux faits, voulez-vous ? Pourquoi sommes-nous ici ?

– Mr Preen a établi une connexion très forte avec cette personne, un lien qui semble se manifester de façon très réelle. Comme nous vous l'avons expliqué, Mr Preen est entré en possession d'une photographie. Nous aimerions vous demander de l'identifier pour nous. »

L'assistant nous a montré la photo en question. C'était celle que Mr Devon avait prise dans le train. Je regardais directement dans l'objectif et, derrière moi, à travers la vitre, apparaissait une vision fantôme : une image d'Anna, très floue, le visage tourné vers moi.

« Où avez-vous trouvé ça ? a voulu savoir mon père.

– Mr Preen est un grand collectionneur de clichés liés au spiritisme, lui a répondu l'assistant.

– Où avez-vous trouvé ça ? a répété mon père.

– Nous voulons seulement vérifier s'il s'agit bien de votre amie, derrière vous. »

Mon père a secoué la tête. « Si vous refusez de répondre à ma question, nous partons. » Les assistants n'ont rien dit, et nous sommes partis.

Le temps qu'on regagne la rue, mon père était rouge de colère. « Mais enfin, qu'est-ce que c'est que ce cirque ? »

Pendant le trajet du retour, je lui ai parlé de mon expédition à Manhattan avec Carl et de l'expo de Mr Devon. Je lui ai raconté l'essentiel, sans pour autant tout lui dire non plus. Je n'ai pas évoqué certains détails de ma conversation avec Mr Preen après l'émission, ni la cuite de Mr Devon ou le fait qu'il m'ait emmené dans un bar.

« Je crois que j'aimerais échanger deux mots avec ce Mr Devon », a déclaré mon père quand nous sommes arrivés à la maison. Je l'ai appelé de mon portable, et nous sommes repartis directement chez lui.

« J'ai besoin d'une explication, a annoncé mon père à Mr Devon à peine ce dernier avait-il ouvert la porte. J'aimerais comprendre pourquoi une photo que vous avez prise de mon fils a atterri dans un show télévisé.

– Quelle photo ? Quel show télévisé ? »

J'ai expliqué à Mr Devon pour la photo d'Anna et moi, en précisant aussi que Preen l'avait en sa possession mais qu'elle n'avait pas été montrée à l'antenne.

« J'ignore comment une telle chose a pu se produire, a-t-il répondu. J'ai bien photographié votre fils, mais je n'en sais pas davantage et je n'ai rien fait.

– Comment la petite Cayne s'est-elle retrouvée sur cette photo ?

– Quelqu'un a dû la rajouter après coup.

– Comment ? a insisté mon père.

– Autrefois, il fallait deux négatifs pour créer ce genre d'effet, ou bien exposer le même négatif deux fois de suite. Mais aujourd'hui, avec un ordinateur, il est très facile d'obtenir le résultat que vous me décrivez. Il faudrait que je voie la photo, mais même là je ne suis pas sûr de pouvoir vous dire comment elle a été truquée. Si le travail a été bien fait.

– Et comment ce cliché a-t-il pu atterrir entre les mains d'une tierce personne ?

– Pour la photo d'Anastasia, je l'ignore. Mais j'ai des photographies et des négatifs plein mon bureau et ma salle de classe, sans parler du labo de développement. Sur la centaine de gamins qui passent par là tous les jours, n'importe qui a pu tomber dessus et s'en emparer.

– Pour quoi faire ? a demandé mon père.

– Il faudrait le demander au coupable, a rétorqué Mr Devon.

– Alors un vol a été commis dans votre classe, et c'est tout ce que ça vous inspire ?

– Attends, tu ne comprends pas..., ai-je répliqué à mon père.

– Je comprends surtout que ce type n'a aucun contrôle sur ses élèves, oui !

– La question n'est pas là, ai-je protesté.

– Comment ça ?

– Nous faisons tout un travail expérimental à l'aide de matériaux divers pendant mes cours, a répondu Mr Devon. Images de magazines, vieilles photos apportées par les élèves, prises par eux-mêmes ou par moi... Ce n'est pas que je n'ai aucun contrôle sur les lycéens, c'est juste que l'un d'eux a aperçu cette photo et a décidé de l'utiliser dans un but précis. Peut-être pour faire une blague, un canular, ou simplement pour se faire remarquer. À part ça, je ne vois pas où est le mal.

– Il n'y a aucun problème, je vous assure, ai-je répondu. On essayait juste d'éclaircir un truc. Allez viens, p'pa. »

Sur ces mots, nous avons pris congé du prof. Dans la voiture, mon père s'est tourné vers moi. « J'ai peut-être dramatisé, mais je voulais seulement t'aider. Tu n'as pas envie de savoir qui a fait ça ?

– Pas vraiment. Sûrement un pauvre type au bahut qui voulait faire le malin. » À vrai dire, j'avais beau être quasi sûr de savoir qui c'était, je n'étais pas pressé d'en avoir la preuve.

cimetière

Claire avait pris l'habitude de me ramener chez moi quand elle pouvait emprunter la voiture de sa mère. Elle m'emmenait aussi parfois en cours, le matin, et nous repartions ensemble en fin de journée, ou bien marchions jusque chez elle pour récupérer sa voiture. Il y avait quasiment la même distance du lycée à chez elle qu'à chez moi, mais je m'en fichais. Je n'étais même pas contrarié quand nous arrivions chez elle et que la voiture de sa mère n'était pas là. Je me réchauffais un peu, puis je me remettais en route.

Un jour, elle m'a invité à monter dans sa chambre. Tout y était noir. Les murs et le plafond, qu'elle avait repeints d'un noir d'encre. Le futon, recouvert d'un drap et d'une housse de couette noirs. Les seuls autres éléments de mobilier étaient une coiffeuse noire et une télé installée à même le sol, près du futon. Une Bible était posée dessus. Quand Claire a refermé la porte, il régnait une obscurité quasi totale dans la pièce.

« Comment fais-tu pour y voir quoi que ce soit ? » lui ai-je demandé.

Elle a allumé une lampe. « Il n'y a rien à voir, a-t-elle rétorqué.

Mais regarde comme c'est beau, avec la télé. » Elle a allumé le poste et éteint la lumière. Nous nous sommes assis sur le futon. C'était comme être au cinéma, mais dans son lit.

« Tu n'as pas d'ordinateur ?

– Il y en a un dans le bureau de mon père. Il me laisse m'en servir, mais je ne suis pas fan.

– Et pas de chaîne hi-fi non plus ?

– Non. »

À l'entendre, ma remarque semblait totalement saugrenue. Elle avait cette particularité en commun avec Anna : le don de faire évoluer la conversation comme elle l'entendait, en éliminant les sujets qu'elle n'avait pas envie d'aborder et en vous faisant vous sentir stupide de seulement insister.

« Je mets rarement les pieds dans ma chambre, de toute manière. J'y viens pour dormir, c'est à peu près tout.

– L'expression "chambre à coucher" prend tout son sens, avec toi. »

Elle a ri. « C'est exactement ce qu'Anna a dit la première fois qu'elle est venue ici. »

J'ai demandé à Claire si elle voulait bien me conduire quelque part, pas très loin. Elle a accepté.

Quand vous arrivez en ville par le sud, sur la Route 521, la première chose qui s'offre à votre vue est le cimetière, immédiatement sur votre gauche, entouré de son vieux muret en pierres. Il couvre près de deux hectares et demi, et je me suis toujours demandé comment les concepteurs avaient pu savoir d'avance, il y a si longtemps, quelle superficie lui accorder. Ils ont dû se dire que les gens ne cesseraient pas de mourir, et décidé de délimiter un espace suffisamment grand pour répondre aux besoins de la ville pour une longue durée. Certaines sépultures remontaient à la fin du XVIIIe siècle, du temps des premières familles de cette ville. Leurs pierres tombales étaient presque lisses – noms, dates et épitaphes effacés jusqu'à ce qu'on ne puisse même plus lire qui était enterré là. La plupart des stèles étaient brisées ou renversées.

Claire a garé la voiture et je suis sorti. « Je crois que je vais rester », a-t-elle déclaré. J'étais déjà à deux pas de la grille quand j'ai entendu le déclic de sa portière, et je l'ai attendue. La grille était fermée, il nous a donc fallu escalader le mur. J'ai ensuite coupé à travers les rangées de tombes vers le fond du cimetière. J'avais le devant de mon manteau barbouillé de neige à cause du muret en pierres, et Claire s'est empressée de m'épousseter. « Sois au moins un peu présentable », a-t-elle plaisanté.

Nous sommes restés debout devant la tombe de Denise. Il n'y avait même pas de stèle, juste une plaque enfoncée dans le sol avec son nom et ses dates de naissance et de mort. « C'est ma sœur », ai-je déclaré. Qu'aurais-je pu dire de plus, que savais-je d'autre d'elle ? Elle n'avait laissé ni photos ni anecdotes derrière elle. Le temps lui avait manqué pour cela. Je me demandais ce qu'avaient éprouvé mes parents, eux qui l'avaient tenue dans leurs bras et ramenée à la maison pour retourner à l'hôpital une semaine plus tard et la rendre au néant.

« Je ne savais pas, a murmuré Claire.

– Nous ne venons jamais ici. » Il y avait un grand espace vide tout autour de la plaque : les emplacements libres pour le reste de la famille afin que nous puissions reposer tous ensemble. Cela ressemblait à une blague de mauvais goût ; ça faisait surtout l'effet d'un beau gâchis. Je me suis retourné pour observer l'étendue du cimetière, avec ses pierres tombales froidement alignées en rangées identiques... Combien de temps les Cayne attendraient-ils avant d'ériger une pierre à la mémoire de leur fille ?

Je me suis imaginé son enterrement en grande pompe, toute la ville au complet, en noir des pieds à la tête. Je ne possédais qu'un seul costume, acheté exprès par mes parents pour ce genre d'événements (« mariages et autres occasions importantes », telle avait été, je crois, la formule exacte), mais que je n'avais jamais porté. Je visualisais la foule recueillie au milieu de l'épais manteau neigeux, écoutant solennellement les banalités prononcées par le prêtre devant la tombe tandis que le cercueil noir, aux parfums de cire et de bois de rose, était descendu dans la fosse. Je m'étais déjà imaginé une scène semblable pour moi-même des centaines de fois, la ville entière gémissant et pleurant à chaudes larmes, incapable de supporter mon absence ; je me l'étais imaginée parce que je savais qu'elle ne se produirait jamais. Or cette vision-là était quasi réelle, image de pure tristesse. Je voyais Mr et Mrs Cayne debout dans le cimetière enneigé, sanglotant sans bruit à côté du cercueil. Ils l'avaient probablement déjà enterrée des centaines de fois dans leur tête, s'efforçant de se préparer pour le jour où ils l'inhumeraient pour de bon. Elle ou autre chose. Car que se passerait-il s'ils ne retrouvaient jamais son corps ? Iraient-ils enterrer une boîte vide, ou bien enfonceraientils une simple plaque dans le sol ? Ces questions-là ne se formulaient pas à voix haute.

« À ton avis, ils la mettraient où ?

– Pardon ?

– Excuse-moi... Je pensais seulement au cas où elle ne reviendrait pas, et où ils voudraient lui ériger une pierre tombale. »

Claire m'a dévisagé comme un parfait cinglé. « Quelle importance ?

– Je suis sûr que ça en a beaucoup pour ses parents. Et ça en a pour moi. Imagine qu'on ne la retrouve jamais. Comment vont-ils faire : lui dédier une plaque quelque part ? Je n'y tiens pas particulièrement, mais les Cayne ont peut-être envie d'un lieu où marquer le souvenir de leur fille.

– Comme pour ta sœur ?

– Par exemple. Sauf qu'on ne vient jamais la voir, jamais. Ce sera peut-être différent pour les Cayne. »

Nous déambulions lentement entre les stèles. « Qu'est-ce que tu sais d'eux ? lui ai-je demandé.

– Qui ça, les Cayne ? Je les connais sûrement moins bien que toi.

– Je ne sais rien d'eux. On n'en parlait jamais. Anna ne m'a jamais dit d'où ils venaient. Je ne crois pas l'avoir entendue me raconter le moindre truc sur leur vie avant leur arrivée ici.

– Moi non plus. Il me semble qu'ils viennent du Sud, mais c'est tout.

– Ils ont l'air de connaître tout le monde, mais personne ne les connaît vraiment.

– Ma mère pense qu'il leur est arrivé un drame qu'ils

s'efforcent d'oublier, m'a confié Claire. Ça expliquerait pourquoi ils ne disent rien à personne.

– Qu'est-ce qui lui fait croire ça ?

– Aucune idée... Les gens parlent entre eux, tu sais. Ils s'interrogent, comme nous.

– Qu'aurait-il pu leur arriver de pire que ça ? »

Claire s'est garée devant chez moi, comme elle l'avait déjà fait tant de fois, et un détail m'est brusquement revenu à l'esprit. « J'ai complètement oublié ton anniversaire, ai-je déclaré. Je n'arrive pas à croire que j'ai passé tout ce temps en voiture avec toi sans y penser plus tôt.

– Ça ne fait rien, m'a-t-elle répondu. Ce n'est pas très important.

– Merci de m'avoir emmené. J'espère que ce n'était pas trop morbide.

– C'est nous qui sommes censés être morbides, a-t-elle rétorqué.

– Mais toi, tu ne l'es pas.

– Garde ça pour toi, surtout. J'ai ma réputation.

– Encore merci, en tout cas. » Sur ces mots, je me suis penché vers elle et je l'ai embrassée. Comme ça, sans crier gare. Ce n'était pas du tout un geste réfléchi ; je crois même ne pas avoir songé une seule fois à l'embrasser, avant cet instant. Mais je l'ai fait.

« C'était très mignon, a commenté Claire. Mais je ne crois pas que ça m'était adressé. »

Un point pour elle. Je ne savais plus quoi faire, j'étais terriblement gêné. « Je ne sais pas..., ai-je marmonné.

– Ne dis rien. » Elle s'est penchée vers moi et m'a embrassé à son tour avant de se reculer à nouveau derrière le volant. Je suis resté là sans bouger, attendant la suite, mais il ne se passait plus rien. J'ai ouvert la portière et je suis rentré chez moi.

salamandres

L'hiver s'en est allé enfin, longue traînée de cendre effritée au bout d'une cigarette consumée, lasse et vidée. À la fin du mois de mars, le thermomètre a grimpé de façon vertigineuse, dépassant les quinze degrés en pleine journée. Je me suis mis à longer le fleuve pour me rendre en cours tous les matins. Ce n'était pas du tout sur mon chemin ; je devais partir de la maison dans le sens opposé, puis prendre plein nord en direction des berges avant de couper par Town Street sur près de huit cents mètres. Je mettais une bonne heure, quarante minutes en marchant vite et si je ne m'arrêtais pas en chemin, mais ça n'avait pas d'importance. La balade me plaisait.

Le fleuve émettait des soupirs et des craquements à mesure que la couche de glace se disloquait enfin. Je regardais l'eau surgir des fissures et se frayer un passage par tous les moyens, s'efforçant d'émerger de son profond sommeil. À moins que la glace elle-même, fatiguée d'avoir tenu tout l'hiver et de s'accrocher aux mêmes pierres, au même rivage, n'ait fini par abandonner. De l'autre côté du fleuve, j'apercevais des pans de glace entiers charriés par le courant avant de fondre et de disparaître. Si la température se maintenait, toute la glace aurait fondu d'ici la fin de la semaine et les eaux du fleuve couleraient à nouveau, les poissons remonteraient à la surface et les pêcheurs reviendraient tenter des prouesses. Les choses reprendraient comme avant, comme si rien n'avait changé, ou changé de façon si naturelle que cela se voyait à peine.

L'herbe, presque débarrassée de son tapis neigeux, réapparaissait, brunâtre, abîmée et laide. La neige se voyait poussée dans ses derniers retranchements, empilée aux coins des parkings ou à l'ombre de la forêt. Les journées étaient chaudes, ensoleillées, mais j'allais malgré moi traquer la neige jusque dans les bois après les cours. Il y régnait le calme, la fraîcheur et le silence. L'arrivée du printemps verrait bientôt cet endroit envahi par des hordes de lycéens en train de fumer, de s'embrasser ou Dieu sait quoi d'autre. J'ai marché dans les bois près du lycée, puis j'ai longé le fleuve pour aller m'enfoncer entre les arbres où j'avais vu le visage d'Anna pour la dernière fois, agrafé au sommet d'un bâton enfoncé dans la neige. Je voulais retrouver l'endroit précis, sans l'aide de la carte, et me suis retrouvé à errer en vain entre les gros conifères jusqu'à ce que vienne l'heure de rentrer dîner. Un après-midi, quelques jours avant le mois d'avril, j'ai surpris deux voix en train de se disputer.

« Tu veux que je l'appelle, elle ?

– Occupe-toi de tes oignons. »

C'était Carl et son père. Carl avait l'air furax. Je n'ai plus osé bouger. Je suis resté parfaitement immobile, de peur qu'ils ne surprennent le crissement maladroit de mes pas dans la neige à la première tentative. Je ne les voyais pas, mais au son de leurs voix j'avais l'impression qu'ils se trouvaient derrière moi. Je craignais qu'ils m'aperçoivent de loin et me reconnaissent. S'ils s'avisaient de me dire quelque chose, je prendrais la fuite, mais tant qu'ils ne soupçonnaient pas ma présence, j'attendrais jusqu'à ce qu'ils s'en aillent. Leurs voix étaient suffisamment claires et fortes pour me permettre de suivre la conversation.

« Tu as bien assez fourré ton nez dans mes affaires, disait Carl.

– Reste en dehors de ça...

– Si tu fais ce qu'il faut, je n'irai pas m'en mêler. »

Mr Hathorne s'est tu.

« Où est-ce que tu vas, maintenant ? a repris Carl.

– Je ne vais nulle part, ne t'inquiète pas.

– Alors rentre à la maison.

– J'ai des choses à faire.

– Lesquelles ? »

De nouveau, pas de réponse.

« Tu as de l'argent ? a demandé Carl.

– Non.

– Alors tant mieux. Tu ne pourras pas te soûler avec. »

J'ai alors entendu des bruits de pas venir dans ma direction, et quelques secondes plus tard Carl arrivait à ma hauteur. Ma présence n'avait pas l'air de le surprendre. « Tu nous as entendus ?

– Un peu. Seulement la fin. Désolé. Je ne savais pas quoi faire, alors... je n'ai rien fait du tout.

– T'inquiète. Il se baladait tout seul dans la forêt. Je ne sais pas ce qu'il fabriquait.

– Ce n'était pas à propos de ma mère ?

– Non, a-t-il répondu. On parlait de quelqu'un d'autre. Tu veux que je lui demande, pour ta mère ?

– Non. Je préfère ne rien savoir.

– Moi non plus. » Il m'a décoché un petit sourire. « Et toi, qu'est-ce que tu fais là ?

– Rien.

– Alors viens avec moi. »

Nous sommes allés chez lui. Une odeur délicieuse flottait dans la cuisine de Mrs Hathorne ; une énorme marmite de ragoût mijotait sur la cuisinière et des biscuits cuisaient dans le four.

« Tu nous as fait un repas hivernal, a lancé Carl à sa mère. C'est fini, l'hiver !

– Je n'en jurerais pas si vite. Ce ragoût ne peut pas vous faire de mal. À tous les deux. Tu restes dîner ? m'a demandé Mrs Hathorne.

– Avec plaisir. »

Nous sommes montés dans la chambre de Carl. Je me suis assis à son ordinateur pendant qu'il ouvrait son meuble à classement pour mettre ses livres de comptes à jour. Il venait de refermer ses tiroirs à clé quand la sonnette de la porte d'entrée a retenti. Sa mère l'a appelé d'en bas, et il est sorti. Lorsqu'il est revenu, Claire se trouvait avec lui. J'ai pensé qu'elle me cherchait. Ses cheveux noirs étaient rassemblés sur le sommet du crâne, noués par un ruban blanc. Vue de face, sa coiffure évoquait une parure tribale. On aurait dit une superbe Indienne, une princesse venue d'une contrée secrète et obscure. Je ne pouvais plus détacher mon regard d'elle.

« Tu es venue en caisse ? lui ai-je demandé.

– Non, à pied. Ma mère a pris la voiture. Je pense sérieusement à m'en acheter une.

– Alors prends-toi une BMW, a suggéré Carl.

– Si tu me l'offres, pas de problème.

– Qui écraserais-tu en premier ? » lui ai-je demandé. Elle ne m'a pas répondu. « Inscris-moi en haut de la liste, OK ? »

La mère de Carl nous a raccompagnés. Nous descendions McKinley Road, près de l'étang de Verre (« L'étang Sans-Rien », comme disait toujours Anna, sans doute parce qu'il évoquait plus un marais ou un marécage qu'un étang, sauf en cas de fortes pluies ou de fonte des neiges, comme en ce moment), quand les phares de la voiture ont éclairé des formes visqueuses en travers de la chaussée. Elles faisaient un peu moins d'une dizaine de centimètres de long, et leurs corps humides et argentés les faisaient ressembler à d'étranges petits serpents relevant la tête.

« Ce sont des salamandres, s'est écrié Carl. Attention ! » Mrs Hathorne a ralenti quasiment jusqu'à l'arrêt pour tâcher d'éviter les batraciens qui traversaient le bitume tiède. Chaque année, avant l'arrivée du printemps, les salamandres migraient de leur résidence hivernale dans les bois vers les marécages, les étangs et les mares pour se reproduire. Il y en avait des centaines, et Mrs Hathorne manœuvrait péniblement pour ne pas leur rouler dessus, jusqu'au moment où elle a décidé d'accélérer à nouveau. « D'une façon ou d'une autre, elles se feront écraser, s'est-elle justifiée.

– Non, arrête ! » s'est exclamé Carl.

Sa mère a carrément freiné. Il est sorti de la voiture et nous l'avons vu se pencher à terre pour repousser un petit groupe de salamandres grises sur le côté. Puis il s'est déplacé de quelques pas et il a recommencé son geste. Claire et moi sommes allés l'aider. Les salamandres se figeaient sur place quand nous les approchions, si bien qu'il nous fallait les ramasser et les porter pour les reposer délicatement sur le bas-côté, en espérant qu'elles poursuivraient leur chemin vers l'étang et ne retourneraient pas au milieu de la route.

C'était une nuit à salamandres. L'air était lourd, gorgé d'un parfum de terre humide qui nous emplissait la gorge et les narines. Quand nous avons fini de dégager les salamandres, Claire a joyeusement essuyé ses mains poisseuses sur les cuisses du jean de Carl. Il l'a menacée de ses paumes grandes ouvertes, mais les a arrêtées à quelques centimètres de son visage. J'ai pensé un instant aller m'essuyer sur sa robe, mais je me suis ravisé. Je les ai regardés se chamailler en riant à la lumière des phares pendant que Mrs Hathorne attendait patiemment dans la voiture.

J'avais presque oublié cette tendresse de Carl pour les animaux. Petits, nous avions fait le serment de devenir gardes forestiers ou militants pour Greenpeace : nous irions vivre et travailler en Alaska, en Afrique ou dans la baie de Funny afin de contribuer à la préservation de la nature et de la faune locale. Carl avait tout planifié. Il était devenu végétalien et avait lu des tonnes de bouquins sur la question. Il maîtrisait son sujet de A à Z. Mais à mesure qu'il avait grandi et mûri sa réflexion, il en était venu à la conclusion qu'il se montrerait bien plus utile en gagnant du fric et en soutenant ces organismes plutôt qu'en travaillant directement pour eux. Puis il avait semblé oublier à quoi était destiné l'argent qu'il gagnait ; son but était seulement devenu de faire du chiffre, semble-t-il. Pourtant, à le voir là, debout dans la nuit, en train d'aiguiller, de déplacer et de pousser les salamandres à l'abri sur le bas-côté, je me suis demandé s'il n'avait pas secrètement conservé toutes ses grandes ambitions. Si ça se trouve, son projet était toujours d'actualité mais il n'en parlait plus. J'ai aussi réalisé que je n'en faisais plus partie. Carl faisait cavalier seul.

comme du foin dans une botte d'aiguilles

Mon père m'a emmené au stade voir le premier match à domicile de la saison. Il ne m'avait même pas dit qu'il avait acheté des places. À moins qu'on ne les lui ait données. Quoi qu'il en soit, il me l'a annoncé la veille, le vendredi soir, pendant le dîner. Nous n'avions jamais fait ça ensemble, et je ne me souvenais pas l'avoir vu assister à un seul match. Mais bref, on s'est retrouvés tous les deux dans sa voiture le lendemain. J'aurais préféré y aller en train, mais il avait insisté pour conduire.

Mon père refusait de s'acheter un monospace. Ma mère ne cessait de lui répéter qu'il nous en faudrait un, qu'elle en avait besoin pour ses tâches quotidiennes – qu'elle n'accomplissait d'ailleurs jamais. Nous étions sans doute la seule famille de toute la ville à ne pas conduire un gros machin, monospace ou camionnette ; mes parents avaient chacun une Volvo, mon père un petit coupé marron à trois portes et ma mère une cinq-portes de la même couleur. On aurait dit deux cartons montés sur roues. Mais des cartons solides, cela dit. Mon père voulait toujours le véhicule le plus sûr et le plus compact possible, et je suis sûr qu'il se serait acheté un modèle à une place si cela existait. Le seul chargement vital à ses yeux était son caddie de golf. Tant qu'il y avait assez de place dans le coffre, sa voiture était bien assez grande pour lui. Tout espace supplémentaire lui semblait superflu.

Je regardais par la vitre en écoutant le CD d'Anna au casque. Sa première compil se terminait par une chanson de Bauhaus, *Bela Lugosi's Dead*. Ça durait près de dix minutes. Le morceau commençait par une série de petits coups secs, un martèlement de baguettes contre le pourtour métallique d'une grosse caisse, puis le son se distendait, comme perdu dans un effet d'écho, tournant en boucle sur lui-même. La basse faisait alors son entrée, égrenant lentement ses notes jusqu'à ce qu'une guitare vienne enrouler ses accords autour de la trame rythmique ; près de deux minutes se déroulaient ainsi, sans le moindre chant. Le texte consistait essentiellement dans la répétition languissante du titre, accolé chaque fois à une phrase différente. J'avais longtemps cru que le chanteur scandait « *I'm dead* » – « je suis mort » –, mais en écoutant le morceau au casque j'ai réalisé qu'il disait « *undead* » – « mort-vivant » –, ce qui était plus cohérent, j'imagine.

Anna pouffait de rire chaque fois qu'elle passait ce morceau. « Ils sont sérieux, tu crois ? C'est d'un kitsch... dans le registre tragédie ultra-dramatique. » Elle trouvait ça hilarant. « À ton avis, ça les faisait rire ?

– Est-ce que ça fait rire leur public ?

– Oh non ! D'après mon père, c'était quasiment l'hymne gothique officiel.

– Je trouve ça un peu glauque...

– Mais c'est du faux glauque, comme du vomi de cinéma à

base de purée de petits pois. Tu es obligé de te marrer en entendant un truc pareil ! »

J'ai écouté le morceau en boucle. C'était comique, mais je n'avais pas envie de rire.

Mon père a tourné la tête vers moi et a relevé le menton. J'ai ôté mes écouteurs.

« Quand tu t'es rendu à cette émission, est-ce qu'on t'a fait signer quelque chose ? a-t-il voulu savoir.

– Une décharge, je crois. »

Il a acquiescé et a de nouveau regardé la route. « Je crois que j'ai compris où ils voulaient en venir avec cette photo. » Voyant qu'il avait toute mon attention, il a continué. « Ils voulaient faire une spéciale sur toi, avec les bouts d'émission qu'ils n'avaient pas gardés au montage et cette fameuse photo.

– Et... ?

– Quand ils ont réalisé que la décharge n'avait aucune valeur et que tu avais menti sur ton âge, leurs plans sont tombés à l'eau.

– Comment le sais-tu ?

– Ton vieux père n'est pas totalement dénué de jugeote, a-t-il répliqué.

– Tu m'as gâché mes chances de passer à la télé. »

Il savait que je plaisantais.

« Tu es jeune, tu auras d'autres occasions. »

Il nous a fallu trois heures pour atteindre le stade avant de faire la queue au guichet pour récupérer nos billets. J'avais amené une paire de jumelles, malgré les conseils insistants de mon père. « Nous avons de bonnes places, répétait-il. Tu n'en auras pas besoin. » Lorsqu'il a enfin obtenu nos tickets, il a réalisé que nous étions dans la partie haute des gradins et n'a pas pipé mot pendant que nous grimpions jusqu'au sommet.

Nous étions au premier rang des tribunes supérieures, environ à mi-chemin entre la troisième base et le mur de gauche. « C'est pas si mal », a commenté mon père en s'asseyant. L'air était frisquet, le ciel gris, et la pluie menaçait de tomber à chaque minute. De temps à autre, une bourrasque venait s'engouffrer à l'intérieur du stade et me fouettait le dos. J'avais l'impression que si je me levais, le vent me soulèverait par-dessus la rambarde jusqu'aux sièges inférieurs. Moi qui ne m'étais jamais considéré comme sujet au vertige, je ne pouvais même pas regarder vers le bas. La sensation avait pourtant quelque chose d'attirant ; ça me donnait envie de sauter. C'était comme une pulsion physique, un réflexe, une tentation irrésistible. Je n'aurais jamais sauté de moi-même, mais je sentais dans mes muscles, au fond de mes tripes, une force capable de le faire contre ma volonté. Je voulais m'éloigner de la rambarde, mais comment expliquer ça à mon père ? Lui dire que j'avais peur ? Les jumelles vissées sur le nez, je me suis efforcé de concentrer mon attention sur les joueurs ou sur la foule des spectateurs.

Tout en sirotant une bière, mon père grignotait des crackers dans un sachet qu'il avait sorti de la poche intérieure de son manteau. Il essayait de suivre le score, mais je voyais bien qu'il était distrait. À moins qu'il ne s'agisse d'un simple prétexte pour me faire la conversation. Ou pour m'obliger à me focaliser sur le match. « Qu'est-ce qui s'est passé ? » me demandait-il toutes les deux minutes. Je devais suivre l'action en détail et l'aider à en comprendre la moindre phase. « C'était un trois-six-trois, là ? » – « Non, le lanceur est arrivé le premier. » Nous venions quasiment d'avoir un vrai échange.

Au bout du quatrième ou cinquième tour de batte, j'ai aperçu une petite troupe de gothiques assis de l'autre côté des gradins, tout en haut, vers la droite. Je ne les avais pas remarqués jusque-là. Ils étaient huit ou neuf, et je me suis dit qu'il devait systématiquement y en avoir un petit groupe à chaque événement sportif, recroquevillés ensemble dans leurs uniformes noirs. Et puis je l'ai vue. C'était bien Anna, assise au milieu des autres, en train d'observer tranquillement la partie. Avec ses cheveux blonds, elle sortait du lot comme une brindille de foin dans une botte d'aiguilles.

J'ai dit à mon père que je revenais, et j'ai remonté l'allée à toute vitesse pour sortir des gradins. J'avais tout le stade à traverser en slalomant entre des files d'attente de gens poireautant devant les stands ou les toilettes. Je courais aussi vite que possible, mais j'étais sans cesse ralenti. Il m'a fallu plus de dix minutes pour atteindre l'autre extrémité. J'entendais le match se poursuivre à la fois en direct et sur les écrans logés derrière les stands. Il venait de se passer quelque chose sur le terrain ; une clameur immense s'est élevée de la foule. Tout le monde était debout quand j'ai rejoint les tribunes. J'ai grimpé les marches quatre à quatre – il devait y en avoir plus d'une centaine, jusqu'en haut – et attendu que les spectateurs se rassoient pour y voir un peu plus clair. J'étais à bout de souffle. Une dernière section me séparait du groupe de gothiques ; il me fallait encore descendre une volée de marches, longer une allée et remonter à nouveau. Une fois arrivé à destination, j'ai fébrilement cherché Anna du regard. Le groupe occupait les extrémités de trois rangées, en bordure de l'allée transversale. J'observais l'endroit où Anna se trouvait quand je l'avais aperçue, mais elle avait disparu. Sa place était vide.

« Qu'est-ce que tu veux ? m'a demandé l'un des gars du groupe.

– Rien. Je cherchais quelqu'un.

– Elle n'est pas là », a répondu une autre voix. C'était Bryce Druitt.

« Où est-elle ?

– Tu devrais le savoir.

– Et pourquoi ça ?

– Ton pote a failli la tuer.

– Je ne comprends pas de quoi tu parles, lui ai-je rétorqué.

– Claire a fait une overdose à cause de la came que lui a vendue ton copain. »

Ses mots se sont à peine fixés dans mon esprit. Je devais faire l'effet d'un robot, ou d'un zombie. « Je ne savais pas », ai-je balbutié. Je tournais la tête dans tous les sens, en espérant qu'Anna revienne et mette fin à tout cela, qu'elle revienne pour prouver que Bryce mentait et que tout allait bien.

« Tu cherches quoi, au juste ? Te débarrasser de toutes les nanas du lycée ? » m'a lâché Bryce.

Je devais partir de là. Je ne pouvais plus leur parler. En bas, sur le terrain, quelque chose a de nouveau fait bondir le public. Les gothiques sont restés assis ; je les sentais qui m'observaient. La foule exultait, mais eux ne disaient pas un mot, leurs regards braqués sur moi. Je me sentais à deux doigts de m'évanouir ou de vomir tripes et boyaux, peut-être même de m'effondrer dans l'allée et de rouler jusque sur la pelouse. Mes jambes étaient flasques, courbatues. J'ai tourné les talons pour lentement redescendre les marches quand j'ai entendu Bryce lancer au reste du groupe : « C'est le mec de la garce qui a failli me tuer. » J'ai voulu faire demi-tour pour lui hurler dessus, lui exploser les dents, mais je me sentais vidé. Brusquement, j'étais exténué. J'arrivais à peine à me traîner le long des marches. L'adrénaline courait avec une telle force dans mes veines que j'en tremblais presque, mais je n'avais plus aucune énergie. Je suis redescendu jusqu'à l'allée qui menait aux stands. Là, j'ai attendu. Je savais pertinemment qu'Anna ne reviendrait pas à l'endroit où je l'avais aperçue, mais j'ai attendu quand même.

Quand j'ai enfin regagné ma place, mon père m'a demandé où j'étais passé.

« Juste parti faire un tour.

– Je t'ai vu, là-bas, a-t-il rétorqué en pointant les tribunes d'en face.

– J'avais repéré Bryce Druitt.

– Et il fallait que tu te précipites pour aller le voir ? » Je n'ai pas répondu. « Qu'est-ce qu'il avait à te raconter ?

– Rien.

– Qu'est-il venu faire ici ?

– Aucune idée.

– Drôle de coïncidence. »

Il s'est mis à pleuvoir, une bruine glaciale, mais personne n'a bougé. Seuls quelques parapluies se sont ouverts. Les gouttes étaient plutôt agréables au début, mais l'averse s'est intensifiée peu à peu. Les spectateurs des rangées inférieures se sont levés pour aller s'abriter sous les auvents ; d'autres quittaient carrément le stade. Nous étions coincés sous la pluie.

« Tu veux y aller ? m'a demandé mon père.

– Il ne reste plus que quelques tours de batte », ai-je rétorqué.

La rencontre était serrée. Mon père notait le score. Il aurait été trop déçu de repartir avec une fiche de match incomplète. Il semblait plus se soucier de coucher le résultat sur papier que de se détendre et de profiter du spectacle. Il remplissait scrupuleusement des cases de chiffres auxquels je ne comprenais rien ; il notait absolument tout : nombre de lancers par joueur, durée du jeu, température, nom des arbitres. Le déroulement entier de la partie raconté au crayon sur son programme, décrit et retranscrit dans les moindres détails.

J'ai passé le reste du match à penser à Claire et à Carl, à Bryce, et à Anna. Je scrutais sans arrêt les gradins d'en face. Sa place était vide. Je l'avais seulement imaginée. J'en étais parfaitement conscient, mais l'idée qu'elle avait bien été là et pris la fuite en me voyant ne cessait de s'insinuer sournoisement dans mon esprit. Je rêvais qu'elle était encore en vie, qu'elle me tourmentait, me hantait, se jouait de moi délibérément. Chaque fois que cette pensée m'assaillait, je la refoulais de toutes mes forces et repensais aux dernières paroles de Bryce. Les questions s'ajoutaient les unes aux autres, zigzaguant à l'intérieur de mon crâne et s'entrechoquant avec une violence et une vitesse telles qu'elles en ressortaient encore plus opaques, faussées et déformées. J'ai saisi mes jumelles pour les braquer de l'autre côté du terrain. Mon père a dû remarquer que je ne prêtais plus attention au match, parce qu'il s'est remis à me questionner après chaque nouvelle phase de jeu. « Comment appelle-t-on ça, un *swing* ou un troisième *strike* ? », « Était-ce plutôt une passe ou un lancer fou ? Tiens, regardons le tableau d'affichage – la décision officielle va être annoncée », « C'était quoi, ça ? Allez, aide-moi un peu ! ». Je faisais naviguer mes jumelles entre le lanceur, la plaque de but et le sommet des gradins, où Bryce était toujours assis, jusqu'à ce que la tête commence à me tourner. J'ai dû abandonner mes jumelles et respirer un grand coup.

J'avais une telle migraine que j'ai cru que mon crâne allait se fendre en deux. J'aurais aimé qu'il éclate tout de suite et se vide de tout ce qu'il contenait, de toutes les idées qui bouillonnaient dans leur bain de vapeur. Alors peut-être réussirais-je à me calmer. J'ai de nouveau regardé en bas. C'était dur de ne pas sauter. Je voulais seulement un peu d'apaisement. J'ai cru que j'allais me mettre à pleurer. Je sentais les larmes monter ; j'ai dû fermer les yeux et me renfoncer dans mon siège. Une nouvelle explosion de joie a retenti dans le stade. *Home run* final pour l'équipe à domicile – le match était terminé.

« Tu te sens bien ? » m'a interrogé mon père.

J'ai rouvert les yeux. « La tête m'a tourné, d'un coup.

– Tu as dû te lever trop vite. Reste assis un moment et détends-toi. »

Il s'est lui-même rassis et s'est remis à griffonner sur sa fiche de scores. L'air frais me faisait du bien. Je l'ai laissé souffler sur ma peau jusqu'à ce que mon visage soit un peu moins moite. Il nous a fallu près d'une heure pour rejoindre la voiture, puis une autre encore pour sortir des bouchons. Mon père ne semblait pas s'en plaindre. En fait, il avait plutôt l'air de s'amuser.

« On devrait aller aux matchs plus souvent, a-t-il déclaré. Quand il fera plus beau.

– On pourra prendre le train, la prochaine fois ?

– Pourquoi ? Ce n'est pas si terrible. »

En arrivant à hauteur de la sortie d'Ellroy, à environ une heure et demie de la maison, la pluie s'est transformée en neige. De gros flocons mouillés se jetaient sur nous dans la nuit noire. On aurait dit des astres mourants, ou de minuscules poings blancs s'abattant sur le pare-brise. Mon père a dû ralentir à près de trente kilomètres à l'heure, juste pour y voir quelque chose. « Les neiges d'avril sont les pires », a-t-il marmonné.

Nous ne sommes pas arrivés chez nous avant dix heures du soir. Le sol était couvert de neige, dans les trente centimètres d'épaisseur. J'ai dû aller chercher une pelle et déblayer l'allée du garage pour la voiture. Je me suis démené le plus vite possible, puis j'ai appelé l'hôpital.

Claire était là-bas, en effet. Je me suis demandé si je ne devrais pas me présenter comme patient volontaire. Ils pourraient peut-être me refiler des pilules pour que j'arrête de penser autant, ou bien me percer des trous dans le cerveau pour évacuer la vapeur. Ou même en ôter quelques quartiers et vider un peu l'intérieur, histoire que je puisse passer le reste de ma vie dans un fauteuil avec un sourire débile scotché sur le visage, heureux et détaché du monde.

Le lendemain matin, j'ai demandé à ma mère de me conduire à l'hôpital de Searing. On ne m'a pas autorisé à voir Claire. Ma mère non plus, d'ailleurs. Claire se trouvait dans l'unité de soins intensifs, et seuls les membres de la famille proche avaient le droit de se rendre à son chevet. Ma mère s'est entretenue avec l'une des infirmières, mais personne n'a voulu lui dire comment Claire avait atterri là. Nous sommes donc repartis.

J'ai aussitôt filé chez Carl.

« Je ne lui ai rien vendu, s'est-il défendu. Je ne vends pas de cette merde.

– Alors qui ?

– Aucune idée.

– Tu mens.

– Tu ne sais pas pourquoi elle est à l'hosto, a-t-il rétorqué.

– Je ne sais que ce que Bryce m'a dit.

– En effet.

– Que sais-tu, toi ? lui ai-je demandé.

– La même chose que toi. Rien. »

Claire est restée hospitalisée pendant trois jours. Ma mère m'a de nouveau emmené là-bas un soir, après les cours. Elle a attendu dans le hall pendant que j'allais voir Claire dans sa chambre. Au moment de tourner à l'angle, il m'a semblé apercevoir Carl, au bout du couloir. Il pressait le pas, en tout cas ; je n'étais pas sûr qu'il s'agisse bien de lui, et j'ai failli le suivre pour vérifier. Je ne voyais aucun motif justifiant sa présence en ces lieux. Il ne connaissait pas assez bien Claire pour lui rendre visite – à moins que Bryce n'ait dit la vérité.

Je suis entré dans sa chambre. Il y régnait cette même odeur de détergent que dans le train, mais en plus artificiel. Claire était adossée contre ses oreillers, paupières closes. Le lit voisin était inoccupé. Le rideau de séparation était ouvert en grand, et le lit vide offrait une vision impeccable avec ses draps pliés bien net et ses oreillers parfaitement en place. Image rigide, irréelle, un peu effrayante, comme l'intérieur d'un cercueil. Je m'attendais à trouver Claire pleine de tubes enfoncés dans ses bras et ses narines, mais non. Elle semblait être venue faire une sieste, en pleine forme et prête à quitter les lieux dès son réveil. Ses cheveux étaient dans un piteux état, tout emmêlés à l'arrière. Elle ne portait pas de maquillage et arborait la chemise de nuit réglementaire de l'hôpital avec un simple peignoir par-dessus. C'était la première fois que je la voyais sans son attirail gothique. Cela lui donnait meilleure mine. Dépourvu de maquillage, son visage avait enfin un peu de couleur ; il semblait même plus engageant, sans les habituels cercles noirs qui ourlaient ses yeux. Elle respirait trop la santé pour se trouver dans un lit d'hôpital ; quelque chose clochait dans ce tableau. Je suis resté sur le pas de la porte, hésitant à entrer ou à repartir, mais elle a alors tourné la tête, ouvert les yeux et esquissé un petit sourire las et forcé.

« Je ne reste pas longtemps, lui ai-je dit. Je voulais juste prendre de tes nouvelles.

– Reste un peu. C'est d'un ennui mortel, ici.

– Quand pourras-tu rentrer ?

– Ils m'ont dit que si je ne sortais pas ce soir à cinq heures, ce serait pour demain matin.

– Pourquoi ?

– Aucune idée. Une affaire de paperasse, ou un truc dans le genre. C'est comme au resto, ici. Le repas n'est pas fini tant que l'addition n'est pas arrivée.

– Où sont tes parents ?

– Ma mère est passée prendre ma sœur à l'école. Je ne sais pas où est mon père. Il n'a pas été très présent.

– Je suis désolé...

– Il est timbré, tu sais.

– Ta mère aussi ?

– Ça viendra plus tard.

– Il y a une rumeur qui circule au bahut, ai-je déclaré. Enfin deux, pour être exact. » J'ai attendu de voir si elle voulait entendre la suite. Elle m'a de nouveau décoché un sourire éteint. « La première, c'est que c'était un acte délibéré. Et la seconde que c'est la faute de mon pote Carl.

– Sa faute ? Comment ça ?

– Il t'aurait vendu de la mauvaise came.

– Qui raconte un truc pareil ?

– Pas mal de monde, mais je l'ai entendu de la bouche de Bryce. » Le premier segment de ma phrase était faux. Seul Bryce semblait répandre cette histoire.

« Bryce n'est qu'un sale con. » Elle n'avait pas répondu à ma question. J'ai attendu, mais elle n'a pas développé.

« Comment es-tu venu jusqu'ici ? a-t-elle voulu savoir.

– Avec ma mère. Elle m'attend en bas.

– Oh, pardon. Je ne devrais pas te retenir si longtemps...

– T'inquiète, elle adore rester assise à ne rien faire. Je crois qu'elle est incapable de s'ennuyer. Ou alors elle s'ennuie tellement que c'est devenu sa seconde nature. »

Il y a eu un court silence.

« Au moins tu n'as pas de camarade de chambre, ai-je déclaré.

– J'en avais une, mais elle est partie.

– Guérie ?

– J'en sais rien. Ils l'ont sortie sur un fauteuil roulant hier soir, et elle n'est jamais revenue. J'étais un peu dans les vapes, mais on ne vous dit jamais rien, ici.

– C'est presque flippant.

– Tous les hôpitaux sont comme ça. Tu devrais y passer la nuit. On entend plein de bruits bizarres et horribles, et des gens déboulent dans ta chambre pour t'examiner, te réveiller, te prendre ta température, ta pression artérielle ou je ne sais quoi. La moitié du temps, tu ne comprends rien à ce qu'ils font ni pourquoi ils le font, et pendant la journée tu ne vois plus personne et il ne se passe rien. On dirait des vampires. Ils ne surgissent que la nuit.

– Avec un peu de chance, tu sortiras ce soir, avant le retour de la nuit et des vampires.

– J'espère. Ma mère doit revenir bientôt pour voir où ça en est.

– Je ferais mieux d'y aller, alors. À moins que tu ne préfères qu'on reste, au cas où tu aurais besoin d'un chauffeur ?

– Ça va aller, merci.

– J'espère bien. » Sur ces mots, je me suis levé pour partir.

« Viens par là. » Claire a tendu les bras. Je me suis avancé vers elle et je l'ai serrée très fort contre moi. « Ne t'inquiète pas pour moi. C'était un accident. Rien qu'un accident. »

J'aurais voulu qu'elle m'en dise un peu plus, mais elle n'a rien ajouté et je ne voulais pas la presser. Je lui ai souri, et j'ai pincé la manche de sa chemise de nuit blanche. « Dommage qu'ils ne fassent pas le même modèle dans ta couleur », ai-je plaisanté.

Elle a ri. « Tu imagines, tous les malades en noir de la tête aux pieds ? Ce serait cauchemardesque. » Une vision d'Anna m'a aussitôt traversé l'esprit – elle était dans le lit voisin. Claire et elle étaient vêtues d'habits funéraires, allongées sur leurs lits d'hôpital, les draps remontés jusqu'aux épaules, leurs visages inertes lourdement maquillés mais leurs yeux grands ouverts, fixant droit devant elles.

« Tu m'appelles en rentrant chez toi ? lui ai-je demandé.

– Promis. »

Dans la voiture avec ma mère, au retour, je me suis mis soudain à envisager Anna comme une force négative dans ma vie. Je n'avais jamais vu les choses sous cet angle, mais le fait est que rien n'allait normalement. Au contraire : chaque jour sombrait un peu plus dans l'étrangeté. Elle semblait contrôler les événements, manipuler tout son petit monde d'une façon qui ne faisait qu'ajouter à ma confusion. Je me suis demandé si elle n'était pas en cause pour Claire. On s'était embrassés, et une catastrophe était arrivée. Quant à Bryce, il affirmait qu'Anna avait bousillé exprès sa voiture. J'ignorais s'il fallait le croire ou non, mais si c'était la vérité, que fallait-il en conclure à propos d'Anna ? Si elle pouvait précipiter une bagnole contre la rambarde métallique d'un pont, de quel autre genre d'exploits était-elle capable ? Même si elle n'était pas responsable de tous ces fléaux, il semblait y avoir une sorte de loi des séries. Simple coïncidence, peut-être – c'était le mot qu'avait employé mon père pendant le match de baseball –, mais ça commençait vraiment à faire beaucoup. Moi qui m'étais acharné à communiquer avec Anna, qui avait tenté par tous les moyens de capter un signe, d'entrer en relation avec elle, alors que j'aurais peut-être dû passer ce temps à la fuir et à refuser toute tentative de contact de sa part... N'était-ce pas la raison pour laquelle certains disaient éviter

Mumler, parce que cet endroit portait malheur ? Eh bien, les malheurs étaient arrivés.

Bryce conduisait un nouveau pick-up noir en remplacement de l'Intrigue qu'il avait crashée dans son accident. On racontait que quelqu'un avait écrit « Bryce Druitt est gaulé comme un camion » sur le mur des toilettes des filles, au rez-de-chaussée. D'après certaines rumeurs, l'auteur de ce graffiti n'était autre qu'Anna, mais la seule chose qu'elle ait jamais daigné me dire à ce sujet avait été : « Si je l'ai écrit, c'était pour faire de l'humour. Le problème, c'est qu'un tas de filles craquent pour Bryce, mais n'oseront jamais le dire parce qu'il est gothique. » Claire avait soutenu la même thèse, une fois – si Bryce ressemblait davantage aux gens normaux, il serait le garçon le plus populaire du lycée. Au lieu de quoi il était l'épouvantail de service. Le genre de mec capable de se maquiller les yeux et de ressembler quand même à un voyou.

Quelques jours après que Bryce a débarqué avec sa nouvelle voiture, quelqu'un lui a flanqué un autocollant « As-tu trouvé Jésus ? » sur son pare-chocs arrière. Bryce a retrouvé le coupable et l'a tabassé dans les règles, mais a quand même gardé le sticker. Ça le faisait marrer. « Je l'aurais collé moi-même, a-t-il expliqué au malheureux, mais personne ne touche à mon véhicule. » Bryce employait toujours le mot « véhicule » pour parler de sa voiture, mais jamais quand il faisait référence à celles des autres.

Depuis le match de base-ball, j'essayais chaque jour de lui parler après les cours, mais il filait toujours avant que j'aie le temps de le coincer. J'allais vérifier où il se garait sur le parking, mais lorsque je revenais à la fin de la journée, sa camionnette avait déjà disparu. Je savais qu'il lui arrivait de sortir déjeuner et de se garer ailleurs à son retour, alors je descendais chaque soir la pente douce du parking jusqu'en bas, ou vers le terrain de foot, où il y avait aussi de la place, mais je ne le voyais jamais. Heureusement, vers la fin de la semaine, j'ai réussi à gagner son « véhicule » avant lui. C'était une fraîche journée de printemps, mais le soleil s'efforçait de faire son boulot du mieux possible. Je sentais la chaleur se réverbérer contre la peinture noire de la carrosserie, et je m'en rapprochais à intervalles réguliers pour tenter de me réchauffer, comme s'il s'agissait d'un radiateur ou des dernières braises d'un feu de cheminée. La majeure partie du manteau neigeux avait fondu, mais il restait encore des congères alignées le long de l'avenue, systématiquement repoussées là pendant tout l'hiver en amoncellements de plus en plus gros, ainsi qu'à l'ombre des immeubles et des arbres, à l'abri du soleil.

J'attendais là depuis plus de vingt minutes et je commençais à me dire que Bryce avait dû être retenu en colle. Je ne tenais pas à poireauter encore jusqu'à la fin de l'heure.

« Tu n'étais pas appuyé contre mon véhicule », a-t-il déclaré. Il s'était approché par-derrière, et j'ai sursauté sous l'effet de la surprise. Il n'était pas tellement plus grand que moi, quelques centimètres à peine, mais il avait toujours eu l'air de me dominer. Il arborait sa panoplie habituelle : casquette noire vissée jusqu'aux yeux sur son crâne rasé, longue redingote noire croisée – genre soldat de Napoléon marchant dans la plaine –, jean noir et grosses bottes de para. Il était couvert de neige, comme s'il s'était roulé dedans. De toute évidence, il ne sortait pas directement du lycée ; il venait d'un autre endroit. Peut-être avait-il émergé des bois, de l'autre côté de la rue, et m'avait-il aperçu près de son pick-up. Difficile à dire.

« Tu ne touchais pas à mon véhicule. » Ce n'était pas une question.

« Non, ai-je rétorqué. Je ne touchais pas à ton véhicule. Je cherchais seulement à te parler.

– Voyons voir ça.

– Je t'ai entendu dire quelque chose, au match. »

Il m'a foudroyé du regard et m'a soudain paru beaucoup plus grand. Un instant, j'ai songé à laisser tomber, mais il était trop tard.

« Je t'ai entendu dire qu'Anna avait failli te tuer lors de ton accident.

– C'est elle qui l'a provoqué, m'a-t-il répliqué d'un ton égal.

– Tu veux dire qu'elle t'a... jeté un sort ?

– Non. C'est elle qui conduisait.

– Je l'ignorais. »

Il a haussé les épaules.

« Elle n'a pas été blessée, ai-je poursuivi.

– Pas une égratignure.

– Et elle n'a eu aucun problème avec les flics.

– Elle n'était plus là quand ils sont arrivés. Elle avait déjà déguerpi, et je leur ai dit qu'il n'y avait que moi dans la voiture. »

Je n'ai rien répondu.

« Elle l'a fait exprès. À cause des messages que j'avais laissés dans ton casier. »

Je restais muet. Mon cerveau s'efforçait d'intégrer toutes ces données au fur et à mesure.

« J'ai un carton plein de lettres, de dessins et de bouquins, comme toi, a-t-il ajouté.

– C'est ça.

– Il est à toi, si tu veux. »

J'ai commencé à m'éloigner.

« Et sa nécro, hein ? m'a-t-il lancé.

– Pardon ?

– Tu en as bien reçu une par la poste, non ?

– Je ne sais pas de quoi tu parles.

– Demande à Claire qui te l'a envoyée. »

J'aurais dû demander à récupérer ce carton qu'il prétendait avoir en sa possession. C'était une erreur de ma part. J'aurais dû inspecter son contenu ; j'y aurais peut-être trouvé des réponses à mes questions. À ce moment-là, je n'avais pas envie d'écouter un mot de ce qu'il disait. Je ne voulais rien de ce qu'il avait à m'offrir. Preen avait raison : je ne me donnais pas assez de mal.

punition

J'ai tenté d'oublier les déclarations de Bryce. Mais je savais que tôt ou tard, j'irais poser la question à Claire. Peut-être m'avait-il envoyé la nécro lui-même et voulait-il maintenant faire porter le chapeau à Claire, ou semer la zizanie entre nous. J'ai observé les murs de ma chambre et je me suis demandé combien parmi ces photos et ces cartes postales étaient les mêmes que celles qu'avaient reçues Bryce. Je me suis demandé si ses murs à lui avaient autrefois été des répliques de ceux d'Anna. J'ai examiné chacun des éléments affichés sur mes murs, noté la date à laquelle je l'avais reçu et l'information qu'il contenait. J'ai collé un post-it sur chacun d'entre eux. J'avais effacé la plupart des e-mails d'Anna, mais j'ai imprimé ceux qui me restaient et je les ai réunis dans un classeur. Tout était étiqueté et classé ; si Anna n'avait semé qu'une série d'énigmes derrière elle, j'étais déterminé à les résoudre. Je m'escrimais dessus en classe, établissais des connexions, griffonnais références et allusions dans mes cahiers pendant les cours. Mes notes ont dégringolé. J'ai commencé à récolter des D aux examens et aux disserts à la maison. Le seul cours qui m'intéressait, le seul auquel je continuais à rester attentif, était celui de Mr Devon. Et il s'y passait des choses intéressantes.

J'étais en train de bosser sur un collage. Nous devions être une dizaine d'élèves en tout, et avant que quelqu'un ait eu le temps de réagir, le père de Carl a surgi dans la salle, s'est assis à une table et nous a regardés travailler. Tout le monde a compris qu'il avait trop bu. Il était hébété, rougeaud, et ses pupilles avaient du mal à se fixer sur un point précis. Mr Devon l'a observé quelques instants, puis s'est avancé vers lui :

« Je peux vous apporter du matériel, si vous voulez vous joindre à nous. »

Le père de Carl a brusquement tourné la tête et a dévisagé le prof d'un air curieux. « Non, merci. Je veux rester encore un peu, si ça vous embête pas trop.

– Si vous voulez vous asseoir, pourquoi ne pas le faire à mon bureau ? » Mr Devon lui désignait son fauteuil dans l'espoir que Mr Hathorne s'éloigne de nous.

Ce dernier n'a même pas daigné lever les yeux. « Ici ça me va très bien. » Il observait les élèves concentrés autour de lui, tandis qu'une confusion manifeste se lisait sur ses traits. « Qu'est-ce que vous fabriquez, dans ce cours ?

– C'est un cours d'arts plastiques, a expliqué Mr Devon.

– Je cherchais juste mon fils.

– Il n'est pas avec moi à cette heure-ci, a répondu Mr Devon. Si vous le souhaitez, nous pouvons nous rendre ensemble au bureau du proviseur pour voir où il se trouve.

– Ça va aller, je le retrouverai plus tard. » Mr Hathorne a de nouveau dévisagé Mr Devon, mais cette fois d'un air fixe et dur. « Vous avez déjà flingué quelqu'un ? » (Plus tard, certains affirmeraient l'avoir entendu dire « buté », et d'autres encore « attrapé ».)

« On m'a tiré dessus, une fois.

– On vous a tiré le portrait, vous voulez dire ? Y a pas mal d'appareils photos, ici, non ?

– La balle est encore fichée dans mon cou.

– Montrez voir.

– Très bien, sortons et je vous montrerai ma blessure. »

Mr Hathorne s'est levé pour suivre le prof. Au moment de se retourner, il a aperçu la sculpture de Mr Devon dans le coin de la salle ; sans crier gare, il a saisi une chaise et l'a écrasée contre la sculpture. Quelques filles se sont mises à hurler. Mr Devon s'est rué sur l'ivrogne pour le tacler, le forçant à lâcher la chaise et les précipitant tous deux à terre. Puis il lui a bloqué les bras dans le dos et l'a escorté de force dans le couloir. Dix minutes plus tard, il était de retour.

On a peu souvent l'occasion de voir un de ses profs se rouler par terre, et encore moins de le voir se battre avec quelqu'un. On aurait pourtant cru que la moitié du bahut s'était trouvée dans son cours à cette heure et à cet instant précis, à en juger par le nombre de gens affirmant avoir assisté à l'incident. Le lycée tout entier était ébahi par la force avec laquelle Mr Devon avait maîtrisé Mr Hathorne. Certains affirmaient que le prof l'avait démoli ; d'autres que si Mr Hathorne avait été sobre, il lui aurait probablement réglé son compte. Sauf que s'il avait été sobre, il n'aurait sans doute jamais mis les pieds au lycée. Mais les exploits de Mr Devon n'occupaient que la seconde place dans la liste des sujets dont tout le monde parlait – la vraie curiosité, c'était de savoir s'il avait oui ou non une balle dans le cou, et comment elle avait atterri là. Certains prétendaient que c'était Mr Hathorne qui lui avait tiré dessus, et que c'était la raison pour laquelle ils s'étaient battus. Bizarrement, l'incident a contribué à encore faire grimper la cote de popularité de Carl, si tant est que cela soit possible ; les gens le plaignaient, se demandaient comment il avait pu devenir aussi cool avec un père pareil. J'en venais presque à espérer que mon père vienne détruire le bahut dans un accès d'alcoolisme. Mais je n'ai jamais eu cette chance.

carl, à nouveau

Tout le monde peut avoir une conversation de trop. J'avais beau être autrefois l'individu le moins loquace de tous les temps, j'ai eu ma conversation de trop, moi aussi. Je posais trop de questions, je faisais trop de gaffes. Nous possédons tous une ligne que nous ne souhaitons pas franchir, un point de non-retour sur un sujet délicat. Malheureusement pour moi, j'ai franchi mon point de non-retour avec Carl.

...

« Qu'est-ce qui se passe entre Claire et toi ?

– Comment ça ?

– Il y a un truc, entre vous deux ?

– Oui, c'est vrai, a-t-il avoué.

– Depuis combien de temps ?

– Un petit moment. Ça a plus ou moins commencé à la Saint-Valentin. »

J'étais mal, tout à coup. « Elle t'a dit que je l'avais embrassée ?

– Oui », m'a-t-il répondu. À sa tête, j'ai bien vu que c'était faux.

« Je n'aurais jamais rien fait si j'avais su que...

– T'inquiète. On ne voulait pas le crier sur tous les toits. Et puis ça a démarré tout doucement, et on n'avait pas envie de s'afficher et d'en faire des tonnes... vu ce que tu traversais.

– Je le traverse encore », lui ai-je fait remarquer.

« Pourquoi as-tu donné la photo d'Anna à Gerald Preen ? » Je n'étais pas vraiment certain que ce soit lui, mais j'avais un fort pressentiment – Carl était le seul lien existant entre Anna, Mr Devon et *Le Canal*. Il me restait encore à déterminer s'il avait présenté Mr Devon au staff de Preen, ou s'il avait lui-même récupéré la photo du prof. J'avais une chance sur deux, mais après tout si Preen faisait tant d'efforts pour convaincre le public de ses dons de médium, pourquoi n'irait-il pas jusqu'à truquer une photo ?

« Je la leur ai vendue, a avoué Carl. C'était purement une question d'argent.

– Est-ce que tout tourne autour du fric, avec toi ?

– J'ignorais ce qu'ils comptaient en faire.

– Est-ce Mr Devon qui te l'a donnée ?

– Tu ferais mieux de lui demander.

– Et la photo d'Anna ?

– C'est elle qui me l'a donnée. » Cela devait être sa manière de se venger de mon baiser volé à Claire. « Elle m'a rendu mon baiser, tu sais », ai-je failli répliquer, mais je me suis ravisé. Je n'ai même rien dit du tout. Je suis reparti en me disant que je ne lui adresserais plus jamais la parole. Je ne pouvais plus, pas après ce qu'il avait fait. Je m'imaginais l'ignorant chaque fois que je le croiserais, le traitant comme un simple élément du papier peint, un détail sans importance. Puis, après la terminale, il partirait s'installer en Alaska ou ailleurs, comme on en rêvait quand on était gamins. Mais pour moi, pas question de l'accompagner, même s'il souhaitait encore que je vienne. Peut-être avait-il changé d'avis, au fond ; il était très secret. Il m'avait caché son histoire avec Claire, puis il avait vendu cette photo juste parce qu'il avait le pouvoir de le faire. Et là aussi il s'était bien gardé de me le dire. Vous appelez ça un pote ?

J'ai continué à fréquenter Claire, mais ça n'avait rien à voir. D'après elle, Carl était désolé de ce qui s'était passé. « Tu devrais aller le voir, m'encourageait-elle. Il a envie de parler.

– Alors qu'il me parle. »

J'avais fait une croix sur Carl, et je voyais Claire de moins en moins. Elle a cessé de passer nous voir le matin avec Billy, et n'ayant aucune nouvelle info à débattre, lui et moi n'avions nous-mêmes plus rien à nous dire. Sauf lorsqu'on m'interrogeait en classe, je pouvais passer la journée entière plongé dans un mutisme total. Presque comme avant ma rencontre avec Anna. J'apercevais Carl dans le couloir ou devant le lycée, occupé à bavarder et à serrer des mains, et je me disais qu'il n'avait sans doute même pas remarqué que nous n'avions pas échangé un mot depuis plus d'une semaine. Pourquoi en aurait-il été autrement ? Pour lui, rien n'avait changé. Il était toujours copain avec la terre entière, et puis il sortait avec Claire, alors pourquoi diable aurait-il eu besoin de moi ? Quelques jours plus tard, ce besoin s'est pourtant manifesté – à mon grand regret.

Je descendais Valley View Road après les cours, et j'étais presque arrivé chez moi lorsque Carl a émergé d'entre deux maisons tel un chat longeant furtivement une allée. « Eh ! m'a-t-il lancé presque dans un souffle.

– Qu'est-ce que tu fabriques ?

– Il faut que je te parle. On peut aller chez toi ? »

Il paraissait nerveux. Je ne crois pas l'avoir jamais vu dans un état pareil. Ça ne lui ressemblait pas. Nous sommes entrés chez moi par la porte de devant, histoire d'éviter ma mère, et sommes montés dans ma chambre. Là, Carl a refermé la porte et ouvert la glissière de son sac à dos. Il en a sorti un paquet un peu plus gros qu'une boîte à chaussures enveloppé dans du papier kraft de boucher, ainsi qu'une enveloppe jaune remplie de billets.

« J'ai besoin que tu gardes ça pour moi, m'a-t-il expliqué.

– Pour quoi faire ?

– Je vais devoir m'absenter.

– Où ça ?

– Contente-toi de me garder ça.

– Dis-moi ce qui se passe, Carl.

– Impossible. Ça ne servirait à rien, de toute manière.

– Quand comptes-tu revenir ? Et Claire, elle est au courant ?

– Je ne peux pas lui en parler. Elle désapprouverait mon choix. Il n'y a que toi, et je ne peux même pas tout te dire. Mais ça va aller, t'inquiète. Je serai de retour dès que possible. Sinon, tu auras un joli petit magot à empocher. » Il a ouvert l'enveloppe et m'en a tendu le contenu. Je l'ai compté.

Il y avait près de cinq mille dollars.

« Ça n'a aucun sens, ai-je protesté. Explique-moi ce qui se passe, et on trouvera une solution.

– C'est la meilleure chose à faire. Je suis désolé pour tout le reste. Merci de ton aide.

– Je ne t'aide pas, je te prends juste ton fric. Laisse-moi t'aider pour de bon.

– Tu le fais déjà. »

Et sur ces mots, il est parti.

Le surlendemain, sa mère a signalé sa disparition à la police, et quelques jours plus tard Mr Hathorne se présentait au commissariat pour s'accuser du meurtre de son fils. « J'ai buté le gamin ! » a-t-il vociféré en franchissant la porte. « Écoutez-moi bien, et vous pouvez aller le dire à sa mère : je l'ai buté. » Il a ensuite livré aux agents un récit très détaillé sur la façon dont il avait emmené Carl de l'autre côté du fleuve, à Mumler, puis dont il l'avait tué avant de jeter son corps à l'eau. Il a décrit l'emplacement exact dans la forêt et sur la berge. Il a ensuite confessé le meurtre d'Anna Cayne, et signé la déposition qu'il avait rédigée. Il n'y avait bien sûr qu'un seul petit problème : il était totalement soûl au moment de ces aveux.

Une fois dégrisé, il a tout nié. « Je raconte n'importe quoi quand j'ai bu », a-t-il affirmé, et personne en ville n'aurait dit le contraire. Les flics l'ont quand même gardé. Sur le chemin du lycée, j'ai revu les fameux Zodiac jaunes sonder le fleuve avec à leur bord ces hommes en gilets de sauvetage rouges qui enfonçaient leurs perches dans l'eau et scrutaient la surface opaque à la recherche de Carl. Je haïssais la vue de ces bateaux. Jour après jour, ils étaient encore là, à quelques mètres de plus en amont ou en aval, leurs équipes fouillant méticuleusement la zone indiquée par Mr Hathorne. Carl ne pouvait se trouver au fond de ce fleuve, me disais-je, mais après tout, qu'en savais-je ? J'aurais aimé qu'ils assèchent ce fichu cours d'eau et qu'ils le laissent tel quel.

Chaque jour, je me demandais si je devais aller voir la police pour leur raconter ma dernière conversation avec Carl. Les flics devraient être mis au courant. Mais qu'avais-je à leur révéler ? Carl m'avait seulement dit qu'il disparaîtrait quelque temps, et ça, la police le savait déjà. Il ne m'avait pas dit où, ni pourquoi, ni quoi que ce soit d'autre. Sans compter que je ne pouvais pas leur parler de l'argent. Et comment ma version collerait-elle avec celle de Mr Hathorne ? Il leur avait livré des pages d'aveux détaillés, deux meurtres, avec directions et lieux précis. Il les avait conduits quelque part. Je n'avais qu'une malheureuse phrase qui ne les mènerait nulle part. Je n'avais rien à dire.

Pourquoi la vérité est-elle parfois si vaporeuse, si mince, tandis que les mensonges paraissent plus solides et détaillés ? De toute évidence, le père de Carl avait déliré après un excès de boisson – c'est ce qu'il ne cessait de répéter aux flics depuis sa cellule de dégrisement –, mais eux continuaient à ratisser les bois au peigne fin et à sonder le fleuve. « On gaspille l'argent du contribuable, a commenté mon père, avec tous ces bateaux et ces types qu'on envoie dans la forêt. Un beau gâchis d'argent pour un tas d'inepties lâchées par un ivrogne.

– Il faut bien qu'on retrouve cet enfant », a objecté ma

mère. Elle semblait refuser d'admettre qu'il s'agissait de Carl, mon plus vieil, mon seul ami.

« C'est Carl, ai-je protesté. Pas "cet enfant".

– Ils feraient pareil pour n'importe quel enfant », a-t-elle répliqué, signifiant par là que c'était la même chose.

c'est si difficile d'oublier

J'ai rêvé qu'on avait retrouvé un corps. Les recherches avaient enfin abouti. La rumeur enflait au lycée, et lorsque je mettais enfin la main sur Billy Godley, il me confirmait que c'était la vérité. « Le cadavre est dans un sale état, ajoutait-il. Ils ont dû l'envoyer pour le faire examiner. »

Dans mon rêve, il régnait une certaine confusion, voire une relative discorde quant à l'identité de ce corps, entre ceux affirmant qu'il s'agissait de celui d'Anna et ceux soutenant avec autant de conviction que c'était celui de Carl. La question était alors soumise au vote. Une foule dense se présentait à la mairie, armée de badges et de pancartes, et les gens soutenant la thèse selon laquelle il s'agissait d'Anna affirmaient que c'était Carl qui l'avait laissée là dans les bois. Mais avant même que le vote commence, Carl fendait calmement la foule rassemblée dans la salle de la mairie, sa casquette bleue relevée avec nonchalance sur son front, souriant et serrant des mains comme à son habitude. Il s'avançait jusqu'au pupitre et prenait le micro.

« Voilà ce que j'aimerais savoir, déclarait-il. A-t-elle jamais su qu'elle était nue en pleine forêt ? A-t-elle jamais su qu'on l'a retrouvée enterrée à fleur de sol, et aurait-elle pu nous dire s'il s'agissait d'un tombeau inachevé ou d'une dépression naturelle du terrain ? A-t-elle su que son manteau noir était posé, plié, à côté d'elle, ainsi que ses Doc Martens dix trous avec des chaussettes roulées en boule à la place des pieds ? A-t-elle jamais su qu'elle avait attendu des mois, patiemment étendue, jusqu'à ce qu'on la retrouve ? » Il brandissait alors une photo du fleuve gelé avec le trou et sa robe abandonnée sur la glace, tels les derniers restes d'une sorcière fondue. Sauf que cette robe n'était pas tombée là par hasard, elle avait été arrangée avec soin, ses bras pointant vers le bas et le reste du corps bien raide, telle une flèche désignant l'entrée du trou – ou autre chose.

À mon réveil, j'ai appelé Billy Godley pour lui demander s'il savait quoi que ce soit à propos de la robe. Son père lui avait-il dit si la police la considérait comme un indice, une sorte de flèche ? Y avait-il des photos que je pourrais consulter, montrant dans quelle direction pointait la robe ? Billy m'a promis qu'il allait se renseigner.

Lorsque je suis arrivé au lycée, il était déjà là. Sur une carte, son père avait noté l'emplacement de la robe tel qu'il croyait se le rappeler. La police ne l'avait jamais envisagée comme une flèche. « Il m'a dit que c'était une hypothèse intéressante », a ajouté Billy. Mais en retard de quelques mois, ai-je songé.

J'ai pris une règle et tracé une ligne en travers de la carte en partant de la robe. J'opérais totalement à l'instinct ; si ça se trouve, je faisais complètement fausse route. Sans compter que le moindre degré d'écart pouvait tout changer, et que si vous suiviez la ligne jusqu'au bout vous pouviez atterrir quelque part en Alaska. Or il se trouve que la ligne passait pile par Mumler. Je me suis senti stupide de ne pas y avoir pensé plus tôt. J'aurais dû me rendre là-bas ; j'aurais dû réfléchir un peu plus, redoubler d'efforts pour retrouver Anna ou comprendre ce qui lui était arrivé. Mumler était un signe ; cela semblait évident.

Entre deux cours, j'ai aperçu Claire. Je lui ai parlé de Mumler et je lui ai proposé de s'y rendre avec moi.

« Je ne savais pas que vous y étiez allés, m'a-t-elle répondu.

– Anna voulait que je voie un fantôme.

– Et alors ?

– On s'est juste pelés. Au moins, il ne fait plus froid, maintenant.

– Ça va te paraître idiot, a-t-elle déclaré, mais je ne tiens pas à y aller avant le retour de Carl.

– Je comprends. Il va revenir, Claire. Ne t'inquiète pas pour ça.

– OK.

– Et puis il ne se passe plus rien, là-bas. Le mauvais œil a traversé le fleuve, depuis. »

À la fin de la journée, Claire m'attendait devant mon casier. « Tu comptes y aller quand ?

– Tu m'accompagnes, alors ?

– Ce n'est qu'une superstition idiote, pas vrai ?

– Je ne suis pas la meilleure personne pour en juger, mais je crois que oui. En tout cas, j'y retourne.

– Alors je viens avec toi, a-t-elle conclu. Je peux au moins faire ça. »

Nous nous sommes mis en route le lendemain, samedi. La dernière fois que j'avais vu Mumler, les arbres étaient nus et une épaisse couche de neige recouvrait le sol. Cette fois, le panneau « Défense d'entrer » était à peine visible derrière les buissons et les herbes hautes, et les arbres retrouvaient à nouveau des feuilles. L'endroit était très différent. Nous avons laissé le panneau derrière nous et nous sommes enfoncés plus profondément dans les bois. Au fur et à mesure de notre progression, j'essayais de localiser le lieu exact où m'avait emmené Anna.

Il y avait des insectes partout, des nuées de petits moucherons noirs qui me voletaient dans la bouche pendant que j'avançais en haletant à travers les broussailles. Claire portait un jean et un tee-shirt à manches longues, tous les deux noirs, ainsi qu'un vieux chapeau d'apiculteur trouvé par son père lors d'une de ses expéditions de fouilles quotidiennes. (« On aurait peut-être dû emmener ton père », avais-je plaisanté – « Même lui ne mettrait jamais les pieds à Mumler », m'avait-elle répondu.) Je m'étais moqué de son chapeau, mais je regrettais maintenant de ne pas avoir le même. Les moucherons étaient une plaie, ils pullulaient jusque dans mes yeux, mes oreilles, mes narines. Qui risquait de me croiser ici, de toute façon ?

« Qu'est-on censés chercher ? m'a demandé Claire.

– On était près d'une cheminée, mais je crois qu'on est passés par là... Je ne sais pas trop. C'est difficile à dire. Attends, il faut qu'on fasse comme ça. Je l'ai vu faire dans un film. » Je lui ai pris la main, et nous nous sommes tenus l'un l'autre à bout de bras tout en continuant à marcher en ligne.

« Ça fonctionne avec seulement deux personnes ?

– C'est tout ce qu'on a. »

Nous marchions d'un pas circonspect, en quête du moindre détail identifiable, du moindre indice susceptible de désigner l'endroit où je m'étais rendu avec Anna. Un moment, je me suis imaginé que nous étions de sortie par une belle journée, main dans la main, avec un panier pique-nique, à la recherche d'un coin sympa pour casser la croûte et attendre les fantômes à la nuit tombée. Je me demandais... si Carl ne revenait jamais, si Claire et moi aurions une chance de... et puis cette pensée s'en est allée. Je voulais qu'il revienne. Je voulais qu'Anna revienne. Je voulais que tout soit de nouveau recouvert par la neige, comme la dernière fois que j'étais venu dans ces bois sans me soucier d'indices, de signaux et d'un fantôme qui n'étaient peut-être même pas là.

Nous avons erré dans la forêt pendant une bonne vingtaine de minutes. Claire scrutait tour à tour entre les arbres, à la recherche de la cheminée, et le sol juste devant nous, sa tête entourée de résilles pivotant de toutes parts tel un chasseur exotique à l'affût. Soudain, elle s'est arrêtée et s'est penchée à terre pour scruter quelque chose, quelque chose que je ne pouvais pas voir à cause de la hauteur de la végétation. Puis elle m'a demandé de me pencher à mon tour. Niché entre les herbes folles se trouvait un téléphone portable noir. J'ai voulu le saisir, mais Claire m'en a empêché. « N'y touche pas.

– On devrait vérifier si c'est celui d'Anna. » Ça ressemblait au sien. Je voulais le ramasser.

Mais Claire a fait non de la tête. « Empreintes digitales. On devrait le laisser où il est et prévenir les flics. » Elle avait raison, mais je devais en avoir le cœur net, et tout de suite. Je voulais savoir si c'était son téléphone ; et si oui, quand il avait servi pour la dernière fois et qui l'avait appelée. Avec le raisonnement de Claire, il me faudrait attendre.

Je me suis relevé et j'ai examiné le téléphone abandonné dans l'herbe. J'étais convaincu qu'il s'agissait de celui d'Anna. J'ai sorti mon portable pour composer son numéro, les yeux rivés au sol pour voir s'il se passait quelque chose, mais au milieu de la forêt je ne captais aucun réseau.

Je ne quittais plus l'appareil des yeux. C'était une réponse, posée là à quelques centimètres de nous, mais nous n'avions pas le droit de nous en emparer, si bien que ça n'était qu'une question de plus, une énigme s'ajoutant aux autres. Claire a fini par me tirer par le bras, de peur que je craque et que je ramasse le téléphone.

« On préviendra la police dès qu'on sera chez toi, m'a-t-elle promis. Et on les guidera jusqu'ici. Ce n'est qu'une toute petite affaire de patience. »

Nous roulions en direction de chez moi. L'air chaud s'engouffrait à travers les vitres ouvertes de la voiture de Claire et le soleil étincelait, un peu brumeux sur les contours, tel un pissenlit dans une mare de bleu. Pour n'importe qui d'autre, c'était sûrement une journée parfaite. Ç'aurait dû l'être. Claire n'avait rien à voir avec Anna, me disais-je. Elle était timide, réservée et rassurante en comparaison. Mes sentiments envers elle, quels qu'ils aient pu être – et elle me plaisait beaucoup – avaient disparu. Envolés, aussi vite et de manière aussi imprévisible qu'ils s'étaient emparés de moi. Exactement comme avec Melissa, sauf qu'ils étaient venus et partis encore plus vite. Il n'y avait aucune explication particulière, l'attirance avait simplement fini par passer. Cela voulait-il dire que les sentiments que j'avais eus pour elle n'étaient pas réels, ou qu'ils n'étaient pas assez forts ?

Je me suis tourné vers elle ; j'avais l'intention de lui poser une question que je n'avais jamais osé formuler jusqu'à présent.

« Tu sais que quelqu'un m'a envoyé la nécro d'Anna par la poste ?

– Celle du journal ?

– Non. Un texte personnalisé, rien que pour moi.

– Je l'ignorais. » Sa voix tremblait. Elle savait ce qui l'attendait, et je ne tenais pas plus qu'elle à avoir cette conversation, mais j'ai continué quand même.

« Bryce m'en a parlé. Il m'a conseillé de m'adresser à toi. » Je l'ai bien observée. Son visage était rouge pivoine ; elle semblait sur le point de fondre en larmes.

« C'est moi qui te l'ai envoyée, a-t-elle avoué.

– Pourquoi ?

– Écoute... ce n'était pas mon idée. » Elle pleurait vraiment, cette fois. « Anastasia m'avait demandé de le faire.

– Quand ça ?

– Environ deux semaines avant son départ. Elle m'a dit que tu l'avais aidée pour ses nécros, que celle-là était la dernière et qu'elle voulait que je te l'envoie. Elle m'a même dit quand le faire.

– C'est elle qui l'a écrite ?

– Oui.

– Ce n'est pas ce que dit son père. »

Elle a haussé les épaules. « J'en sais rien. Ce n'était peut-être pas elle. Je me suis contentée de faire ce qu'elle m'a dit.

– Tu l'as lue ?

– Oui, je l'ai lue.

– Est-ce que ça dit la vérité ?

– En partie, oui. C'est difficile à dire. Chaque fois que je l'interrogeais, elle répondait à côté. J'en ai conclu que c'était un autre de ses petits jeux de piste.

– Et la fin ? Tu l'as laissée écrire ça sur moi ? »

Elle m'a jeté un regard chargé de sous-entendus, et j'ai tout de suite compris ce qu'elle voulait dire. Personne n'empêchait Anna de n'en faire qu'à sa tête. « Tu n'as pas pris ça au sérieux, quand même ? Elle m'a dit que ça te ferait rire, que tu saisirais que c'est une blague et qu'elle te taquinait parce que tu ne l'appelais jamais Anastasia. Tu étais le seul qu'elle autorisait à faire ça.

– Pourquoi l'as-tu envoyée, malgré sa disparition ?

– Comment ça, pourquoi ? Elle m'avait demandé de le faire, point à la ligne. C'était du Anna tout craché, non ? Fabriquer, découper des trucs, nous les envoyer pour qu'on les réexpédie à d'autres personnes ou qu'on les dépose à certains endroits ? Tout ça m'horripile, quand j'y repense. C'est d'un débile ! » Elle s'énervait derrière le volant. C'était plutôt moi qui avais envie de crier.

« Dépose-moi ici », ai-je lâché précipitamment.

Elle s'est arrêtée sur le bas-côté, et je suis descendu. J'ai continué à marcher, mais elle n'a pas redémarré. Je n'étais plus très loin de chez moi, dix minutes peut-être. Chaque fois que je me retournais, la voiture était toujours là, immobilisée sur le bord de la route. J'ai quand même tourné dans Brook Road.

Dès mon arrivée à la maison, j'ai appelé la police. Ils m'ont conduit jusqu'à Mumler et je leur ai montré l'endroit où Claire et moi avions trouvé le téléphone. Ils ont pris des photos, ramassé l'appareil pour le glisser dans un sachet en plastique. Ils n'avaient pas l'intention de le manipuler pour l'instant, m'a expliqué un agent ; il fallait d'abord vérifier la présence d'empreintes. Lui-même l'ayant saisi avec des gants en caoutchouc, je me suis demandé ce qui l'empêchait de l'allumer et de me répondre tout de suite. Mais ils ne m'auraient rien dit, de toute manière ; ils auraient trouvé de nouvelles excuses pour me cacher les choses. J'avais fait ce qu'il fallait – j'aurais pu le ramasser et l'allumer quand j'étais là avec Claire. Je n'étais même pas obligé de les prévenir. Et qu'est-ce que j'obtenais en échange ? Rien. Ils m'ont promis de me tenir au courant dès que possible, ou s'ils avaient la moindre info supplémentaire. Ils ont continué à fouiller le périmètre, sans succès.

Je suis rentré chez moi. Je me suis allongé sur mon lit et j'ai appelé le portable d'Anna. Je ne m'attendais à rien, et il ne s'est rien passé. La sonnerie résonnait dans le vide, encore et encore. Ma mère est montée m'annoncer que le dîner était prêt et s'est assise à côté de moi sur le lit. Elle a éteint mon téléphone et m'a enlacé d'un bras. Je n'ai pas bougé. Lentement, elle a passé sa main dans mon dos. Je n'ai toujours pas bougé. Je n'ai même pas ouvert les yeux. Je ne voulais pas me remettre à pleurer. Ma mère me frottait tout doucement les épaules, sans un mot.

« Tu devrais manger un morceau, a-t-elle fini par déclarer.

– Oui, je sais. » Je n'ai pas bougé, et elle n'est pas repartie ; elle restait à côté de moi sur le lit, à me caresser gentiment le dos comme elle le faisait quand elle venait me border le soir, autrefois. J'aurais aimé qu'elle reste là pour toujours. Et puis je me suis endormi.

...

Le passé est un fleuve. Un fleuve dont les eaux s'écoulent et se déroulent en courbes sinueuses à travers ma mémoire, jusqu'au moment présent. Il est inchangé en apparence et pourtant rien n'est plus pareil ; ses vagues sont différentes, bien que l'eau qui les compose soit restée la même. Parfois gelé, stagnant et immobile, parfois impétueux et déchaîné, emportant tout sur son passage. Toujours en évolution, changeant d'une seconde à l'autre, aussi instable que les éléments à l'extrémité du tableau périodique dont Mr Devon m'avait parlé. Je cherchais à contrôler ses mouvements, mais les choses que je m'efforçais d'oublier me revenaient sans cesse, et celles dont je voulais me rappeler – lettres et e-mails détruits, extraits des cahiers d'Anna – dérivaient toujours un peu plus loin.

Si je le voulais, je pourrais choisir de tout oublier, d'éradiquer totalement le souvenir d'Anna, mais cela signifierait devenir une autre personne. Je le ferais volontiers, croyez-moi, mais je sais que ça n'arrivera jamais. D'une certaine manière je suis déjà différent de ce que j'étais, déjà en train de devenir quelqu'un d'autre auquel je n'aurais jamais pensé, évoluant et avançant au gré du courant mais toujours là.

Billy Godley m'attendait avant le début des cours, lundi matin. Il avait du nouveau. Ce n'était pas le téléphone d'Anna, en fin de compte, mais celui de Mr Hathorne. « Et voilà ce qu'il faut que tu saches avant que tout le monde se mette à jaser », a-t-il ajouté. Le dernier appel passé par Mr Hathorne sur son portable avait été pour ma mère. Billy n'avait bien sûr pas l'intention d'en parler, mais les autres seraient inévitablement au courant, tôt ou tard. Tout le monde envisagerait exactement les mêmes scénarios que ceux qui se pressaient déjà dans ma tête. Je ne savais pas quoi faire : rentrer chez moi pour obliger ma mère à vider son sac, ou appeler mon père à son bureau pour tout lui balancer. Il savait peut-être déjà, cela dit. Je me suis blindé d'avance contre les ragots et les questions, mais la journée s'est déroulée sans que personne ne dise quoi que ce soit.

Je suis rentré directement chez moi après les cours. Dans l'allée, à côté de la voiture de mon père, était garé un véhicule de police. J'espérais n'avoir rien loupé. En entrant dans la cuisine, j'ai reconnu les agents qui m'avaient interrogé il y a des mois de cela, installés exactement sur les mêmes chaises. Mon père était assis à la table, et il était évident qu'ils venaient tout juste d'entamer la discussion. Il a levé les yeux vers moi, l'air de dire : « Attends une minute », et je suis resté là, en retrait, intrigué et pas mécontent de voir cette fois ma mère au pied du mur et contrainte de s'expliquer. Je ne l'aurais jamais imaginée mêlée à un truc illégal ou répréhensible ; je ne l'aurais jamais imaginée mêlée à quoi que ce soit. Je m'attendais à ce qu'elle s'écroule, ou à ce qu'elle craque devant les flics. Ça n'avait rien de la journée lisse et sans complication qu'elle s'efforçait toujours de maintenir ; c'était une mortification dont elle ne pouvait se débarrasser en courant appeler les voisins à l'aide. Curieusement, il n'y a pas eu de crise d'hystérie ; elle est restée parfaitement maîtresse d'elle-même, répondant sans détours aux questions des policiers d'une voix calme et assurée.

D'après elle, quand Mr Hathorne lui avait téléphoné, il était soûl et l'avait suppliée de l'aider à retourner en cure de désintoxication. « C'est mon épouse qui l'a aidé à se faire soigner la première fois, a expliqué mon père. Monsieur était comme qui dirait son protégé.

– D'où vous a-t-il appelé ? a interrogé l'agent.

– Il ne me l'a pas précisé, a répondu ma mère. Je lui ai dit que j'allais venir le chercher, mais il refusait de me dire où il se trouvait. » Il s'était ensuite rendu à la police pour s'accuser de meurtre.

Le policier a refermé son calepin en déclarant qu'il n'avait plus de questions. Dans ma tête, une voix hurlait sans discontinuer : « Parlez-lui des cafés, des soirées passées ici à dîner ! » Je voulais leur montrer où Mr Hathorne s'était assis, où il avait mangé, mais ils en avaient terminé. Qui sait, ma mère essayait peut-être réellement de l'aider. Mr Hathorne était peut-être vraiment devenu son protégé, sa grande cause. Elle n'en avait jamais eu auparavant, pour autant que je sache. C'était ce que mon père avait dit aux flics, et je le revoyais encore me faire la leçon sous prétexte qu'il fallait toujours tout dire à la police. C'était peut-être la vérité. Je voulais croire que ma mère avait assez de bon sens pour ne pas se lier à l'ivrogne de la ville – sexuellement, j'entends. Elle était déjà liée à lui d'une manière ou d'une autre, de toute façon. Mais j'avais peur de la surestimer un peu trop.

en attendant la baleine

Je comprenais ce que Jonas avait dû ressentir en se faisant avaler par la baleine. Le bateau sur lequel il s'était caché pour échapper à Dieu n'avait essuyé que des catastrophes, et Jonas savait qu'il était responsable de tout ce malheur. Quand le bateau s'était retrouvé pris dans un violent orage, Jonas avait annoncé à l'équipage qu'il allait se jeter par-dessus bord pour les sauver. « Je sais que c'est à cause de moi que cette tempête s'est abattue sur vous », avait-il déclaré. Et dès qu'ils avaient jeté Jonas à la mer, il s'était fait avaler par un gros poisson, la tempête avait disparu et le bateau et ses marins s'étaient retrouvés sains et saufs.

Étais-je responsable, comme Jonas ? Si je partais, Carl reviendrait-il ? Si je me jetais dans le fleuve, cela ferait-il revenir Anna ? Depuis leur départ, il n'y avait qu'à voir dans quel état ils nous avaient laissés. Si je disparaissais, les autres trouveraient-ils enfin la paix ?

en vol

La dernière sonnerie de l'année a retenti, plus belle et plus éclatante que toutes les autres, et les couloirs du lycée se sont mis à grouiller d'adolescents s'empressant d'aller vider leurs casiers pour entamer enfin l'été. J'ai pris mon temps. Je redoutais presque ces vacances. Qu'allais-je bien pouvoir faire de mes journées, de chaque journée ? Il y avait trop de jours, trop d'heures à remplir. C'était comme un piège dont le ressort n'attendait qu'à jaillir ; pourquoi m'y précipiter ? Je suis resté planté devant mon casier en me demandant si ces quelques cahiers et stylos valaient la peine que je les rapporte. Coincé tout au fond se trouvait le livre sur Diane Arbus que m'avait prêté Mr Devon, juste après Noël. J'ai ramassé tout ce qui traînait et je m'apprêtais à rentrer chez moi. Les couloirs étaient silencieux, déjà presque déserts. Quelques profs étaient encore là, qui achevaient de ranger leurs salles de classe.

J'ai trouvé Mr Devon en train de remballer ses affaires.

« Je ne l'ai pas volé, ai-je déclaré en lui rendant son livre.

– Est-ce que tu l'as lu ?

– Je crois, oui. Elle se maria et eut beaucoup d'enfants.

– Tu as une minute ?

– J'en ai même plusieurs.

– Tu veux bien me filer un coup de main avec ces cartons ? » Ensemble, nous en avons porté une demi-douzaine jusque dans sa camionnette. « Et pour elle ? m'a-t-il demandé une fois de retour dans la salle en désignant la statue du menton. Tu serais partant une seconde fois ? » J'ai haussé les épaules, et je l'ai aidé à faire rentrer ce truc hideux dans sa caisse. Il est allé chercher un diable et nous l'avons roulée hors du bâtiment.

« Qu'est-ce que tu fais, cet été ? m'a-t-il demandé pendant que nous revenions à l'intérieur.

– Aucune idée. Et vous ?

– Je pars dans une cabane en Alaska. Ni télé ni électricité, seulement moi, quelques bouquins et beaucoup de poissons, j'espère.

– Où çà, en Alaska ?

– Un coin du nom de Slocum. Ça fait deux ans que j'y vais. Mais je serai de retour à temps pour la reprise de l'entraînement de football. Je compte sur ta présence. »

J'ai hoché la tête. « J'ai toujours eu envie de voir l'Alaska.

– C'est magnifique. Tu devrais y aller, un jour. Je te le recommande. »

Il m'a désigné quelques cartons qui traînaient dans son bureau. « Ça, c'est bon pour la poubelle. Tu veux bien les mettre dans le couloir ? Personne ne les jettera si je les laisse là. »

J'ai soulevé le premier carton, et je l'ai aussitôt regretté. Ce truc pesait presque plus lourd que la sculpture. Je l'ai porté tant bien que mal dans le couloir et je suis revenu en chercher un deuxième. Cette fois, je me suis contenté de le faire glisser à terre, le déplaçant de plusieurs dizaines de centimètres à chaque pression de ma jambe. Au moment où je franchissais le seuil de la porte, l'un des flancs du carton s'est affaissé et un paquet de feuilles s'est répandu à terre. Je me suis penché pour tout ramasser et j'étais déjà en train de remettre les papiers en vrac dans la boîte quand une enveloppe a attiré mon attention. On aurait dit l'écriture d'Anna. Et surtout l'un de ses fameux timbres. On y voyait le visage de Mr Devon, souriant d'un bord à l'autre du minuscule carré de papier.

À l'intérieur de l'enveloppe se trouvait une feuille de bloc-notes comportant seulement quelques mots (« Comment fait-on un lapin ? ») et un dessin. Tout en bas, en petites lettres tarabiscotées, on pouvait lire : « La New York Correspondance School n'est pas morte », et « 5 juin 1973 ». Cette date avait été barrée et remplacée juste en dessous par une autre : « 13 janvier 1995 ». Le dessin évoquait tout sauf un lapin, et j'aurais été bien en peine de dire ce qu'il représentait. L'écriture ressemblait à celle d'Anna, mais comme si elle essayait d'en imiter une autre. C'était le même papier que celui qu'elle utilisait. Aucun indice ne permettait de savoir à quand remontait cette lettre : ni date ni tampon de la poste, rien. Elle semblait néanmoins exprimer quelque chose de précis, comme un message secret entre deux personnes. Peut-être était-ce Mr Devon qu'Anna avait cherché à contacter, après tout. Pas moi. Je me suis imaginé qu'elle était encore en vie, que cette lettre provenait d'Alaska et qu'elle l'attendait là-bas, où il irait la retrouver pour vivre avec elle et où ils se marieraient et auraient beaucoup d'enfants. Voilà exactement ce que j'ai pensé.

Je suis retourné dans le bureau du prof et je lui ai brandi la feuille sous son nez. « Qu'est-ce que c'est que ça ? »

Il me l'a prise des mains pour l'examiner. Il avait beau voir que j'étais dans tous mes états, il restait d'un calme olympien. Sourire aux lèvres, il a déclaré : « Elle est venue glisser une chemise sous ma porte, un jour. C'était vers le début de l'année. En septembre, je dirais. Il y avait là quelques dessins ainsi qu'une lettre expliquant les grandes lignes de sa démarche artistique. Elle voulait mon avis sur son travail, j'imagine, mais elle n'est jamais venue m'en parler et ça m'est sorti de la tête. Après son... après sa disparition, j'ai retrouvé le gros cœur noir et je l'ai déposé dans ton casier. Et puis je suis tombé là-dessus en rangeant, tout à l'heure, et je l'ai jeté. J'aurais dû te le donner, désolé. »

C'est tout ce qu'il était disposé à me dire. Je ne savais pas si je devais le croire ou non. Ça paraissait trop simple. J'ai rangé la lettre dans ma poche et j'ai transporté le dernier carton dans le couloir. Puis je me suis assis par terre et j'ai entrepris de fouiller chacun des cartons, exhumant des strates de vieilles planches-contacts, d'œuvres jamais réclamées par leurs propriétaires, de morceaux de papier, de magazines et de paperasse officielle du lycée, à la recherche de la lettre qu'Anna avait écrite à Mr Devon ou de la chemise qu'elle avait glissée sous sa porte. Je me suis demandé si cette fameuse chemise n'était pas celle que j'avais aperçue la première fois que j'étais venue chez elle, intercalée entre les pages d'un livre – le même que celui que j'avais retrouvé plus tard dans le bureau de Devon. J'étais rempli d'une rage nerveuse, et j'ai commencé à vider les cartons en balançant leur contenu par terre au fur et à mesure. Au bout d'un moment,

Mr Devon est sorti dans le couloir et a fermé la porte de sa salle. Il partait. Il est resté planté à côté de moi, contemplant d'un air tranquille le chaos que j'avais créé.

« Je peux te ramener chez toi ? m'a-t-il proposé.

– Non. » Je n'ai même pas pris la peine de lever la tête. Il est resté encore une minute, et je me suis dit qu'il hésitait sans doute à m'aider, mais il n'en a rien fait. Il est simplement parti.

« Je te souhaite de bonnes vacances, m'a-t-il lancé. Et rendez-vous pour l'entraînement. Le 15 août. »

Je n'ai rien répondu. Après tout ce que j'avais fait pour lui, il aurait au moins pu me filer un coup de main, juste une fois. Ça l'aurait franchement tué de s'agenouiller pour m'aider à trier le contenu d'un carton ? Il savait l'importance que ça avait pour moi. Mais il était parti, comme ça.

J'ai terminé de vider les cartons, en vain. Peut-être Mr Devon n'avait-il pas pris la peine de m'aider parce qu'il savait qu'il n'y avait rien à voir. Si ça se trouve, il m'avait menti sur toute la ligne. Anna ne l'avait jamais aimé, et désormais moi non plus.

Le lycée était désert, à présent. Je suis reparti chez moi. Sur le chemin, j'ai sorti la lettre de ma poche pour la relire. Les dates me semblaient être les premiers indices à déchiffrer, et le chiffre 4 revenait à nouveau : juin = 6 ; 6 + 5 = 11 ; 1 + 9 = 10 ; 7 + 3 = 10 ; 11 + 10 + 10 = 31 ; 3 + 1 = 4 ; 1995 − 1973 = 22 ; 2 + 2 = 4. Mais cela ne me disait absolument rien, si ce n'est que je pouvais ajouter et soustraire. Ça ne m'apportait aucune réponse. S'il y avait un code, je n'étais pas près de le décrypter. Ce message n'était peut-être rien de plus qu'une blague, un petit jeu entre eux deux. À moins qu'il ne symbolise tout, le cœur de leur secret, quelque chose dont Anna ne m'avait jamais parlé. C'était la preuve qu'elle m'avait menti, par déclaration ou par omission. Elle affirmait mépriser Mr Devon, or ce dessin stupide était bien là, sous mes yeux. Je haïssais cette lettre. Je les haïssais tous les deux.

Je me suis imaginé traquant Mr Devon jusqu'à Slocum, en Alaska, et la découvrant là-bas, en train de l'attendre. Une fois chez moi, j'ai étudié une carte de l'Alaska. Il n'existait aucun lieu du nom de Slocum, ni même aux sonorités vaguement ressemblantes. Il y avait bien un Slana, un Sleetmute ; j'ai tenté de me souvenir si Mr Devon avait prononcé l'un ou l'autre de ces noms, mais je ne me rappelais que Slocum. Peut-être était-ce trop petit pour figurer sur une carte, ou peut-être avais-je mal compris. J'ai songé à l'appeler pour le lui demander, mais s'il m'avait déjà menti une première fois ce n'était pas pour me dire la vérité maintenant. Pour ce que j'en savais, cette histoire d'Alaska n'était peut-être que du vent.

J'ai jeté la lettre sur mon lit et j'ai entrepris de dénuder mes murs. J'y allais par grandes brassées, arrachant photos et cartes postales, décollant les Post-it que je m'étais donné tant de mal à installer il y a quelque temps à peine. J'aurais dû faire plus attention. Je voulais que tout disparaisse, vite, voire finisse à la poubelle, mais j'ai fini par aller chercher un carton dans le garage pour tout mettre à l'intérieur. J'ai ouvert mon placard, sorti le colis que m'avait donné Carl et j'ai rangé le carton à la place. Puis j'ai posé le paquet de Carl sur mon bureau et je l'ai ouvert.

Je m'attendais à trouver ses livres de comptes, mais une tout autre vision s'est offerte à moi. Sous la couche de papier kraft est apparue une boîte en carton complétée d'un message d'Anna, à l'attention de Claire.

> « Mets-les dans un endroit sûr. Protège-les comme tu protégerais ta peau et tes os. Protège-les comme ton propre cœur. Ne dis à personne qu'ils sont en ta possession, mais dans deux mois, transmets-les à quelqu'un de confiance à qui tu donneras les mêmes instructions. Ils sont sous ta responsabilité. Tu dois savoir où ils vont, où ils atterriront. Ils sont dangereux, et ne doivent surtout pas tomber entre de mauvaises mains. Veille bien sur eux. Fais-les passer. Mais veille bien sur eux. »

Lentement, j'ai soulevé le couvercle de la boîte et j'ai découvert les cahiers d'Anna, la collection tout entière, ses quatorze volumes de nécrologies. Reliés ensemble par un gros ruban noir avec, scotché sur l'exemplaire du dessus, ce message inscrit en lettres capitales : « JE SAVAIS QUE TU LIRAIS CECI. »

J'ai feuilleté les deux premiers volumes avant de vite réaliser que sans l'index général, il me serait impossible de retrouver un texte précis ou de garder la trace de ceux que j'avais lus. Anna avait raison : sans l'index, ces cahiers étaient impraticables. J'ai donc décidé de tout lire dans l'ordre, les mille cinq cent seize nécrologies, en commençant par le début. Je suis resté éveillé une bonne partie de la nuit à voir mourir tous ceux qui avaient aidé les Cayne à emménager, ceux qui les avaient regardés emménager, puis leurs voisins et les habitants de la rue. Venaient ensuite les élèves de sa classe, et tous ses profs. Les victimes semblaient atterrir dans ses cahiers peu de temps après être entrés dans sa vie. J'ai sauté un volume ou deux et je suis tombé sur les nécrologies de gens qu'elle avait connus après moi, mais ma mort ne figurait pas à l'endroit où elle aurait dû se trouver. J'ai repris le premier volume là où je m'étais arrêté, et j'ai lu jusqu'à en tomber de sommeil.

J'ai passé les cinq jours suivants à lire les cahiers d'Anna à la moindre occasion possible. J'entendais sa voix me raconter la vie et la mort de tous ces gens. J'avais déjà lu certaines de ses nécrologies par le passé, mais jamais autant, et jamais d'un seul coup. Son humour noir était toujours aussi incisif et drôle, mais je notais néanmoins une faiblesse de taille dans son style. Malgré son récit minutieux des réussites et des faits marquants de l'existence de chacun de ses sujets, le seul accomplissement réel de l'individu semblait résider dans sa mort. Dans tous ses textes, presque sans exception, Anna s'attardait surtout sur les détails précis du décès. Les morts étaient bien plus théâtrales et marquantes que les existences qui les avaient précédées. Je l'entendais d'avance se justifier, arguant que les détails de la vie de chacun étaient exacts, fidèlement représentés, et tant pis si ces existences semblaient dérisoires ou diminuées. En outre, ajouterait-elle, tu as toi-même écrit quelques nécrologies ; sont-elles si différentes des miennes ? La réponse était non. Mais je sentais pour la première fois l'envie de soutenir ces gens et ce qui faisait leurs vies, l'envie de défendre la ville tout entière. Ils ne pouvaient pas être aussi inutiles et insignifiants qu'ils en avaient l'air, ces brefs segments d'existence répertoriés les uns après les autres.

J'étais assis dans le jardin de derrière à lire le dixième volume des nécrologies d'Anna quand j'ai entendu quelqu'un m'appeler en chuchotant. J'ai aussitôt refermé le cahier pour me retourner, et je me suis retrouvé face à Carl. Il se tenait debout au coin de la maison, sa casquette bleue enfoncée sur son front, vêtu de son éternel blouson, semblable à lui-même. Un vague sourire semblait flotter sur ses lèvres.

« Tu te planques ? lui ai-je demandé en enfouissant le cahier sous ma chaise de jardin.

– Je ne voulais pas que ta mère me surprenne, a-t-il expliqué.

– Elle est sortie. Alors, de retour parmi nous ?

– Oui. Je viens juste de rentrer, mais je voulais te voir.

– Où étais-tu passé ? La ville entière a pété les plombs, depuis ton départ.

– Je sais. J'avais des trucs à régler. Je t'ai dit que je reviendrais. J'ai quelque chose pour toi, a-t-il ajouté.

– Tu veux qu'on entre ? Il faut que je te rende tes affaires.

– On verra ça plus tard. J'avais juste un truc à te donner. » Il a fait glisser son sac à dos de son épaule et l'a ouvert pour me tendre une enveloppe en papier kraft. « Ça ne change rien, je sais, mais je tenais à m'excuser, et à essayer de me racheter. »

J'ai ouvert l'enveloppe. À l'intérieur se trouvait la photo d'Anna et moi, avec son négatif.

« Comment te l'es-tu procurée ? »

Il a haussé les épaules. « Simple affaire de business. » Mieux valait ne pas chercher à en savoir plus. « Il faut que j'y aille, a-t-il poursuivi. Je ne voudrais pas que quelqu'un me voie avant ma mère.

– Au fait, le paquet que tu m'avais laissé...

– Il est à Claire. Elle voulait que je te le donne. » La voiture de ma mère s'est arrêtée dans l'allée du garage, et Carl a détalé à travers le jardin pour rejoindre Brook Road et la forêt au sommet de la côte. Le trajet était deux fois plus long par là, mais au moins personne ne le verrait. Carl savait ce qu'il faisait. J'étais heureux qu'il soit de retour, heureux qu'il soit venu me voir et qu'il ait eu ce geste envers moi. Le temps d'un instant, je me suis dit que tout allait s'arranger. Si Carl était revenu, pourquoi pas Anna ? Pourquoi les choses ne pourraient-elles pas rentrer dans l'ordre ? Je suis allé retrouver ma chaise, j'ai inséré l'enveloppe dans le cahier et j'ai repris ma lecture.

Vers la fin du premier volume, j'ai aperçu mon propre nom. Je m'étais résigné à l'idée qu'Anna ne m'ait pas consacré de nécrologie, et j'avais apprécié chacune des pages où je n'apparaissais pas. Je ne tenais pas à voir le récit de ma vie réduit ou minimisé. En haut de la page, elle avait écrit : « Simple comme la neige » et barré le premier mot. Je ne reproduirai pas le texte en entier, seulement un large extrait :

« L'un des écrivains les plus importants de notre siècle est décédé pendant son sommeil à l'âge de quatre-vingt-huit ans, à son domicile de Baton Rouge, en Louisiane, où il vivait depuis près de soixante-douze ans. [...] Son premier roman, publié deux semaines après son dix-huitième anniversaire, n'avait reçu qu'un succès modeste mais son ouvrage suivant, sorti deux ans plus tard, l'avait hissé parmi les plus grands auteurs fantastiques contemporains. Avaient suivi quatre autres romans et un recueil de nouvelles, tous publiés avant l'âge de quarante ans, avant un silence radio complet.

Certaines rumeurs affirmaient que l'auteur avait disparu dans les bayous de Louisiane, qu'il avait succombé à une attaque due à l'épuisement ou à une grave dépression nerveuse, ou encore qu'il s'était noyé dans les eaux du Mississippi. Ses lecteurs avaient trouvé divers indices et explications dans ses écrits, mais aucune de ces légendes et de ces théories ne s'approchaient de la vérité. L'auteur menait en fait une vie paisible dans sa maison tout au bout de Glasgow Avenue, à Baton Rouge, dans la même rue que son frère, avec sa propre famille.

« Ses retrouvailles fortuites avec une ancienne camarade de lycée, Anastasia Cayne, au bar *Ichabod's*, avaient transformé sa vie. Le couple s'était rapidement marié et avait eu deux enfants, Erich et Bess. Elle s'occupait de la rubrique nécrologique de l'*Advocate*, un journal local, tandis que lui s'occupait des enfants. Après une absence de quatorze ans, il était revenu sur la scène littéraire avec *Martyr des nécrologies*, écrit en collaboration avec sa femme. "Tout le monde gagnerait à se plonger un temps dans le silence", avait-il déclaré. "Il faut savoir être attentif, s'ouvrir au monde avant de revenir vers lui. Le silence, l'exil et la ruse sont des atouts précieux." Malgré son immédiat succès critique et populaire, cet ouvrage fut son dernier. Jugeant que l'écriture le coupait de sa famille, il avait décidé de consacrer la fin de sa vie aux siens... Il laisse derrière lui sa femme et leurs deux enfants. »

J'ai appelé mon frère et je lui ai demandé si je pouvais venir chez lui pour l'été, ou plus longtemps. « Absolument, m'a-t-il répondu. Un bol d'air loin de ce trou te ferait le plus grand bien. Les parents rendraient dingues n'importe qui. Ils sont d'accord ?

– Ils ne remarqueront même pas mon absence. » Je me suis bien gardé de lui avouer que je ne leur en avais pas parlé. Avec un peu de chance, je serais déjà là-bas avant qu'il ait pu dire quoi que ce soit.

« Il y a une tonne de trucs à faire ici, et nous avons tous hâte de t'accueillir. Tu peux rester aussi longtemps que tu voudras. »

C'était si simple. Pourquoi m'encroûter ici ? Mes parents ne semblaient pas vraiment se soucier de ma présence ; le reste de la ville non plus. Si par miracle Anna faisait sa réapparition, je pourrais toujours revenir, moi aussi. Mais quelles étaient les chances ? Elle était peut-être ailleurs, autre vie, autre identité, à noircir les pages de ses cahiers de nouveaux noms et de nouvelles dates. Peut-être se trouvait-elle en Louisiane en ce moment même, consignant d'autres morts les unes après les autres. Peut-être nos chemins se croiseraient-ils, ou bien me contacterait-elle quand elle aurait terminé. C'était un rêve absurde, mais c'était tout ce qu'il me restait ici, désormais. Et qui sait ce qui m'attendait là-bas, en Louisiane ? Je n'avais qu'à sauter dans un avion et plus rien ne serait pareil. C'était si facile.

Je l'ai fait. Je suis parti.

...

Je n'ai pas emporté grand-chose, juste une petite valise de vêtements et un sac à dos contenant quelques livres et les cahiers d'Anna. Si je décidais de prolonger définitivement mon séjour, mes parents n'auraient qu'à m'envoyer le reste de mes affaires. Je n'avais besoin de rien, même la radio à ondes courtes pouvait attendre. Et j'aurais accès à l'ordinateur de mon frère. À moins que je ne décide de me passer d'ordinateur. Maintenant que je m'en allais, tout semblait plus simple. C'était peut-être pour cela qu'Anna était partie. Parce que c'était la chose la plus simple à faire.

J'ai pris la photo que Carl m'avait donnée (la seule photo d'Anna et moi ensemble, et elle n'était même pas réelle – moi avec mon air stupide, et son visage fantomatique flottant derrière mon épaule) et la toute première carte postale d'Anna, celle avec la photo de Pancho Villa et la citation d'Ambrose Bierce au dos. Bierce avait disparu après avoir rédigé ces lignes, volatilisé dans l'air diaphane du Mexique ou ailleurs. Je pouvais moi aussi me volatiliser, sortir de l'avion et disparaître dans la foule.

Je m'imaginais volant une voiture pour me rendre à l'aéroport, ou prenant celle de ma mère pour faire le trajet jusqu'en Louisiane. Je voulais disparaître, partir sans prévenir personne. Mais je voulais aussi laisser quelque chose derrière moi, histoire que les gens se creusent un peu la tête. Je me voyais descendre le fleuve en canoë sur une centaine de kilomètres pour rejoindre une autre gare d'où je gagnerais New York en train, et de là l'aéroport. J'avais encore l'argent que m'avait donné Carl. J'abandonnerais le canoë sur la berge et je disparaîtrais. Je défierais les lois de la gravité, je m'éclipserais de la surface de la terre, comme l'avait fait Anna avant moi. Ça n'avait rien d'aussi théâtral qu'une robe étalée près d'un trou dans la glace, mais ce n'était plus la bonne saison pour cela et l'essentiel était de partir. Les gens pourraient quand même se demander ce qui s'était passé ; ils s'inquiéteraient, se lanceraient à ma recherche. Ils penseraient à une noyade, à un enlèvement. Ou bien à une fugue, tout simplement. Ils se diraient peut-être que j'étais parti rejoindre Anna et que nous étions enfin réunis, que tout était prévu depuis le début. Elle et moi serions à jamais liés dans leurs esprits, tous les deux mystérieusement disparus dans les eaux du fleuve, ou ailleurs. Il y aurait des interrogations, des doutes. Ils se souviendraient de nous pour toujours.

Au final, j'ai juste annoncé à mes parents que j'avais l'intention de partir. Quand je suis descendu prendre le petit déjeuner, ils étaient tous les deux assis devant leurs moitiés de pamplemousses évidés et leurs tasses à café encore pleines, silencieux et immobiles, attendant qu'il se passe quelque chose. « Je vais passer l'été chez Paul », ai-je déclaré.

Mon père a aussitôt rétorqué qu'il n'avait pas les moyens, mais quand je lui ai dit qu'il n'aurait rien à débourser, il m'a répondu que c'était une très bonne idée. C'était pour lui le seul obstacle. Ma mère s'est approchée pour me serrer dans ses bras, mais elle n'a pas émis la moindre objection. C'était tout simple. Certainement plus simple que d'échafauder des plans obscurs pour quitter la ville en canoë tel Huck Finn. Je me suis contenté de m'asseoir à l'arrière de la Volvo, et mes parents m'ont emmené à l'aéroport.

« Y a-t-il un endroit précis que tu aimerais revoir avant de quitter la ville ? » m'a demandé mon père.

J'ai dû réfléchir. Qu'y avait-il à voir ? J'ai fini par trouver. « Gurney's », ai-je répondu.

Nous avons donc fait le détour pour passer devant la station-service. Derek et Erick étaient là, fidèles au poste, l'un en train de servir à la pompe pendant que l'autre était assis sur une chaise pliante à côté de Mr Hathorne dans la pénombre fraîche du garage. Ils sirotaient un Coca en regardant la route, guettant les voitures. Tous les trois nous ont fait un signe de la main ; mon père a ralenti, et nous les avons salués en retour. Une seconde plus tard, nous étions hors des limites de la ville. Mais ils avaient beau ne plus être dans notre champ de vision, je les voyais encore agitant la main, les bras levés bien haut, une joie rayonnante sur le visage, heureux d'avoir croisé un visage familier.

Mon frère va venir me chercher à l'aéroport. Il sera surpris de me voir en jean et tee-shirt noirs. Je suis devenu quelqu'un d'autre, plus proche de Bryce que de moi-même. Peut-être me raserai-je le crâne ; peut-être me teindrai-je les cheveux en blond. Personne ne me connaît, personne ne sait à quoi s'attendre. Je peux avoir le passé que je veux ; je peux oublier qui j'étais. Tout n'est qu'une question de souvenir et d'oubli, semble-t-il. Les choses passent à une vitesse folle et disparaissent avant qu'on ait le temps de les remarquer. Elles vous tombent dessus de nulle part, sans crier gare, et vous passez ensuite votre temps à tenter d'oublier, ou de vous rappeler ce qui vous est seulement arrivé. Plus vous y pensez, plus les faits s'effritent, se craquellent, s'écroulent ou refusent au contraire de céder. Ils sont tour à tour comme des morceaux de glace au creux de votre paume, fondant et changeant de forme jusqu'à ne plus ressembler à ce qu'ils étaient, ou bien des bris de verre acérés, blessants et tenaces, derniers vestiges de douleur et d'amertume – ou d'un bonheur passé.

Je ne sais rien de l'endroit où je vais, mais ça me va très bien comme ça. J'en suis heureux. Avant, je n'avais rien. Pas de vie, pas d'amis, pas vraiment de famille, mais ça n'avait aucune importance. Je n'avais rien, donc rien à perdre ; puis j'ai découvert la perte. Ce qui comptait le plus à mes yeux m'a été enlevé, disparu. À présent, l'ardoise est effacée et j'ai tout à gagner. Je n'ai que des pages blanches à écrire. Je regarde résolument droit devant moi. Tout n'est qu'incertitudes, possibilités. Et c'est à Anna que je le dois. Sans elle je ne me trouverais pas là, m'envolant sans crainte vers ce nouvel avenir. Qu'elle l'ait fait exprès ou non, c'est elle qui m'y a préparé. Je serai comme elle – tous les deux partis en exploration.

On se demandera si je me suis enfui pour la rejoindre ; certains répondront que oui. D'autres n'auront rien de bon à en dire ; qu'ils parlent. Dans quelques heures je serai le petit nouveau du quartier, avec tous les voisins alignés sur le trottoir pour m'attendre et saluer mon arrivée dans ma nouvelle maison. Je serai aussi le petit nouveau du lycée. Qui sait ? peut-être aurai-je un peu de succès, pour changer. Tout est permis. Je pourrais devenir un point d'interrogation, comme Anna – sibyllin, indéfini, tournant autour de la réponse sans jamais la donner. Je pourrais devenir exactement qui j'ai envie d'être. Membre de l'équipe de foot, dealer ou inconnu ténébreux toujours vêtu de noir. Je pourrais être énigmatique, enveloppé de mystère. Envoyer des lettres, des dessins, des cartes postales. Emmener les gens au sous-sol et leur faire écouter les secrets propagés par les ondes courtes. Il y a mille et une choses que je sais. Anna ne m'a pas tout appris, mais c'était déjà un bon début. Et il y a mille et une choses dont je peux me servir. Je peux inventer des jeux. J'ai encore en tête le morceau en plage finale de sa dernière compil. Est-ce là le message qu'elle souhaitait me laisser ? Ma vie n'aspire qu'à la joie ? Elle a toujours su exactement ce qu'elle faisait. Peut-être moi aussi, un jour, enfin. Cela pourrait bien être la meilleure chose qui me soit arrivée.

remerciements

(avec mes excuses à Harry et Bess)

Maintenant parle je t'en supplie je t'en supplie raconte-moi, raconte-moi s'il te plaît vite je t'en supplie regarde je t'en supplie je t'attends maintenant parle, vite je t'en prie je t'en prie parle dis-moi je t'en supplie raconte-moi parle-moi tout de suite, vite dis-le parle-moi je t'attends s'il te plaît : Vite raconte-moi dis-le parle parle, Vite écoute écoute vite, Maintenant vite tout de suite regarde maintenant parle je t'en supplie réponds-moi parle S'il te plaît parle-moi réponds réponds regarde écoute regarde-moi Parle-moi je t'en prie je t'en prie regarde dis-moi parle, raconte-moi regarde écoute vite.

Dis-le parle s'il te plaît dis-moi regarde vite Réponds Dis-le Tout de suite parle je t'en supplie vite je t'attends je t'en supplie s'il te plaît vite d'urgence parle je t'en supplie vite réponds-moi réponds-moi parle s'il te plaît s'il te plaît parle je t'en supplie parle-moi je t'attends s'il te plaît vite dis-moi parle-moi s'il te plaît écoute tout de suite vite réponds-moi réponds-moi.

D'autres livres

wiz Suspense
Albin Michel

Peter ABRAHAMS, *L'Étrange Cas de l'assassinat de Katie la Fêlée*
Graham MARKS, *Tokyo – Perdus dans la grande ville*
Sean OLIN, *Qui veut tuer Britney ?*

www.wiz.fr
Logo Wiz : Cédric Gatillon
Couverture : Laurent Besson

Composition Nord Compo
Impression Bussière en décembre 2007
Éditions Albin Michel
22, rue Huyghens, 75014 Paris
ISBN : 978-2-226-17993-7
ISSN : 1637-0236
N° d'édition : 17594. N° d'impression : 074051/4.
Dépôt légal : février 2008
Loi n° 49-956 du 16 juillet 1949
sur les publications destinées à la jeunesse.
Imprimé en France